LES GAÎTÉS
CHAMPÊTRES

PAR

M. JULES JANIN

TOME DEUXIÈME

PARIS
MICHEL LÉVY FRÈRES, ÉDITEURS
RUE VIVIENNE, 2 BIS.

M DCCC LI

LES GAITÉS
CHAMPÊTRES

— PARIS —
IMPRIMÉ PAR J. CLAYE ET Cⁱᵉ
RUE SAINT-BENOÎT, 7.

LES GAITÉS
CHAMPÊTRES

PAR

M. JULES JANIN

Mais déjà le soleil, bien haut sur l'hémisphère,
N'a plus que la moitié de sa visite à faire ;
Ce bocage prochain nous invite à propos ;
Viens, nous y trouverons le frais et le repos !
Couchons-nous sur ces fleurs ; l'herbe et la feuille verte
S'offrent à nous servir de lit et de couverte,
Ma Sylvie ! On dirait que ces beaux myrtes verts
Aux pauvres amoureux tendent leurs bras ouverts.

TOME SECOND

PARIS

MICHEL LÉVY FRÈRES, ÉDITEURS

RUE VIVIENNE, 2 BIS

M DCCC LI

LES

GAITÉS CHAMPÊTRES

CHAPITRE PREMIER.

L'IMPROMPTU DE CAMPAGNE.

Cette grande révérence de Louison déplut à Denise; elle n'était pas habituée à ce déploiement solennel de cette beauté, des pieds à la tête, que l'on pouvait embrasser d'un regard, et il lui sembla que tant de grâces qui se montraient avec tant d'art, jetaient sur sa personne un air de négligence et de rebut qu'elle n'eût pas accepté pour un empire. Ainsi la voilà fâchée, ou peu s'en faut, et vraiment il y avait de quoi se fâcher ; de bonne foi, on avertit les gens et l'on ne surprend pas ainsi la confiance d'une voisine! Elle s'était attifée et parée à son avantage, mais elle s'était parée, uniquement, pour son amant. On sait ce qu'on sait : cet habit, bien séant pour le tête-à-tête, il perd beaucoup de son à-propos et de son charme, en nombreuse compagnie. Telle négligence, qui était adorable aux yeux d'un jeune homme amoureux, devient presque une impertinence aux yeux d'une femme inconnue, et qui va se dire : Pardieu! voilà une fille bien sûre de son fait! On est une paysanne, on s'en vante ; une fille des champs, tant mieux, et sans prétention, c'est vrai, mais on n'est pas bien aise de se montrer, à l'improviste, en ses petits atours, devant une Parisienne qui vous fait des révérences à n'en pas finir! Ça m'était si facile, pensait Denise : passer ma robe des dimanches, chausser mes petits souliers vernis, à talons bleus, et donner un tour de plus à mon corset! Certes, il y avait du bon dans ce petit raisonnement. Que diable! on ne va pas déjeuner avec son amoureux comme on irait déjeuner avec une rivale ; on est sous les armes dans les deux cas, mais les armes ne sont pas les mêmes. Ainsi prise à l'improviste, la plus belle fille du monde en serait chagrinée!..... Et pourtant elle était si parfaitement sûre de ses forces, cette héroïne *du sang d'Inachus,* et si confiante, en cette parure naturelle qui ne l'avait jamais laissée sans défense et sans protection, que ce fut à peine si son amant lui-même, s'aperçut des vagues soulevées dans ce cœur violent et sincère. Elle eut donc bien vite retrouvé sa contenance, et si elle ne salua pas la Parisienne en si grande cérémonie, elle lui tendit une main franche et loyale, de jeunesse à jeunesse : Allons, dit-elle, soyez les bien-venus, Monsieur et Madame, nous ferons de notre mieux, pour vous bien recevoir; et cependant prenez place et dînons !

En ce moment on eût dit la Diane d'Allegrain qui faisait les honneurs de son petit concert à la Terpsichore de Coysevox! Après tout, elle était un peu sur ses terres, un peu chez elle et sous son toit, sous ses arbres. Elle était vraiment le relief animé de ce cadre vivant, entre la verdure et la lumière, entre ces eaux limpides et ce ciel d'argent !

La table était mise, à l'ombre d'un chèvrefeuille, mêlé à la vigne grimpante, et ce feuillage, étincelant de tous les feux du jour, eût fait pâlir la vigne en diamants du grand Mogol. Autour de la feuillée, et comme attirées par le spectacle inusité de cette abondance, toutes les nichées d'alentour accouraient, célébrant cette bombance, de leurs naissantes chansons. Les hirondelles rasaient la terre d'un vol plus léger et plus calme; les martinets impatients, faisaient entendre leur petit cri guttural; le râle heurtait le trèfle amoureux de sa tête penchée; sur la branche d'un sapin le verdier fredonnait sa complainte; le merle, ami des fêtes et des réunions champêtres, sifflait, en courant d'une aile, son petit air, improvisé ce matin même; le moineau franc était le premier arrivé à cette picorée inattendue; au milieu des herbes entrelacées, le roitelet des saules essayait ses tendres appels à l'épouse invisible; on n'entendait que refrains, et mélodies, et cris joyeux, et ces mille bruits que la bonne nature sait mettre en œuvre! Nos quatre convives s'assirent gaiement à cette table chargée, et moins près l'un de l'autre, que chacun ne l'eût voulu peut-être, mais encore étaient-ils assez voisins, celle-là de celui-ci, et celui-là de celle-ci pour qu'il n'y eût pas grande peine à s'approcher davantage. On eût cherché, en ce moment, deux plus beaux couples de Fontainebleau à Chantilly, du Raincy à l'Ile-Adam, de Ste-Assise à Trianon, de Meudon à Choisy, de Marly à Bagatelle, on les eût cherchés dans tous les beaux endroits où la royauté aimait à vivre entourée des chefs-d'œuvre de la création vivante et des chefs-d'œuvre dans tous les arts, oui, et même sous les bosquets impossibles et ravissants de Carle Vanloo et sur les toiles enivrantes de Watteau, et dans les prairies galantes de Lancret, lorsque tous ces amoureux et toutes ces amoureuses d'un jour, en costume de fantaisie, la rose au sein, le loup au visage, la robe traînante et portée par Zamore chevalier de Saint-Louis, s'en vont, à travers les prairies enchantées, au son des mandores et des musettes, cherchant..... ce que cherche l'amour, heureux de tout, content de peu, content de rien; notre recherche eût été vaine; il n'y avait sous le soleil de Marly rien de plus joli que Louison, rien de plus beau que Denise; Eugène et mons Hubert vous eussent rappelé Apollon chez Admète, ou le jeune Achille au milieu des nymphes. En vain eussiez-vous évoqué tous les printemps blonds et bruns de Versailles, ces têtes bien frisées et bien poudrées, dignes du temple de Gnide, ces beautés célèbres dont un sourire ouvrait l'Élysée, il n'y avait pas de sourire, il n'y avait pas de beauté, i n'y avait pas de jeunesses qui se pussent comparer à ces deux couples d'amoureux; ceci soit dit sans vous fâcher, merveilleux de l'œil-de-bœuf et de Fontenay, princes de la gloire, de la mode et de l'amour : Chabot, Fronsac, d'Albret, Belle-Isle, Boufflers, Contades, Richelieu, Beaufort, et vous aussi, les miracles et les fleurs, les diamants et les étoiles, les fées et les reines des grands appartements : marquise de Breteuil, duchesse de Charost, comtesse de Gondi, abbesse de Chelles, duchesse d'Aiguillon, baronne de Brienne, comtesse de Brancas !

A peine assis, nos dévorants ne se firent pas prier deux fois pour entamer toutes ces bonnes choses, et les voilà, ces affamés, qui mettent la table au pillage. Il fallait les voir décrotter ce jambon, croquer cette galette, entamer ce gigot froid, et donner l'estrapade à cette bouteille ; la belle Louison mangeait sa part tout comme une autre ; pendant que Denise, accoudée, et sa tête dans sa main, touchait à peine à ce festin. A quoi elle songeait ? Elle songeait, en son cœur agité et mécontent, qu'elle n'avait jamais vu son ami Hubert, si glouton et si discret tout ensemble, si vivement occupé de son assiette et si peu occupé de Denise! Au contraire, lorsqu'elle lui faisait naguère l'amitié de déjeuner avec lui, sous cette treille jalouse, il fallait dire à chaque instant : Vous ne mangez pas, Hubert! Mangez votre pain et laissez le mien, Hubert! buvez dans votre verre, Hubert! donnez-moi à boire et donnez-moi à manger, Hubert! En ce temps-là, c'était moi qui avais faim, songeait Denise. Il me prenait la main plus souvent qu'il ne touchait à son pain; il n'était jamais assez près de moi, et de temps à autre il se levait pour me servir, regardant au-dessus de ma tête penchée, et moi frémissante au souffle de sa lèvre entr'ouverte. Ah! pauvre Hubert! quel glouton, quel mangeur! On me l'aura changé en nourrice, ou bien cette belle dame de Paris aura apporté au château, cette faim dévorante. Ah! pauvre Hubert! Ah! pauvre Denise! Ainsi elle se lamentait, tout bas, de son étoile pâlissante, également prête à accuser les hommes et les dieux!

Age heureux où l'esprit et le cœur des filles, ces grands sophistes, vont et viennent à la dictée d'un regard et d'un sourire! Heureux âge où c'est déjà un grand effort, une grande sagesse, de laisser sa main si proche de la main voisine, qu'on n'a pas l'air de la donner ou de la laisser prendre! Ah! c'est alors que toute querelle a son charme, que chaque picoterie a sa grâce, que tout s'épanouit, et même la jalousie, en mille floraisons ravissantes. Certes, Denise, atteinte en ce moment de ce mal inconnu, souffrait à en mourir, et cependant elle n'eût pas changé son malaise, contre un couronne. Elle se sentait en grand péril, son cœur était blessé à coups d'épingles, et pourtant elle trouvait je ne sais quelle âcre volupté à ces blessures, il lui semblait qu'elle n'avait jamais mieux compris qu'elle avait un cœur. Ce qui la blessait davantage en tout ceci, c'est qu'elle se sentait injuste, et qui plus est, maussade; plus elle défendait la partie, et plus elle comprenait qu'elle perdait du terrain. Un peu de verve, un peu d'abandon, un regard plus hardi, un sourire plus tendre, un feu plus vif sur ce beau front, et la victoire lui revenait ! Mais qu'y faire ? pour les esprits absolus, le combat même a quelque chose d'humiliant ; plus d'une fille a mieux aimé tout perdre, que de se mettre en garde ou en défense... O les superbes, qui veulent régner par leur propre grâce et du droit... de leur droit absolu !

Cependant, les cruels (ils ne se doutaient pas encore de tous les drames que peut contenir un cœur amoureux), ils s'abandonnaient à toutes ces joies ; ils causaient, ils riaient, ils se faisaient valoir, l'un l'autre, et tous les trois, que c'était merveille. — Si je ne m'étais pas vanté et glorifié moi-même, disait M. de Chevert, je serais encore un simple cadet dans le régiment de Beauce..... Or, M. de Chevert était devenu maréchal de France. Louison ne savait pas, n'osait pas, et ne voulait pas se mettre à l'abri de sa propre louange, et elle laissait ces trois imprudents se louer et s'admirer tout à leur aise! Elle les laissa rire et causer, et se contempler à plaisir. De la causerie ils passèrent à la chanson, à cette autre façon indirecte et galante de se dire un tas de choses, tout haut, que l'on n'oserait pas se dire à l'oreille, et ces couplets et ces refrains étaient comme autant de coups d'épingle à cette pauvre Denise, et plus elle allait à la dérive de ses tristesses, et plus Louison s'abandonnait volontiers au bonheur de vivre, d'être heureuse et jolie en cent et une façons. Elle avait un beau rire, un fin parler, un geste élégant, la voix douce et l'accent qui traîne un peu, et dans cette folle enchère de la jeunesse, elle devait l'emporter sur la fière Denise, si haute et si rude à la main. Les deux jeunes gens obéissaient, du fond de l'âme, à l'entrain de cette fille charmante, et ils l'écoutaient beaucoup mieux que M. de Fontenelle n'écoutait les oracles qu'il a détrônés. En ce moment elle était double, elle avait deux âmes, deux esprits et deux sortes d'attraits ; elle avait grande envie de plaire et d'offenser tout ensemble; elle voulait être, en même temps, un sujet d'adoration et de haine, et sans avoir l'air d'y toucher, elle frappait, de toutes ses forces, sur les passions de la belle villageoise, torturant à plaisir — le bourreau ! — malgré ton cœur et ton bon sens, pauvre Denise ! ton amour naïf, ta jeune passion, et chaque moment d'espérance, et chaque rayon de soleil que parfois l'ingrat Hubert, d'un mot, d'un geste, d'un regard, faisait entrer dans ce cœur au désespoir.

Pauvre Denise ! ah ! si elle avait su qu'elle portait ce festin des Lapithes et des Centaures, à la gueule enfarinée de ces loups dévorants; si elle avait su que le vin de son père allait éveiller la raillerie endormie en l'âme de mademoiselle Louison; si elle avait pu prévoir que cette table offensive, — la table, cette entremetteuse de l'amitié ! — qu'elle avait parée de ses mains, serait si vite le théâtre de sa défaite, et qu'elle cueillait, pour une autre, ces fraises des bois... vous savez ce qu'elle eût fait, ô Jupiter hospitalier ! Elle eût laissé la famine habiter cette maison sans pitié. Mais qui eût dit cela de M. Hubert? Un sauvage, qui vivait seul, dans cet enclos; un anachorète; un rêveur; un maladroit qui n'allait même pas à la danse, le dimanche ! Il fallait prier monsieur pour danser une bourrée, et voici qu'il envoie, ô douleur ! les plus tendres œillades, à cette mijaurée de Paris !

Louison, avec ce tact exquis qui est le sixième sens des femmes (le moyen de cacher la fumée..... et l'amour !) devinait à merveille les combats et les orages de cette âme en peine, et par ses rires, par ses bons mots, par ses couplets, par sa belle épaule demi-nue, à l'endroit glissant où le mouchoir quitte l'épaule négligée, pour s'enfoncer à regret dans la robe entr'ouverte, elle faisait tout ce qu'il fallait faire pour que son hôte, l'ingrat Hubert, oubliât sa pâle amoureuse; le moindre regard de l'ingrat pour sa Denise, eût été sans doute un regard de pitié et de tendresse, et ce jour-là on ne devait avoir des yeux que pour Louison. C'était son envie, et c'était sa gloire; elle n'était pas encore une coquette décidée, mais — fiez-vous-y ! déjà tous ses instincts s'éveillaient, peu à peu comme autant d'oiseaux chanteurs, quand le soleil frappant l'aile où la tête est endormie, ils se mettent à gazouiller, le bec sous le duvet, l'hymne matinal, les yeux fermés.

Quelle Pharsale et quelle défaite d'Azincourt sous cette treille amie de la joie et de Vénus, reine des sourires ! Pour mieux écraser cette fille des champs, Louison se fit grande dame ; elle avait en effet une odeur de cette rare cité dont elle savait les allures, et l'on eût dit qu'elle passait sa vie à se promener, dans un char doré, sur le rempart. Son père l'avait menée une ou deux fois aux concerts spirituels, où elle avait entendu les motets de M. Dauvergne, chantés par mademoiselle Lemierre et M. Larrivée; un ami de messieurs Rebel et Francœur, directeurs de l'Académie royale de musique, lui avait fait entendre, à l'Opéra, *Alcine*, tragédie de Danchet, mise en musique par Campra; et les *Caractères de l'Amour*, par l'abbé Blamont et l'abbé Pellegrin ; encore enfant elle avait vu à la Comédie Française, grâce à mademoiselle Laurent, sa marraine, qui *tenait* l'abonnement, les pièces les plus fameuses, jouées par les doublures : l'*Amazalonte* de l'abbé Leblanc, l'*Amasis* de Lagrange-Chancel, la *Zelmire* de M. du Belloy, les *Serments indiscrets* de Marivaux, le *Pyrrhus* de M. de Crébillon, l'*Oracle* de Sainte-Foix, le *Gustave* de Piron, le *Faux sincère* de Dufrény, et le *Childéric* de Morand. C'était, comme on voit, une tête bien meublée ; enfin elle savait par cœur l'almanach de France, à commencer par Louis XV, le *Bien-Aimé*, à finir par Louis-Alexandre-Joseph-Stanislas de Bourbon, prince de Lamballe, un des plus grands seigneurs du royaume, gouverneur du Languedoc, colonel de Royal-Penthièvre et cordon bleu, qui venait de faire ses premières dents !

Avec toutes ces sciences qui lui revenaient

en mémoire, et d'autres souvenirs non moins précieux : le grand couvert à Versailles ; la procession des chevaliers de l'ordre du Saint-Esprit, en grand habit, précédés des princes du sang ; la procession du chapitre de Notre-Dame aux Grands-Augustins, pour l'anniversaire de l'entrée de Henri IV ; les cascades de Saint-Cloud ; une revue des gardes françaises, et des gardes suisses dans la plaine des Sablons ; les feux de joie de l'Hôtel de Ville, sous les yeux de messieurs les échevins et de monsieur le prévôt des marchands ; une fête à Sceaux-Penthièvre ; le feu d'artifice de la rue aux Ours et le soldat brûlé en effigie, en châtiment de celui qui a donné un coup de couteau, à la sainte Vierge ; la foire Saint-Laurent et ses plaisirs ; la foire Saint-Germain et ses richesses ; les *joutes* sur la Seine, à la Rapée, et les lances au Gros-Caillou ; les petits spectacles ; les eaux à Marly ; les eaux à Versailles ; le grand concert aux Tuileries, pour le bouquet du roi ; la grande fête à Vaugirard ; la foire à Saint-Denis et le tombeau des rois de France, et la messe chantée, en langue grecque, excepté le canon qui se chante en latin; — de temps à autre une oraison funèbre, à la lueur des torches, sous la cathédrale tendue de noir, les obsèques de madame Infante, par exemple, à telles enseignes que ces messieurs et ces dames de la cour se parlaient d'amour à travers le sarcophage et les crêpes des tentures; et le jour de sainte Ursule; et la messe rouge à la rentrée du Parlement, toutes les chambres réunies; et entre autres curiosités, le tombeau du cardinal de Richelieu à la Sorbonne; les traîneaux sur les boulevards; Lonchamp et ses cantiques; le Wauxhall et ses fêtes; le garde-meuble et les galeries célèbres : au Palais-Royal, au Luxembourg, au Louvre; les peintures de l'église des Carmélites et le dôme des Invalides; les peintures de Saint-Roch et les peintures de Sainte-Marguerite, au faubourg Saint-Antoine. Elle avait vu tout cela, cette ignorante, et elle s'en souvenait à point pour désespérer cette pauvre

Denise, éblouie, étonnée et confondue qu'une seule fille de son âge eût déjà tant de choses à dire, à sous-entendre, à raconter.

Plus elle se sentait applaudie et écoutée, cette méchante Louison, plus elle pesait sur l'orgueil blessé de Denise. Elle en vint même, qui l'eût dit? à parler cuisine et bons repas, comme la Cuisinière Bourgeoise et le Pâtissier François tout ensemble; elle indiquait, à la façon d'un professeur, le grand art de servir, cuits à point, une rouelle de veau, un rable de lièvre, un oiseau de rivière; elle savait l'apprêt qui convient au pluvier, à la bécasse, aux pieds rouges, aux pigeons ramiers, et que le canard sauvage ne doit pas être mangé comme la sarcelle; elle tenait d'un sien parent du côté de sa mère, qui était bernardin, une certaine façon de cuire les écrevisses au poivre de Cayenne, c'était à en avoir le frisson rien que d'en parler. Enfin elle se connaissait également en massepains, en confitures et en couplets légers, et la voilà qui se

met à chanter toutes sortes de vaudevilles :
Amusez-vous , jeunes fillettes — ou bien : *Dans
un verger Colinette*, ou encore :

Si jamais je prends un époux,
Je veux que l'amour me le donne!

Et chantée, et chantante, elle vous avait un air de dimanche gras qui faisait plaisir à voir ; elle avait pour ces jeunes gens qui la regardaient à la dévorer, une foule de ces petits riens d'un si grand prix, de ces silences qui en disent tant, sans rien dire ; elle faisait la moue à mons Eugène, elle montrait les dents à maître Hubert, elle agaçait Denise la boudeuse, et Denise, au désespoir, riait en dépit d'elle-même ; et chose étrange ! c'était, en ce moment, Denise qui faisait la dame, c'était Louison qui faisait la villageoise, et demandez à Denise ! c'était à s'arracher les cheveux, à se jeter à l'eau la tête la première, tant ce beau visage et ce bel esprit en feu d'artifice, donnaient de la tablature à notre jalouse, furieuse et peu étonnée que son ami Hubert eût tant de complaisance pour ces chansons, pour ces récits de l'autre monde, et même pour ces vilains beaux yeux-là !

Ce fut en ce moment dangereux où grondaient sourdement tous les orages de l'amour en cette âme irritée, que Louison, se tournant du côté d'Hubert, se mit à chanter, sans qu'on l'en priât, avec des grâces indicibles, ce petit couplet de circonstance que chante le *Huron* de messieurs Dalayrac et Marmontel, et Dieu sait si elle faisait ronfler ces jolis vers :

Non, non, ne croyez pas,
Non, non, ne croyez pas,
Qu'on aime,
Ne croyez pas
Qu'on aime
Du soir au lendemain,
Du soir au lendemain !

Et comme Eugène, en ce moment, regardait Denise avec des yeux disposés à être tendres, Louison donna un beau soufflet à ce monsieur pour le rappeler à l'ordre. Elle était de cette race de femmes qui mangent des serpents pour nous mieux faire avaler des couleuvres. Lady Digby, par exemple, se nourrissait de poulets qui vivaient de vipères, afin de conserver, disait-elle, la fraîcheur de son teint et la dureté de son cœur.

C'en était trop enfin, et Denise la rustique avait perdu toute patience. Depuis une heure elle dressait en elle-même une effrayante procédure contre son ingrat. Entre elle et lui, une séparation de biens, et pis que cela, grands dieux ! devenait inévitable. Si elle était calme en dehors, l'agitation de cette âme orgueilleuse n'y perdait rien. Elle eut donc vite arrêté sa vengeance, excitée et piquée en effet, par cette quantité de petites épines sur lesquelles on la promenait à plaisir.

Ah ! pensait-elle, vous me narguez en mangeant mon pain, mademoiselle Louison ! vous buvez mon vin à votre propre santé, et vous oubliez la santé de Denise ; vous m'enlevez mon ami Hubert, et l'ingrat se laisse prendre à la glu de votre beau rire et de vos chansons ! Vous faites la dame et la savante, et vous faites vos orges à mes dépens, ma belle dame, eh bien ! nous allons voir, qui de vous ou de moi, rira la dernière. Ainsi songeait Denise, cherchant leur châtiment et sa vengeance. A coup sûr elle complotait quelque chose d'horrible. Prenez garde, Eugène, et surtout prenez garde à vous, Louison l'imprudente ! Le renard en sait long, c'est vrai; le tigre est une bête féroce, qui en doute?... la femme qui se venge en remontrerait au tigre et au renard.

CHAPITRE II

LES DEHORS TROMPEURS.

Nous avons laissé nos héros sous la treille, en pleine discorde. Ici Louison qui coquette avec Hubert, et là maître Eugène, admirant la grande Denise, et Denise irritée et superbe, attendant l'heure des vengeances. On était arrivé au dessert, à l'heure certes des douceurs, des gais sourires et des bonnes paroles ; plus le repas avançait, et plus Louison se laissait admirer par Hubert, et plus Denise, en dépit des regards de mons Eugène, en voulait à son amoureux Hubert, sous-seigneur de céans, et fils aîné de Jean Laumont. Ils abusaient ainsi les uns et les autres, des dons les plus faciles de la fortune complaisante ; on eût dit, à voir ces âmes passionnées sous ces visages tranquilles, que le monde leur appartenait, et qu'ils n'avaient qu'à se baisser, les uns et les autres, pour ramasser en se jouant, en s'irritant, en s'admirant, en se louant tout bas, en s'invoquant tout haut, le sceptre et la couronne de l'univers.

Tout d'un coup — les imprudents qui ne voyaient pas la tempête ! — il arriva que la boudeuse Denise eut, à son tour, un accès de joie incroyable. A la fin, l'abandonnée, et la délaissée ! elle avait trouvé sa vengeance, elle tenait l'ingrat et le parjure dans une trame qu'elle avait ourdie, et elle se mit à rire, en songeant que bientôt Eugène et Louison seraient dans ses piéges. Cruelle et violente bonne humeur, et qui pouvait penser que tant de sourires cachaient tant de larmes? Autour d'elle tout souriait, tout chantait; aussi se mit à sourire et à chanter la fière Denise, et bientôt elle fut au niveau de la gaieté de cet imprudent *triumvirat*, comme eût dit le vieux poëte Crébillon en sa Catilinaire. Allons, gai, mes enfants, folâtrons, buvons, chantons, et nargue soit du lendemain! Denise avait son plan, elle pressentait son drame ; elle poussait d'une main libérale à la consommation et au gaspillage de tous les vivres qu'elle avait apportés avec elle; elle versait à boire à Eugène qui baisait ses bras ; à boire à maître Hubert, qui baisait les mains de Louison-Louisette; elle se versait à elle-même afin d'attiser sa propre colère; elle ouvrit le chenil à la bande dévorante ; elle jetait ce pain frais qui devait défrayer la semaine; elle émiettait la galette aux oiseaux de la basse-cour; elle cassa le pot au lait, elle brisa la bouteille à demi vidée. —

« Allons, ça, disait-elle, il faut vivre aujourd'hui et nous en donner jusqu'au nœud de la gorge ; qui sait si nous vivrons demain? C'est si loin demain. On dit aussi que chaque jour amène son pain, ainsi buvons et mangeons tout à l'aise et répandons autour de nous l'abondance et la joie, on n'est pas à pareille fête tous les jours. » Or, pour tout de bon cette fois, — la traîtresse ! — elle relevait sa belle tête triomphante, elle riait à gorge déployée, et parmi les foudres de son sourire, et parmi les éclairs de son regard, et dans le geste de cette main souveraine, il était facile de comprendre les intentions de cette guerrière. Elle accablait de ses prévenances l'élégante Louison ; elle voulut absolument lui donner son diamant d'Alençon et son point de Gênes de Villiers-le-Bel, et sa mante en sénardine, une petite soie récoltée et filée en la forêt de Sénart ; elle avait même de tendres sourires pour M. Hubert! On n'a jamais vu, que je sache, un plus bel orage, au milieu d'une plus belle fête, dans une plus ravissante et plus délicieuse saison.

Ce fut alors qu'une voix timide et fraîche fit entendre, au-dessus de la charmille odorante, un : *Pax vobiscum* prophétique. *La paix soit avec vous !* disait la voix, et tous les regards à la fois : le regard irrité, le regard amoureux, le regard bienveillant, s'étant tournés du côté des buissons, chacun des convives put entrevoir une bonne figure de capucin, tête souriante et tonsurée, œil humble et riant, lèvres vermeilles, sourire amical ! Ce moine était un homme jeune encore ; il portait fièrement, sur son épaule droite, une besace vide, où sa pauvreté se tenait à l'aise ; aimable et léger fardeau qu'il colportait d'un pas assuré, à travers ces campagnes fertiles. Il allait, pieds nus, sur ces gazons semés de fleurettes, et sa meilleure pénitente, une pécheresse de la littérature conservatrice, madame de la Wisclède, dont le mari, feu M. le chevalier de la Wisclède, avait été longtemps secrétaire perpétuel de l'Académie de Marseille, soutenait que le frère Odilon (c'était le nom de notre capucin, Saint Odilon, noble auvergnat, abbé de Cluny, *ora pro nobis!*) avait le pied mieux fait et le talon plus droit que le révérend père Élysée, carme éloquent, déchaussé, et prédicateur ordinaire du roi. On aimait le frère Odilon dans toute la contrée, et malgré tant de coups si furieux portés de toutes parts à la vieille sacristie, il était le bienvenu dans toutes les cabanes où se rencontraient un enfant, un vieillard, une bonne femme qui préféraient, tout bêtement, la besace du moine, au collet brodé du philosophe, et la superstition facile, aux grands traités de la Sagesse humaine. Il enseignait aux malades et aux infirmes toutes sortes de recettes qu'il avait apprises en son chemin, et quand sa science était à bout, il trouvait encore des consolations et des espérances: « Invoquez, disait-il, saint Eutrope pour l'hydropisie; appelez à votre aide, saint Jean et saint Valentin contre le mal caduc; avez-vous la pierre ? adressez-vous à sainte Pétronille, la propre fille de saint Pierre ! » Il n'y avait pas un homme, non, pas même parmi les grands terriens ecclésiastiques, les maîtres des deux tiers de la terre en ce royaume très-chrétien, qui répandît autour de soi, plus de bienfaits et de bénédictions que le frère Odilon, et personne ne s'avisait de chanter, sur son passage, un certain motet que chantaient les chantres même de la cathédrale, aux grands jours de l'archevêque de Paris :

> Hic quærit sacerdotium
> Non ob Dei negotium
> Sed propter turpe otium.

Ce qui peut se traduire ainsi :

> Celui-là s'il s'est fait prêtre,
> C'est moins pour Dieu que pour être
> Un oisif, un mauvais maître,
> Bon tout au plus à repaître.....

En revanche, si l'on faisait des *proses* et des *gloses* en latin d'*alleluia*, sur monseigneur l'archevêque de Paris, il y avait à propos de capucin, certains proverbes... *Faire vie ou chère de capucin*, *carême de capucin* et *récréation de capucin*. Les *recréations* de nosseigneurs les capucins revenaient tous les ans, quatre fois : après les quatre carêmes des quatre diverses saisons de l'année, et pour fêter ces divers carêmes d'une façon splendide, chaque capucinière redoublait de zèle, d'activité et d'éloquence. Or, nos frères les capucins en étaient à leur deuxième carême, appelé le *carême du Saint-Esprit*, entre l'Ascension et la Pentecôte, un aimable petit carême s'il en fut, où il n'était question que de se réjouir, et à cette intention commençait, quinze jours à l'avance, la *quête des poulets gras*. Qui disait : *poulets gras!* disait aussi poulardes, dindonneaux, canards, agneaux, cochons de lait; on acceptait même un petit veau, à peine sevré du lait de sa mère, en un mot, tout ce qui tourne à la broche, et tout ce qui bout en la marmite, et tout ce qui grésille aux casseroles, et tout ce frissonne sur le gril chargé de graisse, était de bonne prise. Étaient chargés de cette quête opulente, les plus jeunes frères, les plus beaux esprits, les plus beaux parleurs, les barbes les mieux taillées, les mains les mieux lavées en eau rose. Ils se présentaient, le sourire aux lèvres, chez les gros fermiers, chez les curés des grands bourgs, chez les gentilshommes campagnards, chez le tabellion et à la porte du seigneur, et c'était à qui donnerait son plat, à la récréation de ce *carême du Saint-Esprit*. Où était le mal? D'autant plus que du couvent même, partaient toutes sortes d'invitations à cette fête, et que les bienfaiteurs du réfectoire prenaient leur part de ces festins.

Telle était la mission que remplissait frère Odilon. Ce jour-là, il arrivait tout droit de son couvent d'Hermières, car il avait l'habitude de commencer sa quête par la dernière maison de sa circonscription, afin de revenir, en remontant, à son point de départ. — *Pax vobiscum !* dit-il à ce couple d'amoureux; la paix soit avec vous, mes enfants! Et il vit, d'un coup d'œil, que la quête, en ce lieu, serait bonne au quêteur. — Entrez ! mon frère ! entrez ! s'écria la grande Denise, et soyez le bien venu. Elle fut au quêteur, elle lui indiqua le passage, elle le fit asseoir, à table, à sa place même, et sur la chaise qu'elle venait de quitter, et chargeant son assiette des reliefs du festin, et remplissant son verre à la bouteille à peine débouchée, elle lui disait : « Buvez et mangez, mon frère, vous êtes loin de votre réfectoire ; il y a longtemps que l'on a frappé sur la tuile, l'heure de votre déjeuner, et je serai, s'il vous plaît, votre frère dépensier et votre frère cuisinier, tout ensemble. Dieu merci, mon frère, vous êtes venu le jour des grands pots, des pots de récréation, et monsieur Hubert, que voici, a été pour nous tous un véritable père hebdomadaire, et vous verrez qu'il sait *préparer le georgeon*, tout comme un autre. » Ainsi elle parlait, d'une voix nasillarde et d'un ton papelard ; elle savait l'usage et le langage des capucinières ; elle avait été élevée à bien accueillir le moine mendiant ; à ne pas en avoir peur, et elle se retrouvait facilement dans les diverses provinces de l'ordre ; elle connaissait le provincial, le définiteur, le secrétaire, le dépensier, et jusqu'au frère compagnon ; bien plus, son grand-père était mort dans la robe de Saint-François, et son père à elle-même, quelque peu tourmenté par des prêts usuraires, était en passe d'obtenir des lettres de filiation.

Ce frère Odilon l'entendant, qui parlait son patois, la laissait dire, et la voyant qui remplissait sa besace, il laissait faire. Il était un des meilleurs gobelets de son ordre, grand tondeur de nappes de son métier ; ajoutez à la gourmandise, une bonne somme de paresse, et l'heur d'accomplir tout de suite sa mission, et de rentrer au logis, plus richement chargé que s'il avait subi la chaleur du jour. — Allons ! mon frère, acceptez cette éclanche,—et prenez ce pâté,—prenez le jambon que vous destinait ma tante, — prenez aussi cette miche de pain blanc, et la serviette, s'il vous plaît. En même temps, cette diligente personne encombrait de toutes ces victuailles, la besace du moine, et le moine, à chaque présent, disait : Pardon! merci! c'est trop! Il avait honte de tant recevoir, et véritablement il ne comprenait pas, par quel caprice était poussée, en ce moment, la belle Denise d'accabler de ses bienfaits, la riche maison des capucins! Disons plus, et disons tout : quelque chose s'agitait au fond de l'âme du frère Odilon, qui ressemblait à un remords! Il était, lui aussi, quelque peu philosophe; il avait touché, d'une main timide, au fruit défendu; le Dictionnaire philosophique était son *diurnal*, et il avait lu à chacune de ces pages brûlantes, comme quoi *toutes les religions sont une politique, et qu'il est indifférent d'être Turc ou chrétien, pourvu qu'on soit honnête homme*. Or, il se demandait s'il était honnête, à un grand garçon comme lui, d'abuser du fanatisme d'une grande et belle fille comme Denise, et ce que penserait le *Vicaire savoyard* d'un mendiant bien repu et bien content, *animal pabulo lætum*, qui emporterait dans sa besace, les provisions destinées à alimenter ces jeunes gens pendant huit jours? — Est-ce juste, ce que je fais là? se disait le capucin; et que dira M. de Voltaire, capucin de Gex, s'il apprend ma triste conduite dans le château de Fontenay?

Le digne homme se serait abandonné à de plus longues et plus mélancoliques réflexions (d'autant mieux que sa besace était lourde à porter), si la fière Denise lui eût donné le temps d'écouter ses remords. Mais elle était violente, elle voulait être obéie, et elle renvoya le bon frère à son couvent.

> Trois choses sont tout d'un accord;
> L'Église, la cour et la mort;
> L'Église prend du vif et du mort,
> La cour prend le droit et le tort,
> La mort prend le faible et le fort.

Alors quand le moine fut bien loin, et quand pas une miette ne restait sur la table ravagée, et quand elle fut bien sûre de sa vengeance, on put voir la grande Denise, pareille à Médée irritée, et dans l'attitude de Jean-Jacques lorsqu'il lance ses foudres sur les grands, sur les petits, sur les riches, sur les femmes, sur les hommes, sur le monde entier, s'élancer d'un bond sur son âne, et — sans aucun souci de sa robe un peu relevée — elle fait signe qu'elle veut parler :

En ce moment elle était terrible et superbe! Sa lèvre grondait tout bas, sa main droite était armée d'une badine empruntée aux saules de la prairie, et qui sifflait, agitée au-dessus de ce front olympien! Elle avait mis ses yeux sur leur garde meurtrière, et l'on voyait que l'âme en courroux correspondait aux menaces du dehors. En ce moment, qui eût osé regarder en face la grande Denise, eût été plus brave que le maréchal d'Estrées ou Jules César. Ainsi baissait les yeux, Monaldeschi, sous les yeux de la reine Christine ; ainsi tremblait Essex en présence d'Élisabeth ; ainsi faisait Énée au moment où la Carthaginoise l'appelle du haut du bûcher... ainsi tremblait le roi Louis XV quand madame de Pompadour avait dit : *Je le veux!*

En ce moment solennel la nature entière faisait silence : l'oiseau cessa de gazouiller, l'abeille de bourdonner, la colombe de roucouler; on eût dit l'instant fatal où l'airain du dernier jugement impose silence à tous les bruits de l'univers.

Ah! qui l'eût vue ainsi, ma belle Denise entourée de foudres et d'éclairs, ses deux pieds brillants placés à hauteur d'appui, — un si bel appui pour des lèvres amoureuses! — qui l'eût vue en cotillon blanc broché de bleu :

Un cotillon qui parait la verdure...

ses beaux cheveux relevés sur sa tête indignée, celui-là se fût écrié : Grâce! pitié! merci! Il eût imploré son pardon dans les bras nus de cette Junon furieuse : — O Denise! ô Denise! si charitable aux gens d'église, et si bonne pour les capucins tondeurs de nappes, rappelez-vous que la miséricorde se glorifie à l'encontre des jugements. Entendez-nous, Denise! ô Denise! écoutez-nous! Ainsi parlait

Hubert en son âme; il n'avait jamais trouvé sa maîtresse plus belle et plus charmante, et seul avec elle, il l'eût adorée à genoux!... Une fausse honte le retint, il eut peur de déplaire, — ô lâche! — à cette Parisienne; elle-même, Louison, — insolente un instant, — elle tremblait; la peur était dans son sourire; elle n'osait pas soutenir le regard de cette Vénus armée; elle entendait sur ces épaules superbes la flèche d'argent retentir dans le carquois d'or. *Tela sonant humeris!*

Eugène plus innocent que coupable, contemplait d'un œil calme ce drame, digne de l'Olympe en fureur. Il savait qu'il était à l'abri de ces colères, et qu'on ne lui demanderait pas *le repentir du sanglier qui a tué Adonis.*

Et Denise... Ici nous abandonnons pour Homère, le poëte Moschus et Bion, son maître; nous laissons de côté Calpurnius et Némésianus, célébré par Fontenelle. — Et Denise... pareille à la fille d'Eubalus qui revient du temple de Diane, où elle a déposé, peine inutile, la corbeille sacrée : — Adieu, Hubert, l'amoureux des belles dames errantes ! Adieu, l'homme hospitalier, qui n'a pas une bonne parole à dire à sa maîtresse ! Adieu, berger, semblable aux coquettes qui avancent la tête pour être vues, qui se cachent quand on les regarde, et qui se montrent de nouveau, si le berger suit son chemin. Je te connais, je sais maintenant qui tu es, berger plus grossier qu'un bouvier de la plaine ou un chevrier de la montagne ; je te connais, et dans mon désespoir de me voir négligée et trahie, je n'irai pas attendre ton passage dans les blés ou te suivre comme la grue suit la charrue, ou pleurer, au chant du coq, sur ton seuil dévasté, ou consulter la sorcière pour qu'elle me ramène mon amant, à l'aide des paroles magiques, ou me pendre au pommier sauvage qui fut planté le jour de ma naissance ! Non, et même je ne serai pas changée en fontaine, pour avoir répandu trop de larmes ; on ne me verra pas languir sur ma tige, comme un lis que le

fer a touché ! Je tâcherai de t'oublier sans en
mourir. Toi, cependant, règne et triomphe ;
chante et célèbre ta victoire ; ouvre à la joie ton
cœur superbe, oublie une insensée qui a pu
croire à tes serments.

Et vous aussi (s'adressant à Louison, et rete-
nant son âne qui voulait rentrer en ses courtils)
et vous aussi, la belle dame, qui avez remporté
ce matin tant de victoires, recevez mes adieux
et mes compliments de votre fortune. Un regard vous a suffi pour dompter ce victorieux
de toutes les filles du village ; je m'avoue et
vaincue et persuadée, et je vous cède la place,
et je vous laisse entre ces deux passions, comme
cette rose entre ces deux pivoines. Adieu, une
dernière fois, les beaux esprits, les beaux
chanteurs, les belles dames, les beaux messieurs, vous ne verrez plus cette sotte fille,
votre jouet. Ce n'est plus mon chemin de venir
ici, pour vivre à la porte de votre paroisse, et
faire les honneurs de votre maison ! Ou si vous
m'attendez encore, attendez-moi sous l'orme ;

et moi, ne venant plus en ce château de la famine, qui prendra soin de votre table ? Adieu, le dîner, le déjeuner, le souper, les trois et quatre repas par jour ! Plus de pain frais, plus de jambon, et de vin en bouteille, et de galette au beurre et au lait chaud ! Plus de douceurs, de sucreries, de friandises, de pot-au-feu, et pas un écu pour en acheter. Soyez tranquille, monsieur Hubert, on exécutera strictement l'ordre de votre père : du pain sec et de l'eau ! C'est bien fait. Vous faisiez le seigneur, vous vivrez comme un anachonète, et vous vivrez comme lui, mademoiselle la chevalière errante, et si vous voulez manger du pain, vous mettrez la main à la pâte, tout comme si vous n'étiez pas une princesse. Ah ! ah ! trouvez-vous que je me venge ? Attendez seulement jusqu'à demain ; moi je vais traire mes vaches, je vais faucher mes prés et je vous baise les mains. »
Ainsi elle parle, et la voilà partie au petit trot de sa monture, semblable à mademoiselle de Fontenaille en amazone grise, sur son cheval

noir, ou à la noble dame de Laval, assistée de son bailli, quand elle rend la justice à ses vassaux. — Elle reprit ainsi le chemin de la ferme paternelle, et l'on put longtemps la suivre des yeux, la tête haute et le poing sur la hanche, contente de sa sortie et de sa repartie, et aussi fière d'avoir renversé, d'un croc-en-jambe de sa belle jambe bien tournée, la marmite de ces rebelles, que si elle eût gagné la bataille de Fontenoy.

Figurez-vous les deux chevaliers, Périandre et Mérindor, congédiés par la belle Doriande; figurez-vous la jeune Dorisée, insultée par la reine Argire, et vous aurez l'idée à peine du désenchantement de Louison et de son ami Hubert. Ils restaient là muets d'étonnement, frappés de stupeur, et se demandant quel était leur crime? Elle n'avait pas voulu, tant s'en faut, enfoncer ce clou d'airain dans l'âme de la belle Denise; il ne se doutait pas, à Dieu ne plaise! que Denise allait prendre la mouche, pour quelques mots à sa voisine, pour un sourire, pour le choc d'un verre, pour un baiser! « Il vous sied bien, ô Denise! de parler ainsi de mon inconstance! » et les voilà, les trois consternés, qui se mettent à rire et à chanter :

Viens ma Rose, viens me rendre
Mon délire et mes chansons.

O la jeunesse..... un orage en plein calme ! Un drame où l'amitié se moque de l'amour, une comédie où l'amour nargue l'amitié... A mesure qu'ils se regardaient tous les trois, ils se sentaient renaître à l'espérance... on les a menacés de la faim, à quoi bon crier famine, avant l'heure ? Ils n'ont plus faim, ils n'ont plus soif, et il est écrit : tu ne boiras pas sans soif, tu ne mangeras pas sans faim. Donc, vive la joie, et rendossons notre humilité importune! Alors — ces consciences si facilement rassurées, — ce fut à qui chanterait de sa plus belle voix, les plus belles chansons.

Denise, hors des regards de ces ingrats, avait retenu l'ardeur de sa monture ; elle allait au pas, comme si elle allait entendre la voix qui dit : Reviens et pardonne!... Elle n'entendit que les rires, les chansons, le joyeux écho de la fête joyeuse; alors elle se prit à pleurer.

Vénus, capricieuse déesse! heureuse à l'arrivée, et triste au départ! s'écrie Ovide en ses *Amours!*

CHAPITRE III.

LA VEILLÉE DE VÉNUS.

Avez-vous entendu, la nuit passée, au milieu de ces campagnes rayonnantes sous les étoiles du firmament, l'hymne sacré du vieux Stésichore, l'*Épithalame d'Hélène?* L'antiquité n'a pas laissé, sur ses traces, un plus beau cantique à l'amour, et parmi les doctes airs que le vieillard couronné de myrte tirait de sa lyre, rivale des muses, pas un hymne qui fût plus chanté et plus célèbre. — Avec les âges, l'*Épithalame d'Hélène* avait disparu de la mémoire des hommes, oublieux de ces dons célestes, et quand les hommes, mieux conseillés, voulurent enfin se souvenir de Stésichore et se rappeler ses beaux vers, à peine s'ils retrouvèrent le nom du poëte oublié. L'humanité ressemble quelque peu à ce cordier paresseux qui tient son chanvre d'une main languissante ; à mesure que la corde se tord sous la roue, un âne arrive qui mange ce chanvre mal tordu... Depuis l'*Iliade* seulement, que de beau chanvre gâté par des mains paresseuses, et dévoré par des ânes dédaigneux !

Ce fut donc un grand miracle, qu'à la fin de cette journée où l'onix des fiançailles avait répandu ses brûlantes libations sur la tête de Louison et d'Eugène son camarade, à minuit, à l'heure où Vénus, ennemie du sang, monte sur son trône d'argent, entre Orion et le Verseau, une voix puissante et calme, s'emparant du silence de ces solitudes, fit retentir soudain le rhythme sonore du vieux poëte grec, parmi ces herbes, ces fleurs, ces vergers, ces prairies, ces moissons. Tout dormait, tout vivait dans le paysage d'alentour, et de la plante à l'étoile, on pouvait retrouver le frisson divin de ces heures choisies qui portent avec elles l'amour et sa fortune, et ses ivresses et ses bonheurs, et ses étonnements et ses transports. Le ciel était clair et voilé tout ensemble ; le vent était frais et tiède, et tout chargé des parfums de la mi-juin, quand le printemps fait place à l'été. La lune vigilante, entourée et suivie de ses fidèles compagnes, glissait au ciel d'un pas silencieux ; à la terre, heureuse et féconde, sourit d'en haut Junon, à la paupière noire, Hébé à la couronne d'or ! C'est l'heure où le souffle invisible, aux ailes légères, rafraîchit la plante épuisée ; où les nymphes des forêts et des fontaines, amies de Cérès et de Bacchus, s'échappent de leur retraite profonde et s'en vont rejoindre Aglaé, la plus jeune des Grâces. O nymphe aux yeux bleus! Elle prend dans sa robe d'azur les rayons de la lune, et quand elle les croit bien enfermés dans le pli diaphane, elle entr'ouvre sa robe éclatante, et le rayon s'échappe à regret, éclairant les deux bras de la déesse, et son sein blanc comme la neige, et son visage souriant. Étincelantes, les Pléiades, filles d'Atlas, éclairent le fond des eaux et la cime des montagnes. On dirait les étoiles du matin quand l'aurore resplendit au milieu des champs couverts de rosée. O nuit digne des sommets du Pinde, et digne de Versailles! A ton ombre claire les poëtes ont chanté bien des fois le : *Lydia dormis?* Bien des fois, le jeune homme, au sortir du festin, a retrouvé à ta lueur favorable, la porte de sa maîtresse; et la porte indignée. — « O perfide! ô méchant! disait-elle, qui rentre si tard, et qui cherche une étoile qui te conduise à mon seuil, humide des larmes de tant de captifs! »

Plus belle encore resplendissait cette nuit des miracles, et je ne tâcherai pas de la décrire.

Dans les frais paysages que peignait Watteau, de cette main savante à reproduire les charmes de la vie, les amusements du jeune âge, les saisons aux mille couleurs, à la douce haleine, et parmi ces bosquets et ces roses, ces beaux jeunes gens amis de la danse, ces jeunes femmes amies de la joie et le reste : oiseaux chanteurs, vins frais, luths harmonieux, baigneuses aux pieds charmants, ruisseaux jaseurs où s'enivre aux murmures de cette onde amoureuse, l'amphore élégante — le Méandre et l'Ister, le Pénée et le Simoïs de ces jardins que Lenôtre a plantés — vous avez tous entrevu, non pas sans un sourire, à demi cachée à l'ombre d'un vieux chêne, l'image du dieu Pan, aux pieds de chèvre ; le dieu vagabond, aimé des bouviers et des pasteurs, debout sur un socle de marbre du mont Pantelus, le front orné de deux cornes joyeuses, la lèvre armée d'ironie et de malice ? Il assiste, témoin attentif, à ces danses, à ces grâces, à ces amours, à ces chansons, à ces beautés de Watteau qui lui rappellent les bergères aux houlettes d'argent, et la lyre d'Orphée dans les plaines d'Agrigente. Saluez, croyez-moi, ce dieu moqueur, rempli de secrets et de malice; car si vous savez le prendre en vos piéges, il vous dira les mystères de l'ombre et du silence, et ce qui se passe sous les saules, et ce qui se chante dans les moissons. Prenez garde à lui; il est vieux, mais il possède à lui seul toutes les passions, non pas seulement d'un dieu malfaisant, mais les passions de la jeunesse malfaisante. Il tient à la terre, autant qu'un simple mortel y tiendrait, qui n'aurait connu aucun des soucis et des chagrins de la vie. Ami du printemps et du laborieux été, il aime le vin et les roses; il se plaît à l'amour et aux chansons; Vénus l'a couronné, en riant, de la couronne de marjolaine qu'elle portait à son mariage avec Vulcain; Apollon lui a enseigné à frôler deux ou trois cordes de sa lyre, Bacchus l'enivre de vin nouveau, les nymphes fuyardes lui envoient — de loin — des sourires et des baisers.

Il est taquin, il est vicieux, il aime à voir et à savoir, il est difforme et content d'être difforme ; il est plaisant ; tout petit dieu qu'il est, il ne hante que les grands dieux ; il veut être aimé par les plus jeunes et les plus belles déesses, et pour lui-même, et avant tout autre dieu ; il ne voudrait pas des restes même de Jupiter. On raconte de ce dieu au pied fourchu plus d'une histoire ; il est capable de tout et même d'une bonne action. Plutarque en parle dans ses livres ; c'est Plutarque qui a raconté, le premier, comment le vieux faune se mit à chanter, un soir, la huitième Olympique de Pindare à ces jeunes gens qui s'amusaient à conspirer la mort de cet éternel *tyran*, tué si souvent dans les histoires des jeunes gens oisifs, et qui reparaît toujours.

« Celui-là seul peut enseigner qui sait bien ce qu'il enseigne. — Honte aux parricides dont les leçons ne sont pas fondées sur l'expérience et sur le service ! »

Le conseil était bon, même venant de la

bouche d'un vieux faune. Imprudent petit dieu d'avoir tant parlé ! — Il se croyait encore en présence d'Alcimédon son maître. — Les conspirateurs le frappèrent à coups de pierres ; une pierre brisa sa lyre entre ses mains, et ses cornes sur son front. — Voilà un dieu désarmé ! Le faune léger n'est plus qu'un tronc informe, et pourtant on l'avait comparé naguère à l'Hercule de Glicon, au Gladiateur d'Agasias.

Ce marbre ainsi mutilé, avait subi des fortunes bien diverses ! Il avait admiré dans tout l'éclat de leur poésie, Orphée, Homère, Hésiode, chers aux muses immortelles ; il avait assisté aux premiers travaux des muses de l'Olympe, filles de Jupiter : Clio, Euterpe, Thalie, Melpomène, Terpsichore, Érato, Polymnie, Uranie et Calliope ; il avait été le seul témoin des incertitudes et du jugement porté par le berger Pâris ; il était à l'enlèvement d'Hélène ; il assista, caché dans les roseaux du Simoïs, à la prise de Troie ; il avait vécu longtemps dans cette cour appelée Athènes, entre les lauriers et les roses, les philosophies et les poëmes ; entre la liberté et la gloire ; entre Euripide et Sophocle, Aristophane et Critinus ; il avait parcouru, sur toutes les traces poétiques, le périple de la Méditerranée aux flots d'argent : Corinthe et Lesbos; Rhodes, l'Ionie et la Carie, et la Syrie ; et Canope, la Crète, la Bactriane ; il avait assisté au banquet de Platon et aux banquets de Dioclès ; il avait entendu Aristote lorsqu'il enseignait au jeune Alexandre l'art des rois, le plus difficile de tous les arts ; il savait par cœur Anacréon, Sapho, Alcée et Pindare, Bion et Moschus ; ce dieu faune au sourire provoquant, au rire incisif, au pied léger, avait orné tour à tour les jardins de Démosthènes de Thrace, d'Agatharchide de Cnide, de Xénophane de Colophon, du stoïcien Zénon, du grammairien Zénodote ; il avait appartenu à Arcésilas, roi de Cyrène, à Polycrates, roi de Samos, à Pittacus, un des sept sages, à Périclès enfin, et quand la conquête romaine se fut emparée — étonnée et fière de ce triomphe malheureux — de la cité de Minerve, Sylla vainqueur d'Athènes, emportait à Rome, parmi les témoins et les témoignages de sa conquête, ce vieux marbre, ce vieux dieu devenu muet, et Cicéron en faisait l'ornement de sa maison; plus tard enfin — l'orateur romain avait tendu au bourreau sa tête éloquente, plus grand, certes, dans sa mort que son rival Démosthènes dans sa vie entière — notre dieu Pan, assista à tous les transports des lyres romaines, jusqu'au jour funeste où la nuit, le sang, les Barbares, et les flammes inassouvies qui avaient dévoré la bibliothèque d'Alexandrie se furent emparés du monde romain, — Athènes était morte; Rome était brisée; la Méditerranée était semblable au Ténare; le Parthénon? une caverne! le Capitole? un nid de vautours! Il ne fallut guère moins de quinze siècles pour rendre au monde renouvelé, un peu de la divine lumière qui venait du mont Ida et de l'Olympe; alors, encore une fois, notre vieux marbre échappé à ce choc immense, se sentit vivre et renaître. On l'avait placé, par honneur, par hasard, en un coin du château de Versailles, non loin de la cour de Marbre, et de cet angle obscur, notre dieu vit passer toute la résurrection du siècle de Périclès : Aspasie et son amant, Anacréon et sa maîtresse, Sophocle et ses vengeances, Euripide et ses amours! Il reconnut d'un regard, transporté de joie et d'orgueil, le grand siècle de Périclès qui passait à Versailles, dans une pompe inespérée. Il revit, il salua, comme autrefois, quand régnait Aspasie, la foule ingénieuse et savante qui était la gloire de l'Attique, et la grandeur du peuple Athénien. — Voici, s'écriait-il, mes philosophes, mes orateurs, mes poëtes; je reconnais mes artistes habiles à donner la vie à la toile, et la forme au marbre éternel. Alors il voulut chanter, lui aussi, la gloire du maître de cette Athènes nouvelle et de cette reine ressuscitée... Il allait confondre en ses délires Athènes et Versailles,

Louis XIV et Périclès, Aspasie et madame de Montespan... Mais sa voix fut étouffée et envahie — ô surprise! par un murmure, par un bruit, par un concert d'adorations et de louanges unanimes, à la louange du dieu créateur de Versailles, et ce bruit de louanges, à travers le monde prosterné, montait, montait et grandissait toujours. Non, Callimaque, fils de Battus, n'est pas inspiré d'une ardeur plus violente, lorsqu'il célèbre les grandeurs de Jupiter : ce grand roi *accomplissant le soir, ses projets du matin!*

Puis le grand siècle et le grand roi avaient disparu dans l'abîme des âges, et le grand Versailles était devenu, en si peu de moments, le frivole Parnasse des petites muses, pomponnées et fardées; le rendez-vous général des livres galants et philosophiques, le raffinement de l'élégance; la quintessence de l'agréable et du joli, où toute grâce a son fard, toute parole, son vernis. Pauvre dieu athénien, que vas-tu dire, habitué aux choses vraiment belles? Le

Mercure et ses énigmes, telle était l'*Iliade* du Versailles corrompu et corrupteur ; il avait disparu, cet univers des élégances savantes, et des correctes grandeurs ! Ils avaient précédé le grand roi dans la tombe, ces capitaines, ces princes, ces beautés, ces poëtes, ces prêtres de la France enthousiaste, et c'est à peine si l'écho de ces merveilles, était resté quelque part, dans un coin de ce palais dévasté, dans le souvenir de cette Athènes déshonorée ! — Hélas ! il n'y avait plus rien sous ces toits, sous ces charmilles qui rappelât la majesté, la royauté, le grand art des grands princes et des grands peuples ! En ce lieu d'abaissement, de néant, de fantaisie, on lisait non pas *l'Iliade* ! mais *la Pucelle* ! On préférait *les Bijoux indiscrets* aux pastorales de Théocrite ; le *Dictionnaire philosophique* tenait lieu des Dialogues de Platon ; l'ode d'Horace était étouffée par les couplets à Thémire ; Sapho n'était plus qu'une coureuse de ruelles ; Tibulle s'appelait le chevalier Bertin ; Properce avait nom M. de

Boufflers! Chaos plaintif, doucereuses fadaises, Lydie et Néère — enfants de l'Abbaye-aux-Bois ou de l'abbaye de Panthemont — se dédommageant du plaisir qu'elles cherchent sans le trouver, par celui qu'elles rencontrent sans le chercher. Ainsi le vieux marbre-rapsode, notre faune au sourire intelligent et moqueur, bon et fidèle compagnon des Grâces chastes et des Muses sincères, se trouvant pris dans les guirlandes du roi Louis XVe, et empêtré dans les finesses des beaux esprits, chers à cette cour passée au musc, en guise d'encens, fit un effort suprême pour se souvenir de ses poëmes d'autrefois, et l'on entendit enfin, dans ce vaste silence de la nature, la voix solennelle qui chantait, en dialecte d'Ionie, l'amour, le mariage, le narcisse et la vermeille anémone, aux doux accords d'une flûte invisible qui devait être, tant le son était doux et tendre, l'hémyope des anciens.

« Couronne-toi de la marjolaine odorante (ainsi chantait le faune en marbre de l'Attique, on peut s'en assurer dans Plutarque); prends ton voile et tes brodequins, ô Hyménée! et t'en viens, joyeux, parmi nous, pour nous chanter de ta voix argentine, l'hymne nuptial.

« J'ai vu la jeune fiancée; elle est semblable à la belle Ariane, pareille elle-même, à la statue de marbre d'une bacchante. Plus de bandeau léger qui retienne sa blonde chevelure; plus de voile qui couvre son beau sein; elle oublie en ce moment ses parures et sa beauté, une seule pensée remplit son âme et son cœur.

« Animé par la joie de cette journée, je chante, de ma voix triomphante, l'hymne nuptial, — et puissé-je frapper la terre en cadence de mon pied léger; — et puissé-je agiter dans ma main joyeuse un flambeau résineux!

« Cette belle que je chante, est pareille à la déesse d'Idalie, lorsqu'elle se présenta au juge phrygien; elle brille dans ces jardins, semblable aux rameaux fleuris du myrte, aimé des Hamadryades. Et toi, jeune homme amoureux, que tardes-tu ? Hâte-toi de quitter le rocher de Thespies et les grottes aoniennes que la source Aganipe rafraîchit de son onde épanchée.

« On t'appelle, (hâte-toi!) dans ces demeures. — Ainsi le lierre fidèle étreint de ses mille replis l'arbre qu'il embrasse. — Hâte-toi, jeune homme amoureux, et nous, chantons le dieu d'hymen : Hyménée, ô Hyménée! C'est pour toi que la jeune fille dénoue sa ceinture; elle t'invoque! — Et vous, la belle fille rougissante, pourquoi tant de serrures et tant de verrous? — Je te salue aussi, étoile du soir, astre charmant! Tu approuves de tes clartés l'alliance jurée... »

Ainsi chantait le dieu Pan. Il n'était plus une statue, il était un homme! Il n'était plus un marbre, il était un esprit! Il venait de retrouver dans sa mémoire rebelle, les gloires, les chansons et les amours de sa patrie; il s'enivrait de cette poésie abondante et de la passion qui respirait dans ces jardins. Bonhomme, il remontait les âges, mêlant et confondant, en sa chanson rustique et citadine, l'épithalame de tous les siècles, et de tous les amours. Pareil au jardinier ingénieux qui trie et mêle les fleurs de son jardin pour en composer un bouquet de fête, il rattachait la réalité au mensonge, les noces défendues aux noces permises, et il jetait sur le seuil de Louison son bouquet de fête, rafraîchi à l'air fécondant du matin, à la pure haleine du zéphyr.

Et il te célébra ainsi, de sa voix joviale, jusqu'à la première aurore, ingénieuse Vénus, et toi, Amour, le plus beau des dieux et le plus trompeur !

CHAPITRE IV.

LES MENUS-PLAISIRS DE LOUISON.

Si la chanson du vieux faune fut agréable et de bon augure aux oreilles éveillées d'Eugène et de Louison, elle parut, en revanche, une ironie amère à ce pauvre Hubert, resté seul dans son pavillon abandonné. « C'était bien la peine, se disait-il, que ce vieux dieu, muet si longtemps, se mît à chanter, ce soir, cette chanson joyeuse sur un mode plaintif, et ne dirait-on pas qu'il a retrouvé ses anciens domaines, non loin des villes fleuries de l'Hellespont, à l'ombre du temple et du bois sacré de Lampsaque, entouré de joncs marins et de glaïeuls? Cette vieille chanson que chante le faune indiscret, m'a rappelé cette autre paire d'amis qui s'appelaient en leur temps Catulle et Manlius. Sous le toit hospitalier de Manlius, Lesbie et Catulle ont trouvé un asile à leurs mutuelles amours. Ce Manlius était heureux, il était riche; il habitait sa propre maison, il était le maître de ses domaines en même temps que le gardien! Et moi, le Manlius de Fontenay, moi dont la bourse est une toile d'araignée, inhospitalier et imprudent Hubert, qui viens de faire envoler, en coquetant, la poule aux œufs d'or, que dirai-je demain à ces jeunes gens qui s'enivrent en ce moment des chansons amoureuses du vieux faune, le digne émule de Théocrite? A peine à mon réveil, si mes deux amis me disent : *J'ai faim!* leur pourrais-je donner un pied de perdrix, rôti à la chandelle? O misère! une si belle fille, aux dents si blanches, à qui je ne puis offrir que du pain noir! Pas une tartelette et pas une dariole, elle que je devais conduire de la fête à la noce, et du bal au festin ; elle qui m'arrive confiante en ma bonne volonté, forte de mes bons offices, et qui tombe en si triste métairie, et si affamée, aux premières clartés de la lune de miel !

Il se parlait ainsi en soi-même, appelant à son aide la Nécessité, mère inépuisable des inventions, et ne trouvant rien cependant que fourneaux éteints, huche vide, garde-manger désert, cuisine dévastée, et la cave même dont les eaux étaient si basses, que c'était à n'y pas trouver une chopine. Alors il se lamentait, il se désolait, il s'accusait de manquer aux plus simples devoirs de l'hospitalité et de l'amitié. Recevoir en vrai pleure-pain Eugène et Louison, leur vendre à beaux deniers, les heures de l'horloge, et leur faire acheter le soleil au mois d'août! Non, non, plutôt s'enfuir, que d'avouer cette chicheté, cette misère, et que Pylade ne peut pas nourrir Oreste, et que Pirithoüs envoie à l'auberge voisine, son ami Thésée, encore tout chargé de sa nouvelle conquête, Hélène, enlevée une première fois, par le héros amoureux; autant voudrait dire que Damon a refusé l'abri et le pain à son ami Pythias :

.... Allons, seigneur, enlever Hermione!...
Seigneur, vous m'offensez, si vous mourez je meurs!...

Ces grands exemples de l'amitié antique revenaient en mémoire au bon Hubert; dévoué jusqu'à l'abnégation (qui dit amitié dit *bonté* et *vertu*), il y avait des moments où il était sur le point d'aller rejoindre l'implacable Denise. Il voulait, oui, se jeter à ses pieds et lui dire, les mains jointes : Pardonne, ô Denise! et rends-nous, avec tes bonnes grâces, notre pain de chaque jour! Reviens, Denise, dans ce pays de promission et de contentement dont tu as fait un pays de ruine et de famine! O cruelle! si tu savais quelle est grande la douleur de ne pas faire ses quatre repas; d'être à jeun le matin, à midi, à quatre heures; à jeun le soir encore, à l'heure de la grande faim et des petits soupers. O Denise! tu as entendu souvent ton père lui-même qui disait : L'amour et la faim ne vont pas ensemble. Adieu, Cérès, adieu, Bacchus, et aussi adieu l'Amour! Reviens, je te prie et je te supplie, et je m'incline, et je n'aurai plus des yeux que pour toi! Reviens, et le froid château de Fontenay s'illumine de toutes les flammes savoureuses de Petit-More, de la *Croix-Blanche* ou de la Pomme-de-Pin, et nous recommençons, grâce à toi, une façon de vivre gaie, abondante et ronde, entremêlée de danses et de chansons.

Il parlait ainsi, furetant dans tous les coins du buffet pour ramasser quelques miettes du festin de la veille, s'emportant contre Denise, contre le capucin et sa besace, et tout disposé à arracher leur dernier morceau de sucre aux fourmis.

A ces belles invocations il y avait un mais; mais Hubert, en ce moment, n'était plus guère amoureux de Denise, et quand on n'aime plus, on est si fier ! Tel qui demanderait, à deux genoux, un noyau de cerise fraîchement becqueté, se croira déshonoré de tendre la main à une soupe dorée à l'oignon, ornée de l'accompagnement nécessaire de tourtes, de carbonnades, de pains mollets ; et même la dame ajouterait à ces bombances les quarante et une bouteilles de vin d'Aï que l'on porte à la chasse du roi, pardieu ! ta lâcheté n'en serait que plus grande, ami Hubert, de te rendre à merci et composition, comme le gouverneur d'une ville prise de male-rage de soif et de faim. En même temps il se rappelait la sortie et la fureur de Denise, et ses menaces ; il la revoyait lancée sur son âne, et lançant la foudre de ses yeux noirs ; il entendait sa malédiction, sur lui et sur Louison, son adoptée et son hôte ! Et de quel droit forcer la belle Louison à manger de ce pain humiliant ? Ce serait vraiment trop cher ; autant valait la soumettre au compte de Scaramouche : Tant pour le chapon, tant pour celui qui l'a plumé, tant pour celui qui l'a vidé, tant et tant pour celui qui a fait la broche, et encore tant pour celui qui a bâti la maison! Certes, l'amitié a ses droits et ses devoirs, et la charité est le premier des fruits du Saint-Esprit; mais vivre de lâchetés, de hontes et de bassesses infinies, ma foi! non. Louison, Eugène et moi, nous ne mangeons pas de ce pain-là!

Il fit alors comme il avait vu faire à certains Genevois teints en cramoisi, qui, dans les cas difficiles, ouvrent leur Bible au hasard, pour y trouver un bon conseil. Il ouvrit le premier livre qui lui tomba sous la main, et il lut : *Prenez un chevreuil!* Alors il eut un vertige, et comme s'il avait été la dupe de ses sens! Il ouvrit le livre à un autre feuillet : *prenez un lièvre*, disait le livre, et à cinq ou six reprises : *prenez un rale de genet, prenez une douzaine d'alouettes;* et enfin, en toutes lettres, juste ciel! **Prenez trois faisans!!!** Un faisan pour assaisonner le faisan principal, et l'autre faisan pour farcir le faisan assaisonné du premier faisan! Ainsi parlait... *le livre!* Ce livre maudit et damné, qui allait jeter tant et de si profondes ténèbres sur cette conscience, innocente encore, était un véritable volcan de conseils coupables, et de crimes prévus et détestables contre les plaisirs du roi. Non, jamais doctrines plus perverses, jamais enseignement plus corrupteur et plus direct, jamais philosophie plus abominable et plus dangereuse pour un esprit jeune et nouveau, dans ce siècle corrompu et pervers, n'avait été plus audacieusement prêchée, et d'une façon plus violente que dans ce livre insensé et parricide! non, pas même dans la fameuse profession de foi du *Vicaire savoyard*, qui avait allumé à un si haut degré, la colère éloquente de monseigneur l'archevêque de Paris.

Prenez un lièvre; — prenez un CHEVREUIL; — prenez trois FAISANS; autant de paroles cabalistiques, au delà des mondes connus, qui produisaient sur l'esprit d'Hubert, l'effet du: *Prends et lis!* qui a tiré saint Augustin des abîmes et des gouffres dans lesquels trébuchait sa jeunesse. Il eût fallu suivre, en ce moment, le feu impitoyable qui brûlait les yeux de notre héros ; qui eût osé mettre sa main sur ce jeune cœur, l'eût senti battre à se briser : Prends des vanneaux, prends des bécasses, prends des bécassines, prends le daim au bond et la perdrix au vol; tue et pille, et remplis ta maison de joie, et ton silence de bruits joyeux, et ta famine de bombance, et ta cave de vins pétillants ; le livre l'a dit : *Magister dixit.*

Ce livre qui parlait... comme un livre, et le plus dangereux des livres, auprès duquel les plus horribles productions de ce siècle ne sont que roses, lys et paroles d'Évangile, c'était, le croirez-vous ? la *Cuisinière bourgeoise*, appétissante et savoureuse philosophie que le censeur royal laissait errer çà et là, dans toutes les maisons, et pénétrer dans tous les esprits, sans se douter, l'imprudent ! que les dangers de l'*Esprit des lois*, du traité de Beccaria : *des Délits et des Peines*, de l'*Encyclopédie* et du *Contrat social* n'étaient rien, comparés aux précipices contenus dans les pages apocalyptiques de la *Cuisinière bourgeoise*. OEuvre de révolte, en effet, et s'il en fut, la *Cuisinière bourgeoise* a prêché hautement, aux esprits les plus incultes... aux âmes les plus éclairées, la révolte à main armée, contre les lois acceptées, contre les institutions établies. Elle a renversé, cinquante-cinq ans avant la Déclaration des Droits de l'homme, tout le système féodal ; elle a effacé, un demi-siècle avant la prise de la Bastille, cette formule fameuse : *Point de terre sans seigneur, ni de fief qui ne relève de quelqu'un!* Pendant que tous ces grands philosophes, ces géants révoltés, se donnent tant de soins et s'entourent de tant de précautions infinies, pour jeter de temps à autre, dans les âmes sans expérience, quelque vérité nouvelle ; pendant que celui-ci appelle à l'aide de ses réformes, la tragédie et la comédie, celui-là l'histoire et le roman, ces mille autres le catéchisme ou le dictionnaire, la *Cuisinière bourgeoise*, en ses formules énergiques, ne respecte rien de ce qui est le droit, le devoir, la propriété antique, l'antique obéissance, la fidélité due au roi, le respect dû au seigneur. — *Prenez un chevreuil*, c'est bientôt dit, et cependant ce fatal conseil ouvre la porte à toutes les violences, à toutes les révolutions de l'avenir. Eh quoi ! cela se disait au grand jour, sous l'autorité du magistrat, avec la permission du garde des sceaux ; cela s'épelait dans l'antichambre et se déclamait, à haute voix, dans le salon, et les maîtres endormis de cette société expirante, ne comprenaient pas, de quelles tempêtes et de quels orages ces pages de la sibylle française étaient remplies ! Les nations que Jupiter veut perdre, il leur ôte le bon sens. Les combles de la Bastille croulaient sous le poids des livres voués au feu, livres que personne n'aurait lus sans la persécution, et la *Cuisinière bourgeoise,* au bruit de la broche qui tourne, à la douce clarté des fourneaux odorants, à la chanson de l'eau bouillante, entonne triomphalement et librement, le premier couplet de cette *Marseillaise* universelle qui, de chansons en hurlements, de petits soupers en vices galants, devait subjuguer le monde, rassasié de paradoxes, de blasphèmes et de malédictions.

Le jeune Hubert n'était rien moins qu'un esprit fort; il n'avait pas étudié, Dieu merci! les grandes déclamations et les petits livres à la mode; il croyait simplement que un et un font deux, et que le Messie était venu au monde, cinq cents ans avant Notre-Seigneur Jésus-Christ. Bref, c'était un honnête jeune homme, assez naïf en toutes les choses qui ne tenaient pas, de près ou de loin, aux passions de la belle jeunesse. Il se figura donc que le hasard lui donnait un bon conseil, et trouvant cette porte ouverte à sortir de sa misère de chaque jour, il vit les cieux entr'ouverts. — *Prenez un lièvre*, disait le livre. Oui, oui! répondait Hubert, on le prendra ton lièvre, et on le prendra, ton chevreuil. *Prends un poulet*, ajoutait le livre et *prends une poularde.* — Oui, reprenait Hubert, avec les lièvres que je prendrai en trop, j'aurai des poulets et des poulardes ; mon jardin est mal tenu, mon verger est une friche, eh qu'importe ! on aura des légumes frais, des entremets de sucrerie et des poires gratinées, on aura du bœuf bouilli, du mouton rôti et des pigeons à la cuiller ; nous aurons des jambons pour les garnitures, des poissons de mer pour les jours de grand maigre, des rognons de bœufs du Cotentin, des moutons de Présalé, des andouilles de Troies et de Pontoise, des pâtés de Pithiviers, des ris de veau au coulis d'écrevisses, des épinards à la crème, des cardons à la moelle, des céleris au jus, des canards aux olives, des ailes de bartavelles à la purée de champignons. Ainsi, à chaque entrée qu'il lisait d'un regard ébloui dans ce livre savoureux, que l'on eût dit copié sur la carte même de Heurtaut, le grand cuisinier de Reims, il s'arrêtait ; à chaque service il faisait une halte; il avait, comme on dit, l'eau à la bouche de toutes ces bonnes choses, suprêmes créations de la cuisine française à son zénith, et mise à si haut prix par le cardinal de Rohan, par le duc de Richelieu, par le roi Louis XV, un des meilleurs artistes cuisiniers de son royaume très-chrétien. A chaque page qu'il dévorait de ce livre, curieux en dires et faits, il entendait retentir un bruit joyeux de friture et de fricassée. Il invoquait toutes ces tables célèbres d'une époque gourmande : évêques, archevêques, bernardins; et les fermiers généraux, sans oublier les fermières générales, et l'huile et le beurre, et l'épice, et le chaud et le froid, et le fruit et la glace, et le café et les liqueurs, et les vins de tous les crus, et les poissons de tous les étangs, de tous les fleuves; ceux du ruisseau jaseur, ceux de la mer profonde : esturgeon et turbot, barbue et brochet, la carpe du Rhin, la truite de ton lac républicain, ô Genève, et les plus humbles habitants de l'eau courante : anguille et perche, lotte et goujon, brême et barbillon. Hélas! mon pauvre Hubert, vous vous êtes avisé bien tard de votre *Cuisinière bourgeoise* et que de temps déjà perdu pour ces bombances! Avril a emporté l'alose et l'agneau; mai a dévoré les derniers petits pois; juin, Dieu soit loué, nous conserve les jeunes poulets, la poularde nouvelle, le dindonneau, le canneton de Rouen, pendant que juillet couve, en ce moment, sous aile maternelle : levrauts, cailles, perdreaux, cailleteaux, marcassins... et déjà chante et rôtit la grive, dans le lointain.

A l'aspect de tous ces fruits de la terre fertile et des ondes amoureuses, de la forêt habitée et des gras pâturages, en réunissant les hôtes de la plaine aux gibiers de la montagne, Hubert fut aussi étonné que peut l'être un brave ignorantin de l'Alsace se trouvant, tout d'un coup, en présence de l'étalage de Chevet, et contemplant, d'un regard ébloui et d'une lèvre agacée, ces œuvres sans nom. Il comprend bien qu'il a sous les yeux des miracles, il n'en sait pas la saveur, et cependant il les admire, bouche béante. Hubert était en ce moment le jouet de ce mirage de la gourmandise en proie à la nécessité.

Cependant il faut dire que pour un jeune homme, frappé d'un si violent étonnement, il eut bien vite pris son parti. « Nemrod était un fort chasseur devant le seigneur. » Hubert résolut d'être un fort chasseur au service de mademoiselle Louison, et de lui rapporter, chaque jour, les éléments naturels d'un bon dîner, et d'un meilleur souper. Encore une fois, le livre l'a dit : *Prends un lièvre !* En vain les ordonnances étaient formelles, les lois nettes et précises, cruels les châtiments, impitoyables les magistrats, seigneurs de fiefs pour la plupart ; en vain la *Sagesse des nations*, elle-même, proclamait cette grande vérité : *Celui qui mange l'oie du roi sera étouffé par les plumes*, Hubert se sentit invinciblement poussé à cette révolte subite contre les lois divines et humaines. Et pourtant, si l'on songe aux dangers qu'il allait courir de gaieté de cœur, on ne peut pas s'empêcher, même en lui tenant compte de ses mauvaises intentions cachées, de convenir que messire Hubert n'était pas indigne d'avoir sa statue en marbre blanc, au beau milieu du temple de l'Amitié.

La loi sur la chasse était encore, en ce temps-là, une des lois les plus cruelles du royaume, et venait, immédiatement, après le crime de lèse-majesté. Toucher *aux plaisirs du roi*, c'était attenter à sa personne sacrée. Henri III punissait de mort le braconnier qui tuait un chevreuil sur les domaines de la couronne ; Henri IV, qui faisait ce vœu magnanime *de la poule au pot*, plus durable que la statue élevée à sa gloire, envoyait le braconnier aux galères perpétuelles, pour un lièvre, tué même sur une terre roturière. Louis XIV confisquait le champ, sur lequel on avait tué une perdrix. Daims et chevreuils étaient protégés autant que les hommes. Sur son propre fief, le maître et seigneur de la terre ne pouvait donner permission de chasse qu'à un noble; il affermait ses domaines, il ne pouvait pas affermer la chasse de ces mêmes domaines à son fermier. Un chien couchant, un chien lévrier, si tu n'es pas noble, te vaudra la confiscation de la bête et cent livres d'amende. Avise-toi aussi, dans ton propre champ, de ramasser les œufs de faisan, élève pour ton plaisir une compagnie de perdrix, cent francs d'amende, cent coups de fouet ou le bannissement perpétuel, à ton choix. Voilà pour ta peine. — *Article* IV : Filets, engins, gluaux même à prendre des chardonnerets, des pinsons et des linottes, cent francs, le fouet et le reste. Aux seuls gardes des forêts du roi, il est permis de porter un fusil ; aucun seigneur, haut justicier, n'a le droit de mener avec soi aucun domestique, chassant sur les terres et fiefs qui sont portés en arrière-fiefs ; il chasse seul, il tire seul. Le gibier passe avant la récolte, avant tout, et même à travers la moisson jaunissante, il faut entretenir des ronces et des épines afin de protéger le lapin qui te dévore. Ainsi l'ont commandé tous les rois de France et leurs compères. Un sire Enguerrand de Coucy, a fait pendre à un chêne, arbre sacré, deux gentilshommes surpris à la chasse, et le roi saint Louis, le roi *Justicier*, ne fit pas justice du sire de Coucy ! — « Condamnez les braconniers *aprement*, » disait Philippe le Long. — « *Ils seront battus de verges jusqu'à effusion de sang*, ajoute François Ier — Louis XIV « ayant reconnu l'empêchement notable qu'apportaient à ses plaisirs les échalas qui sont dans les vignes, fait très-expresse défense d'en laisser aucuns. » Fait également très-expresse défense ladite majesté « aux particuliers ayant enclos près Paris, de chasser dans lesdits enclos. » Bien plus, des capitaineries avaient été établies qui prenaient connaissance de ces sortes de crimes, et les appels de ces jugements étaient portés en conseil du roi, le roi était donc le juge absolu dans la cause de ses plaisirs. Pour tout dire, au roi seul appartenait la chasse dans l'universalité des terres de son royaume; quiconque avait droit de chasse, tenait ce droit du roi, par féodation, par concession, par privilége. Quand le roi poussait ses chasses, au delà des limites accoutumées, soudain, c'était l'ordre formel, et l'usage obéi, d'ouvrir les parcs, de lâcher les garennes, de battre les forêts, les buissons et les plaines, et d'en faire lever le gibier sous le fusil du roi. Le roi Louis XV était jaloux de sa chasse à ce point qu'il y avait des réserves, dans le parc de Versailles, où M. le Dauphin lui-même ne se fût pas aventuré, sans la permission expresse de Sa Majesté.

Mais quoi ! il n'y a rien par où ne passe celui qui veut sortir d'affaire et de nécessité. Hubert connaissait, par expérience, toutes les ruses du braconnage; il savait à fond cette vaste terre, confiée à sa garde; il était jaseur, bon enfant, plein de rencontres, bien vu, aimé de tout le monde; les vieillards l'avaient vu naître, et les jeunes gens étaient nés avec lui. Il avait, comme on dit, dans ce canton, qui était justement le canton des bons lapins, le juge pour père, et pour compère le greffier; enfin il était le frère de lait du maître et seigneur de céans, et, disait-on, le fiancé de mademoiselle Denise, la propre nièce du garde général; il avait enfin la qualité de louvetier, et les loups le voyaient à l'œuvre tout l'hiver. Il faut compter aussi que la France était plongée, à cette heure, en pleine philosophie, et qu'elle sentait se relâcher, chaque jour, le frein ancien, du côté de la morale, du côté de la politique, du côté de l'Évangile, et même du côté des daims et des cerfs. Que diable ! on ne s'attaque pas si violemment au bonhomme Larcher et à saint Paul, à Fréron et à la sainte Vierge, à l'évêque de Mirepoix et à Notre-Seigneur Jésus-Christ, sans qu'il en reste quelques fumées sur les obéissances secondaires. Tel braconnier, qui avait entendu la veille, les plus gros plasphèmes sur la divinité du Sauveur, se trouvait en grande tentation, le lendemain, de faire coup double, sur deux perdrix grises. Tel juge qui avait dévoré, la nuit passée, *Candide* ou le *Discours sur l'inégalité des conditions*, n'était rien moins que disposé à envoyer aux galères perpétuelles, pour quelque animal destructeur de toute récolte, un brave garçon, joyeux, hardi et content, dans le plein exercice de la jeunesse, de la force et de la santé. Il y avait, tout au moins, de grands doutes, épars dans les âmes, sur le péché originel et sur le crime des braconniers; or mons Hubert devait mettre à profit tous ces doutes qui plus tard, après l'émancipation universelle du peuple français, devaient coûter la vie à tant d'hommes, et à tant de perdreaux.

Ses réflexions faites, il se mit à l'œuvre, en homme qui a pris son parti, et personne ne peut mettre en doute que là, était le point difficile. Agir et penser, sont séparés par un abîme. Débattre la loi, en soi-même, et prendre son fusil, sont deux attentats bien différents. Je ne sais quel vieil auteur nous a représenté le *pen-*

ser comme un petit enfant, à cheval sur un bâton, par une place unie, et brandissant, de la main droite, un étendard en papier. Le *faire*, au contraire, est un vieux bonhomme chauve, manchot, boiteux, et marchant, sur deux béquilles, à l'escalade. Hubert n'avait pas de béquilles, Hubert avait un beau fusil à bandes creuses, fabriqué au beau pays de Forez, que lui avait donné son seigneur et parrain; — lui-même, Hubert, il avait donné à son fusil le *tour de braconnier !* — Cette belle arme, dont il était plus fier que s'il eût porté deux montres, était renfermée en son étui de cuir et cachée au fond de certaine armoire où il eût été difficile de la trouver. Il la prit, et se prit à sourire en la retrouvant brillante comme au premier jour. Les douze pièces de la platine étaient jointes l'une à l'autre, avec une grande précision ; la note des ressorts était liante et douce; le canon était bien graissé ; le bois portait les armoiries de la seigneurie ; en un mot, c'était une de ces armes solides, à la crosse inclinée, qui, chargées avec de la poudre ronde d'Essonne, mêlée à la poudre anglaise de Dartfort, portaient en leur flanc le bruit du tonnerre, et frappaient comme la foudre, un sanglier à soixante-dix pas. Quand il eut contemplé l'arme, il voulut la mettre en état; il fit une flambée et il lui sembla soudain, à l'odeur de la poudre enivrante, qu'il voyait passer, sous ses yeux éblouis, et tomber sous ses coups redoublés, le poil et la plume des vastes plaines, des grands parcs, des domaines sans fin : Picardie, Alsace, Bretagne; oui, et comme si elles eussent été évoquées par ce grain de poudre brûlé en leur honneur, les royales forêts, les seigneuries de haute justice s'ouvraient devant les pas du jeune braconnier : Vincennes, Sénart, Grosbois, Monceaux, Saint-Germain, Saint-Cloud, Fontainebleau, Marly, Chambord, Compiègne, Rambouillet; il se posait, lui, Hubert, comme le centre unique de toutes ces réserves giboyeuses; il entendait le son des cors invisibles; il suivait, à la trace de ses fumées, le cerf des rois;

il écoutait les voix lointaines des chiens gris, des chiens noirs, des chiens blancs, dignes descendants des chiens de saint Hubert, et des braques fauves d'Italie. Il voyait accourir, empressés à ses ordres, comme s'il eût été le roi de France, la petite et la grande écurie, et les chiens de cabinet, et la vénerie entière : capitaines, lieutenants, gentilshommes, valets de limiers, valets de chiens, capitaines des chasses, et en un mot toute la famille hurlante, hennissante et chassante qui obéit au grand veneur, et les quarante gentilshommes de la vénerie, et les pages en petite livrée, et les fourriers, et les maîtres, armés de la houssine. Il avait vu, un jour, passer sous ses yeux, la chasse royale, et cette vision était restée en son âme, gravée en traits de feu. Passion enfouie et non pas oubliée. Il la retrouvait, à l'instant même, à l'état de nécessité et de plaisir. *Hololo! Holo! Hololo! Ha l'ami! Vay la! Vay li! Hololo! Vay la! Harout! Harout! Gare! Gare! Volcelay! Bonhon, s'en va..... va!* Il entendait tous

ces cris de la chasse animée et confuse, et par les branches, par les fossés, par les épines, par les halliers, par les buissons, il allait!
— Il allait de la Male-Montagne à Cumiers; de la Grande-Bruyère aux Épines-Vertes; du Pavé Bouron à la Gauche-Guillemette; des Bernouillets au clos Tabours. Vrai Dieu! en ce moment d'enthousiasme et de bonne résolution, il ne comprenait pas qu'il eût pu confier les destinées de son garde-manger et la fortune de son pot au feu, à la bonne ou à la mauvaise humeur de la grande Denise, quand il avait sous la main tous les trésors de la Gauche-Guillemette et du vallon de Cassepot. Le véritable *cassepot* c'était Denise, et le véritable garde-manger c'étaient la garenne de Bouron, la plaine du Grand-Feuillart, parsemée de levrauts et de lièvres, les chaumes de la Touche-au-Mulet, où se tient la caille, et le râle de genêts. Vay la! Vay la! disait-il, en frottant son fusil avec un linge sec, car c'est vraiment le *buisson aux lis* et la croix du grand-veneur qui

conduisent à la *Table du Roi,* la table du Roi qui sera la table de Louisette, et la table de mon saint patron saint Hubert, qui sera la table de son filleul Hubert. *Vayla! Vayla!*

Ajoutez, à son enthousiasme, qu'il avait de si bonnes jambes et de si grands yeux ! Il savait tous les buissons de la Brie, et il les eût battus, les yeux fermés. Il vous eût dit que la quête se faisait au *Grand* et au *Petit-Barbeau;* que le relais se plaçait aux *Trois-Cheminées* et au *Bois Champagne.* Disons tout, il avait fait, enfant, le braconnage en petit, tendant ses lacets et plaçant ses engins à tous les bons endroits, au *Bois Saint-Martin,* près Grosbois, à la *Justice de Villecrêne*, excellente justice à prendre des lièvres au collet; et à la *Queue de Santeny;* il s'était glissé, ventre à terre, au *Bois Darmière,* au *Bois Mouy*, aux *Trente-Arpents* qui avaient fini par en avoir cent-cinquante, et qui s'appelaient toujours les *trente arpents.* Bien souvent il avait fait le pied de grue à la *Belle-Assise*, et il trouvait que cette belle assise était bien heureuse de ne pas se tenir à l'affût, une bonne partie de la nuit. Vous voyez donc qu'il savait déjà le métier ardu qu'il allait entreprendre, et dont il ne s'était corrigé (qui l'eût jamais pensé?) que dans l'étude de son maître, le procureur, maître Brouillon de Joux. A force d'aller au parlement et de voir, de près, la cour en robes rouges, toutes les chambres assemblées, le jeune Hubert s'était habitué à ne pas considérer comme une plaisanterie, les arrêts de *messieurs*. En présence de cette justice sommaire, il en était venu à se dire, qu'en fin de compte, ce n'était pas une chose si simple qu'il le pensait, de tuer le faisan perché sur l'arbre, de fouetter un lièvre, ou d'assassiner des lapins.

Ainsi il s'était tenu coi jusqu'à ce jour, se contentant d'aller au loup quand on criait au loup! de tirer le renard au courir, la bête puante dans son trou, le moineau franc sur les groseilliers, la pie et ses piaux, par les champs.

CHAPITRE V.

LES TENTATIONS DE SAINT HUBERT.

Il en était là de ses méditations, de ses rêves, de ses souvenirs, de son extase et de la flambée à son fusil, lorsque dans ce nuage de poudre il vit arriver Louison, en marmotte, en petite robe, en jolie robe de printemps, les yeux un peu voilés, et rougissante! Rougissante, Dieu sait pourquoi... de s'être levée si tard? Elle était bien charmante, la veille; elle était, ce matin même, encore plus jolie, la ceinture un peu relâchée, les bras à demi nus, une déesse en bonnet de nuit, les yeux brillants, le teint vif, et la peau aussi blanche que S. A. R. l'abbesse de Saint-Antoine, lorsqu'au sortir de son bain de lait elle se revêt de son peignoir de dentelles. — Que faites-vous là? dit-elle à Hubert... Hubert la regardait, sans répondre, et son regard était rempli de cette tristesse délicieuse que donne à un brave cœur, le spectacle du bonheur qui lui est étranger ; il lui semblait qu'il ne l'avait jamais vue ; un chercheur de pierre philosophale ne regarde pas son creuset, à la fin d'une expérience décisive, avec plus d'intérêt et d'attention.

Le voyant silencieux, elle fut interdite à son tour ; son ton libre et gai se changea en trouble, elle sentit comme un remords. — Pourquoi ce remords? et d'où vient-il? Peut-être était-ce un pressentiment, ou seulement un peu de honte villageoise. Elle comprenait, à ce petit lever clandestin, que sa gaieté avait besoin de clémence ; que sa bonne humeur avait besoin de pardon.

L'embarras de la fille passa au jeune homme. La voyant rougir, il rougit à son tour de la trouver si ingenue et si coquette ! Heureusement que monsieur Eugène entra *par hasard*, à son tour, aussi gêné pour le moins que madame Louise. Il était rouge, il était pâle ; il était vêtu, à l'ancienne mode, des habits et du linge du maître de céans, qu'il avait trouvés dans un arrière-cabinet. Ses chausses fanées étaient de velours gris-brun ; le collet de buffle s'enflait tout chamarré d'un large parement de Milan ; sur le chapeau de castor brodé (ce noble feutre avait vu plus d'un hiver) se tenait, roide comme un pieu, une vieille plume de héron. Ainsi vêtu des habits et des oripeaux de son propre grand-père, ce jeune homme avait déjà trente ans, hélas ! et sa tête épanouie, au milieu de ces friperies, était si plaisante à voir que Louison — ô vanité de l'amour ! — se mit à en rire la première, et à rire aux éclats, de ce printemps en habit feuille morte, de cette tête printanière, sous son feutre battu des autans, et le rire de Louison entraînant la gaieté d'Hubert, ils rirent tant et si bien, elle et lui, se tenant par la main, et les deux joues se frôlant l'une à l'autre, et les deux têtes si voisines, cette tête-là de cette tête-ci, que celui qui fût entré, en ce moment, les voyant, elle et lui, Hubert et Louison, ainsi excités par la même joie, unis par la même bonne humeur, en présence de ce bon sot de village, se fût dit à lui-même : Oh! oh! que se passe-t-il ici? le moûlt est nouveau, la cuvée est bouillante, voilà un pauvre bergerot dont on se moque un brin, et ce gars qui rit si fort, ce doit être l'amoureux de la belle, qui rit au nez de son rival.

On eût dit cela... on eût mal dit, car le rire épuisé, Louison quittant la main d'Hubert, prit Eugène par le cou, et jetant ce vieux feutre à vingt pas, elle dégagea cette belle tête de l'ombre qui l'offusquait. — Ah! dit-elle, te voilà habillé en vieux seigneur à la vieille marque, mon cher Eugène, il ne te manque guère que la botte à retroussis, l'épée à coquille, l'éperon d'argent, et la moustache retroussée, et tu serais vraiment passé maître en marjolerie. Oh! la bonne figure! on dirait d'Amadis, d'Esplandian ou du chevalier du Soleil! Ainsi elle riait, avec Eugène, mais à mesure qu'elle riait avec Eugène, Hubert, si gai tout à l'heure, reprenait son sérieux, et coupant un peu court à cette plaisanterie en belle humeur :

— Vous me demandiez tout à l'heure ce que je faisais là, mademoiselle Louison, je vais vous le dire ; et toi, Eugène, ramasse ton chapeau et remets-le sur ta tête innocente, ça me fera plaisir! Eugène obéit et mons Hubert, l'arme au pied :

J'ai pensé, dit-il à ses hôtes, qui l'écoutaient, à la façon dont nous pourrions vivre dans ce vaste château, depuis que Denise nous a faussé compagnie, et le proverbe a bien raison de dire, que Paris et Vaugirard n'ont pas été faits le même jour; car je n'ai trouvé que ce matin le moyen de faire de toi, Eugène, un coq en pâte, et de vous, mademoiselle Louise, une reine du pays de Cocagne. Sans Bacchus et Cérès, que deviendriez-vous, jeunesse? Dieux célestes, dieux choisis, Cérès et Bacchus! Ils nous tiennent en joie et en santé; ils réveillent l'esprit, ils endorment le travail, ils aplanissent les chemins raboteux, ils mènent à cheval l'homme à pied, ils font le lit et le repos; sans lui et sans elle point de plaisir qui soit durable, pas un plat de bon passe-temps, pas de récréation qui agrée; on veut rire, et le rire s'arrête entre les dents longues, et les mâchoires délibérées. Ainsi réjouissez-vous, mes amis, mes chers amis, je l'ai trouvé, moi qui vous parle, le moyen de nous passer de Denise, de son pain, et d'avoir chaque jour un chapon, des perdrix, un pâté, de bon vin, du meilleur pain, un bon souper après le bon dîner; nous aurons même, s'il plaît à Dieu et à mon fusil, des confitures, des liqueurs d'Italie, des dragées de Verdun, des biscuits de Reims, de la gelée de Rouen, des mirabelles de Metz, des pruneaux de Tours, des citrons de Séville, des oranges de Plaisance, et des limons de Murcie. Soyez en repos, mes enfants, ayez des yeux riants et le visage aussi ; je sais le gîte et le nom de toutes sortes de bonnes choses, et vous en aurez votre part, car tel est notre plaisir. Ayant ainsi parlé, il leur expliqua d'une façon plus simple, son plan, ses ressources et ses projets. Il voulait d'abord que mademoiselle Louise eût une petite chambrière de campagne, et justement, il en savait une qui avait servi à Paris, chez une dame de la grand'chambre ; il voulait installer à ces fourneaux inutiles, et bientôt ranimés sous ton souffle puissant, ô Diane! une cuisinière émérite, et justement il avait sous la main la cuisinière d'un chanoine de la Sainte-Chapelle du Vivier, mort de la goutte, en odeur de sainteté. Elle s'appelait dame Marthe ; à vingt lieues à la ronde on célébrait sa sagesse, sa prudence, sa piété, ses grillades, ses hachis, ses salmigondis, ses fricassées et ses soupes à l'étuvée. Donc, il allait, de ce pas, traverser le village et les avertir l'une et l'autre, afin qu'elles fussent à leur poste. La chambrière habillera madame, elle aura soin de son linge, le blanchissant et l'empesant à la perfection et le parfumant de bonnes odeurs ! La cuisinière aura soin de préparer la broche rouillée, de chauffer l'âtre refroidi, d'apporter le beurre et les œufs, l'épice, et le sel et le lard ; cour plénière ! — au lieu de jeûner à pierre fendre, nous aurons un vrai jeûne de capucins ; après tout, c'est le droit de notre jeunesse ; aimer et vivre. Eh ! les oiseaux du ciel ne sèment pas, les lis de la vallée ne filent pas, les lis sont mieux vêtus que Salomon, les oiseaux sont mieux nourris que le prince de Condé ou le prince de Soubise. Tels étaient les raisonnements d'Hubert l'hospitalier, et l'on voit que sa raison avait fait bien du chemin, en peu de temps. L'histoire de la conscience est vraie, en effet, et je vais vous la dire en deux mots. Les petits enfants, lorsqu'ils vont à l'école, apportent avec eux leur goûter et leur conscience ; si leur gibecière est trouée, adieu la conscience ! ou bien, ils la jouent aux osselets, et le plus souvent ils la perdent. Les moins mauvais l'oublient en un coin, chez le maître d'école, et quand les parents, par hasard, s'en viennent pour redemander au maître la conscience et le mouchoir de poche de monsieur leur fils : — Je n'ai pas vu le mouchoir, dit le maître, car votre enfant est un petit drôle qui se mouche du coude assez souvent ; quant au reste, voici la clef du bahut, cherchez la conscience qui vous conviendra..... Et voilà comme, messieurs et mesdames ! les plus honnêtes gens, parmi ceux qui ont une conscience, n'ont le plus souvent, que celle de leur voisin.

Il faut donc que le père de l'ami de nos amis notre ami Hubert, ait eu la main bien malheureuse pour lui avoir choisi cette conscience de braconnier, parmi tant de vertus innocentes qui n'ont pas eu d'emploi, et que personne n'a réclamées au maître d'école qui certes était trop honnête homme, pour faire son profit du bien d'autrui.

Aux préliminaires de ce discours qui les tirait de peine, nos deux amants eussent chanté bien volontiers les hymnes les plus charmantes, aux esprits angéliques. Ils se voyaient hors de page, et pour longtemps, sinon pour toujours. Ils allaient prendre, comme on dit, l'essor du corbeau, en fête, en amour, en bombance, en chants joyeux, humant le vent tiède, et bayant aux corneilles de bon augure. Il était si jeune et si heureux ; elle était si délicatement élevée, et le bon lait maternel encore sur les lèvres ! Enfin ils étaient si beaux, et de si bonne humeur, tous les deux, que c'eût été grand dommage que la terre eût manqué sous ces pas joyeux, le soleil et le jasmin sur ces têtes vermeilles ; mais, Dieu du ciel ! le vent soufflait en poupe dans cette voile empourprée, et la fortune prodigue riait à ces jeunesses animées de ce beau feu ; jugez donc si le peu de mots que leur avait dit Hubert, joignant la parole à l'action, avaient rassuré ces croyants et ces fidèles ! Même sur l'Aquilon, ils eussent planté leur trône ; ils eussent fait leur nid sur la vague irritée. O les fleurs charmantes : la foi en soi-même et la croyance au bon Dieu, quand elles sont réunies aux solides plaisirs ! O le séjour divin, les jeunes cœurs, où tout fleurit, où tout sourit, tout abonde ; où l'amour va le grand amble, entre le jasmin et les roses, à travers les bocages ornés, sur les bords des claires fontaines, au souffle des frais zéphyrs ! Ils s'abandonnèrent ainsi et de toutes leurs forces, sans soucis de la veille et sans inquiétudes du lendemain, à ces joies parfaites, à cette fortune clairvoyante, à cette lune si pleine, aux sensualités et à l'appétit de l'âge folâtre. La mesure de leur bonheur présent était comble, à ce point, qu'il était à craindre qu'elle ne versât, et *verser*, c'était là un souci qui ne leur serait pas venu.

Pendant qu'ils restaient chez eux, sous leur toit, dans leurs champs, dans leur ciel, tête à tête, à folâtrer dans les jardins, tournant autour du chêne et du rocher, lui, disant les paroles, elle, disant l'air de la chanson, et ne pensant à quoi que ce soit au monde, sinon le monsieur à la demoiselle, et la demoiselle au monsieur, Hubert, obéissant aux lois hospitalières, et suivant à tire-d'aile, la tâche ingrate qu'il s'était imposée, allait, suivi de son chien, à travers ces campagnes giboyeuses. On ne sait plus aujourd'hui ce que c'est que la chasse; aujourd'hui un homme arrive, un port d'armes en sa poche, un carnier vide à sa droite, entre quatre limites qui lui sautent aux yeux, qu'il n'a pas le droit de franchir, et une fois sur ce morceau de chaume ou de gazon, il faut aller et venir, remontant et descendant le même sillon, pour y chercher une alouette égarée. Où courir? où ne pas courir? sous quelle touffe imprévue se cache le lièvre, et dans quel trou le lapin? On rit de vous, quand vous passez dans le village, et plus d'un beau chasseur, chargé d'un carnier inutile, a fait un détour pour éviter les menus propos des lavandières! Et puis, le bel agrément : la chasse aujourd'hui! Le garde champêtre vous tient aux lisières; vous chassez entre vingt paysans, avides et curieux, qui vous suivent des yeux, un procès à la bouche, un papier à la main, pour peu que votre pied ait touché une ronce de leur friche..... Ils appellent cela : le plaisir de la chasse, les idiots! Ils chassent comme marche l'écureuil en sa cage. Au contraire, chasser, mais là pour tout de bon, chasser sur les plaisirs du roi, c'était parcourir ces mêmes plaines avant que le droit de quelques-uns eût été remplacé par le droit de tous; on eût dit alors le rendez-vous joyeux de toutes les bêtes de la terre, de tous les oiseaux du ciel.

—Bénédiction sur tes poumons, honnête chasseur, te voilà en terre promise ! — La perdrix grise y croise la perdrix rouge ; le merle se mêle aux grives ; le canard et la bécasse, de leur voix stridente, vous appellent aux marécages ; l'oie en passant provoque le chasseur ; le pluvier doré et le faisan, flamme volante, se cachent à peine dans les feuillages peuplés ; la caille, et l'alouette, et le ramier sauvage tombent, dru comme grêle, sous le fusil infatigable, pendant que dans l'épaisseur du bois peuplé de merveilles, le daim, le chevreuil, le cerf même à la double tête, paissent librement, à peine émus de cette petite guerre d'un seul homme, contre toutes les bêtes de la forêt. C'était une vraie terre d'Égypte. Les oiseaux s'envolaient par compagnie, à l'heure où les cailles accourent, chargées de graisse, des côtes de l'Espagne et de la Provence ; on eût dit la manne céleste ; on n'entendait dans ces bois, dans ces plaines, de la vallée à la montagne, que les rappels, les chansons et les bruits de ces plumages : le petit cri des coqs faisans, le tire-lire de l'alouette, le sauvage grognement du sanglier.

Fontenay-Trésigny était une terre de trois étangs et de quatre paroisses. Les étangs seuls auraient suffi à la table de cent couverts des Bernardins. Sur l'aile des vents d'est arrivait la bécassine passagère; arrivaient en même temps la sarcelle et le canard, le vanneau et le courlis, la poule d'eau et le plongeon; oiseaux voyageurs, la Brie était leur dernière halte, avant de s'envoler du côté de Versailles; il n'y avait donc qu'à se promener dans ces domaines, le fusil à la main, et maître Hubert s'y promenait chaque jour.

Nous avons dit qu'on l'aimait dans la contrée, il faut dire aussi que de tous les crimes qui se pouvaient commettre *ici-bas*, le plus innocent aux yeux de l'homme des champs, c'était le crime de braconnage. Le gibier dévorait la plaine; il traversait le champ de blé, il s'abattait dans la vigne dévastée, il se glissait dans les sillons, il pénétrait dans l'écurie et disputait son avoine au cheval de labour. Le gibier, nous l'avons dit, était défendu et protégé mieux que les hommes, par toutes sortes de lois draconiennes. Toucher aux lapins du seigneur, c'était un homicide, et vous pouvez bien comprendre que les timides qui avaient peur des galères, ne se gênaient guères pour applaudir au courage du jeune homme qui osait frapper lapins, lièvres, perdreaux et perdrix, au péril même de sa propre liberté. Au courage de l'action, il faut ajouter la générosité du criminel ; grâce à lui plus d'un vieillard finissait par savoir quel goût pouvait avoir un faisan, et plus d'une pièce oubliée en quelque sillon, n'était pas perdue pour tout le monde ; enfin les auberges d'alentour, et plus d'une maison bourgeoise tâtaient, bel et bien, de cette chasse miraculeuse ; Hubert en gardait une partie et vendait l'autre (le roi aussi vendait sa chasse) en échange de tout ce qui manquait au château. Aussi bien dame Marthe, même du vivant de son chanoine, n'avait jamais fait une chère plus splendide; elle nageait, comme on dit, en pleine eau trouble, et ne se faisait pas faute de plumer deux perdrix grises, pour accompagner dignement un perdreau rouge; elle jetait lestement dix alouettes dans le pot au feu; elle entourait de grives, le jarret de veau échangé contre un cuissot de chevreuil; elle arrosait le chapon, d'un bon courlis de pluviers. Déjà le poulailler repeuplé fournissait des œufs en abondance; le lait gonflait la mamelle de la vache nourricière; le jardin cultivé donnait des fruits et des salades; le vin répondait à la bonne chère; et au vin, la bonne humeur des convives; quand venait le dessert, on servait les gâteaux dans les fleurs.

Ainsi, par la grâce d'Hubert et de son fusil, c'était fête tous les jours au château de Fontenay, et chaque jour était signalé par une nouvelle fortune. Hubert, calme et de bonne humeur cependant; Louison, parfois quinteuse; Eugène, amoureux et grognon; mais tout d'un coup, après les petits contredits accoutumés, reparaissaient la joie et l'amour sur ces beaux visages... Deux pigeons un instant envolés, de çà, de là, qui rentrent ensemble au colombier !

Et chaque matin et chaque soir, quand venait la nuit, mère des songes, principe de toutes choses, Hubert resté seul, ne pouvait pas s'empêcher de songer... que ses deux hôtes étaient bien heureux !

CHAPITRE VI

LES DISSIPATEURS.

A toute chose il y a un *mais* ; ils étaient bien heureux, *mais* ils étaient bien imprudents ! L'innocence qu'est-elle devenue, et qui peut dire en quelle terre elle s'est réfugiée ? On n'en sait rien. Elle s'exila du ciel, un jour, avec le vent d'orage, et depuis ce jour l'orage s'est retrouvé au sommet des montagnes, nul ne peut dire où se tient l'innocence. Hubert, innocent jusque là, marchait, sans le savoir, sur les sentiers du crime et de la trahison. Eugène et Louisette, encore réservés et timides, peu à peu s'abandonnaient à mille folies, véritables jeux de seigneurs et de dames parisiennes, qui ne plaisent qu'à ceux qui les font. Ils oubliaient les imprudents! que leur hôte était un jeune homme, exposé comme eux aux passions de l'âge folâtre, et qui savait prendre, tout comme un autre, l'opportunité du vent, en sa qualité d'habile chasseur. Ils vivaient donc en pleine fête, en plein contentement de l'esprit, des sens et du cœur, sans s'inquiéter de l'incendie. Ils sont heureux, que leur fait tout le reste, pourvu qu'ils aillent sous les ombrages, se licenciant et se livrant à leurs ébats, tout à leur aise ? Ils ne songeaient pas (y songe-t-on jamais?) qu'ils avaient le ciel sur leurs têtes, et la terre à leurs pieds ; il allait l'appelant à haute voix, et elle répondait à haute voix : Me voici! Elle allait, le matin, par les champs, cherchant la rosée comme font les filles d'Israël, la tête découverte les bras nus, les cheveux épars, et de sa voix douce, elle chantait le *Menuet de Zelindor*, à quoi son bel amoureux répondait dans le même diapason, en sifflant la fanfare de Saint-Cloud, ou bien elle chantonnait en dansant sur un pied : *Je voudrais bien vous obéir, maman!* à quoi le drôle répondait par le grand air de la *Servante maîtresse : O serpina penserete !* Que de baisers envoyés, renvoyés, envoyés encore, par les chemins! Que de baisers acceptés et repris par les sentiers. Que de cris de joie et de douces paroles, trottant dru et menu, en casaquin blanc, en jupon court! On lisait, écrit sur le beau visage de cette belle fille des grâces galantes, vêtue avec tant de propreté et d'élégance : *Je suis Héro, la femme de Léandre !* On lisait dans les yeux enamourés de ce jeune homme, beaux yeux de flamme, humides d'un feu brillant : *Je m'appelle Léandre, l'époux de la belle Héro.* Sa main brûlante tenait sans cesse cette main, promise aussitôt que donnée ; ce n'était que discours, silences, mignardises, murmures, éclats de voix, secrets marmottés à l'oreille, sourires, soupirs et chansons !

On eût dit vraiment qu'elle était seule, avec son amant, dans ce château périlleux ! A la fenêtre ouverte, elle peignait sa belle chevelure ! A sein ouvert, elle portait la rose qu'Eugène avait cueillie ! Elle ôtait sa mante sans précaution ; elle laçait, sans se cacher, son corset inutile ! On n'entendait, en bon français, dans toute la maison, que les murmures poétiques :

> Hic mollia prata, Lycori
> Hic nemus.....

et le doux murmure se perdait incessamment dans les détours de ce parc complaisant. Avouez-le, (je l'avoue !) il fallait être un ange, un ange de quatre-vingt-dix ans, tout au moins, pour ne pas suivre, de loin, ces deux amoureux qui suivaient, eux-mêmes, si étourdiment, cette trace lumineuse, sans détourner la tête de temps à autre, ne fût-ce que pour savoir si personne ne les regarde ou ne les voit !

— Eugène et Louison, égoïstes à eux deux, plus qu'un seul égoïste, égoïste à lui seul, n'eurent pas, une seule fois, l'idée qu'on eût à s'étonner, tant s'en faut, de leur conduite, et qu'ils agissaient comme d'abominables incendiaires, comme d'imprudents dissipateurs. Évidemment ils étaient chez eux, dans ces domaines; chez eux dans cette maison hospitalière; chez eux, dans ces bosquets. Ils ne voyaient qu'eux seuls dans l'univers créé; *nous seuls, et c'est assez!* A peine si, de temps à autre, ils adressaient à notre ami Hubert, un petit mot de reconnaissance ou d'amitié, à son départ, à son retour, et encore! Ils étaient si fort occupés à se regarder, l'un l'autre, à se voir sourire, à s'entendre parler, pourquoi perdre son temps avec Hubert? Ils ne daignaient même plus s'inquiéter du gibier qu'il avait tué, pourvu que le gibier fût cuit à point. Ainsi, le pauvre garçon, il n'avait ni la gloire de l'amoureux, ni le plaisir du chasseur.

A ces tentations, dignes de feu saint Antoine,

Hubert résista longtemps, et quand enfin il entendit, au fond de son âme indécise, le sourd grognement de la jalousie et de l'envie, il commença par se défendre comme un beau diable. Berg-op-Zoom et Port-Mahon n'ont pas fait une résistance plus héroïque et plus furieuse que le cœur et l'esprit d'Hubert. — Je l'aime, disait le cœur. — De quel droit? répondait l'esprit. — C'est ma passion, disait le cœur. — C'est ta fantaisie, disait l'esprit, passion d'un moment. — D'un moment, soit, reprenait le cœur, mais si agréable et si doux! — Et la vertu? disait celui-ci. — La vertu n'est qu'une bête, répondait celui-là... Bref, tant devisèrent et tant babillèrent ensemble, le cœur et l'esprit d'Hubert, qu'ils finirent par tomber d'accord que Louise était vraiment une belle créature, disposée, éveillée, accorte et jeune, autant qu'on pouvait l'être; qu'elle méritait, non-seulement l'hommage de monsieur Eugène, mais encore l'adoration de l'univers, et qu'enfin il était impossible, à un homme en son bon sens, de voir tant de bonheur sans envie, et tant de charmes sans convoitise. En même temps — une fois la prison brisée et la passion en liberté, qui peut dire à quels sophismes nous allons, à quels abîmes ? — Hubert se mettait à se prendre en pitié, et à se plaindre, soi-même, parlant à sa personne : Était-ce juste, après tout, se disait-il, voyant Louison appuyée au bras de son amant, et le dévorant de ses grands yeux qui trouvaient à qui parler, était-ce juste enfin, que dans cette association léonine entre trois jeunes gens qui s'estimaient si fort, entre des amis qui s'aimaient tant, que l'un des deux amis eût toute la peine, et l'autre tout le plaisir ? Comment ! lui, Hubert Laumont, fils unique de Jean Laumont, il violait, en pure perte, les lois divines et humaines ! Chaque matin, à son réveil, il assassinait, pour des ingrats, les perdreaux et les lapins de son seigneur ; il était en quête, chaque jour, et tout le jour, d'une vie si hasardeuse et si pénible ; que disons-nous ? Il s'exposait au carcan, et à l'honneur

de ramer à perpétuité sur les galères du roi, uniquement pour le plaisir incendiaire d'assister au spectacle brûlant de ces tendresses mutuelles? D'ailleurs, à qui la faute, s'il est piqué au vif, de l'aiguillon qui le pousse, et de quel droit exigerait-on, de lui seul, tant de prudence et de retenue, en dépit de la chair et du sang?
— Me prend-on, par hasard, (ici il s'élevait jusqu'à l'éloquence!) pour un quiétiste, et que je vais regarder, de sang-froid, la nuit et le jour, le matin et le soir, une belle créature plantée à deux pas de mes lèvres, et de mon cœur? O les insensés! et qu'ils méritent bien que je les tienne enfermés dans la cabane du pauvre, que je les condamne au brouet de Curius Dentatus, et que je brise, pour eux, la loi hospitalière qui faisait, de ces deux ingrats, les deux rois de mes festins! Ainsi il maugréait, et suait en ses paradoxes infernaux, très-indécis et très-décidé, semblable à Neptune, dieu des lacs et des fontaines, lorsque sous la figure d'Énippée, il s'empare injustement et volon-

tiers de la fille de Salmonée. Ainsi, dans la tragédie de Lagrange-Chancel, Victorius dispute à Cassius la belle Cressida ; ainsi, dans *Clovis le Grand*, tragédie de Nouvelon, la maîtresse de Clovis obéit à son hôte Sacrovir! Que diable! l'hospitalité a aussi ses droits à réclamer des gens qu'elle héberge, et il est dit : *Ne brise pas la salière de ton hôte !* Enfin, on est homme, et l'on se rappelle que les dieux eux-mêmes ont succombé à la tentation. Lui-même, le divin Tirésias, vieillard à tête chauve, à barbe blanche, ne put pas commander à sa passion lorsqu'il vit la sublime Pallas déposer la tête de la Gorgone au bord du fleuve Inachus, et baigner ses membres robustes dans le flot écumant. — Tels étaient les raisonnements intimes de l'ami Hubert; par la seule réverbération de ces flammes amoureuses, il se sentait brûlé jusqu'au fond de l'âme; en vain l'amitié faisait entendre sa voix timide, il était sourd à la voix si longtemps écoutée; en vain l'honneur faisait entendre sa voix austère, disant que c'était honte au pilote, si les flots arrachaient de ses mains le gouvernail ; — et l'honneur, et le devoir, et cette amitié que rien ne devait rompre, ni les passions, ni l'ambition, ni l'espérance, rien ne parlait plus à cette créature inhospitalière; il était écrasé, vaincu, que dis-je! — réfuté par la passion, par l'amour, par le désir. Mais aussi la chose est diablement fatigante, quand on joue sa place au banquet de la vie, amener toujours le coup du chien, et jamais le dé de Vénus.

Je vous dis ses rêves, comme ses rêves lui venaient, à la tête et à l'esprit, à mesure qu'il allait d'une remise à l'autre remise, du champ de blé au champ d'avoine, de la montée à la plaine, et qu'il traversait, l'œil aux aguets, l'oreille aux écoutes, ces campagnes remplies d'un soleil ardent, capable de brûler les arbres et de fendre les pierres. — Le pauvre garçon, il avait l'esprit vif, l'humeur altière; il était naguère contenu par la fière Denise, et Denise absente, il ne savait plus obéir ; il se faisait, comme on dit, le corps du corbeau plus noir que ses ailes, et il ne s'apercevait pas, tant il était abandonné à ses transports, que la chèvre elle-même cherchait l'ombre, dans ces campagnes brûlées, et que dans ces plaines enflammées, Syrius — à cheval sur le taureau — précipitait toutes ses flammes. Cependant il allait toujours cherchant sa quête, et poussé par ce profond désespoir de savoir que l'on va commettre une action mauvaise, et de sentir que l'on manque, tout simplement, — pour ne pas se couvrir de honte et de mépris, de la *grâce suffisante*. Il allait toujours en criant: Louison! Louison! Et pas de Louison! Seulement la fumée et la flamme de l'été en fureur! Il ne retrouva, quelque peu ses esprits, que sous les murs du château où son chien le ramenait, poussé par la soif. — Bon! dit-il, je rentre à la maison les mains vides, et cette fois j'en suis bien content! Vous n'aurez pas de gibier aujourd'hui, messeigneurs; non! et puis la belle avance, battre les buissons pour que rien ne manque au souper de monsieur Eugène, faire lever le gibier pour l'amoureuse Louison, et ne dirait-on pas, en fin de compte, que je suis fait au soleil, comme un chien à aller à pied ?

Ainsi sa mauvaise humeur s'exhalait en mille amertumes secrètes, et qui l'eût vu méditant ses crimes, se fût demandé si c'était bien le même jeune homme hospitalier et d'une bonté si franche, qui ouvrait naguère sa porte et son cœur à cet ami de ses jeunes années ? A qui en avait-il, et pourquoi, soudain, toute cette colère ? Eh ! soyez juste, c'était un peu la faute de Louison et de son amant. Ce matin même, à l'heure du départ, maître Hubert, qui avait mal dormi, s'en allait, le fusil sur l'épaule, à sa tâche de chaque jour, lorsqu'en levant les yeux à ce balcon des Montaigus, il aperçut Roméo et Juliette ; — Juliette, son bras passé au cou de Roméo, — écoutant l'un et l'autre, dans une muette extase, le chant de l'alouette matinale, du côté de Vérone ! — Ils

étaient en petit habit du matin, câlinement abri-
tés à l'ombre claire du joyeux rayon, les cheveux de la maîtresse entortillés dans la chevelure de l'amant, si bien, que l'on ne voyait
qu'une seule tête touffue. — *Discrimen obscurum,* et ce pauvre Hubert, les yeux levés là-
haut, se demandait s'il était permis à deux
créatures humaines — d'être si contentes, et si
heureuses ?

En vain il les regardait, à les troubler de son
regard, on ne le voyait pas, on ne le regardait
pas ! Il eut beau appeler son chien, et faire
jouer les ressorts de son fusil, *l'alouette de Vérone* chantait dans ces deux âmes, enthousiastes de leur propre fortune. A la fin cependant
Louison laissait tomber, du haut de sa beauté
dédaigneuse, un regard distrait sur le jeune
chasseur, un de ces regards qui semblent dire :
— Voilà un homme que j'ai vu quelque part !
— Bonjour, madame, lui dit Hubert en s'inclinant. — Et le regard semblait dire : Ah! oui,
j'y suis maintenant, ce monsieur qui me regarde

c'est monsieur Hubert, le fils de ce brave Laumont, le régisseur de mon château de Fontenay !

A ce beau salut tout empreint d'amitié, de dévouement, d'admiration, d'adoration, Louisette, imprudente, — et l'ingrate ! — répondit par un mince : « *Bonjour, Hubert !* Vous allez à la chasse un peu tard, Hubert. » Ceci dit, elle se mit à contempler, de nouveau, son bel Eugène qui la contemplait, et le pauvre garçon, Hubert, s'en allait regardant encore, du coin de l'œil, ce peignoir entr'ouvert, juste à l'endroit ou la jambe se dessine, hardie, et se détachant du genou à demi ployé, s'en va rejoindre le pied éclatant au dehors du balcon. — Adieu, Hubert, criait Eugène, encore, s'il disait : *adieu !* c'est qu'il avait été averti d'un coup d'épaule, par Louison, quelque peu honteuse d'avoir dit un si petit bonjour à ce jeune homme, qui l'admirait en fin de compte, de toute son âme, de tous ses yeux.

A peine dans les champs, Hubert, très-chagriné d'un si mince accueil, avait compris que les mépris de la belle Louison porteraient malheur à sa chasse de ce jour, et il se mit à l'œuvre, d'une façon languissante. Il est vrai que la chaleur était à peine supportable ; le sol était brûlé; le gibier, rentré au bois de très-bonne heure, se tenait caché dans l'ombre ; pas un mouvement dans les chaumes, et pas un cri dans les fourrages ; le chien lui-même, si ardent la veille, avait peine à suivre le chasseur, et ils s'en allaient, à travers champs, l'oreille basse, tous les deux.

Donc maître Hubert, ne chassant pas, et tournant, sans cesse, autour de l'enclos où se cache Louison la dédaigneuse, eut tout le temps de ranimer, en lui-même, les désirs, les comptes et les mécomptes de ces journées d'angoisses et de remords, de tumultes et d'espérances. Il accusait Dieu et les hommes ! Il accusait Eugène et Louison ! Il accusait la grande Denise ! Il s'accusait lui-même ; Ah ! Denise ! Ah ! Denise ! Ta malédiction me poursuit, ma

chère créature, et pourquoi m'as-tu laissé exposé aux beautés féroces de cette coquette? Ainsi parlant à Denise, il songeait à Louison !
— C'est elle qui a fait tout le mal ; elle abuse de sa beauté ; elle se moque de ma jeunesse rustique; elle fait semblant d'aimer Eugène, plus qu'elle ne l'aime; elle m'envoie au bois comme si j'étais son vassal ; à peine si elle daigne me dire en passant : « Bonjour, Hubert! Il fait bien chaud, Hubert! » et si je rentre haletant, fatigué, courbé sous le faix de quelque chevreuil, elle se jette aux bras de monsieur Eugène, pour récompenser monsieur Hubert. Ce matin encore, a-t-elle daigné me jeter un coup d'œil? à peine si elle m'a fait un signe de tête, comme si j'étais un gardeur de chèvres ou un bouvier..... Telles étaient les fièvres du pauvre jeune homme, et plus il repassait en lui-même, toutes ces misères, plus il revenait d'un pas hâté, dans cet enclos périlleux qui renfermait la cause innocente de son martyre. Il ne se calma un peu qu'à l'aspect des grands

arbres, et des vieilles charmilles où Louison se tenait blottie; en ce moment le soleil dardait ses rayons les plus cruels autour de l'oasis ; il n'y avait d'ombre et de fraîcheur qu'autour de vous, la belle et dédaigneuse Louison ! Où elle était, il allait ! Heureux de l'entendre, content de la voir, et cependant, à mesure qu'il se rapprochait des beaux lieux habités par sa bergère, éclairés par ses yeux, il la revoyait, telle qu'elle se montrait à lui, parée de rien, vêtue de peu, le matin et le soir dans le négligé charmant de sa fraîche beauté. Il entendait ses cris joyeux; il chantonnait le refrain de ses chansons; il voyait briller cette étoile; il entrevoyait à travers l'épais rideau, le flambeau, confident de ces amours. C'était comme un mirage dans lequel Hubert poursuivait la belle fille, objet de son culte ! — Et, songeant à elle, il la voyait, en ce moment, au gré de ses désirs ! Elle n'était plus la fille oublieuse, de ce matin, au contraire, elle reconnaissait Hubert au bruit de ses pas, et du plus loin qu'elle le pouvait voir, elle lui riait, elle lui souriait; elle était tour à tour sérieuse et gaie, mutine et tendre, folle et réservée, et lui disant : bonjour ou bonsoir! à tout bout de champ, avec une petite caresse de sa belle main enfantine. Il se rappelait aussi le soir de son arrivée, lorsqu'elle prit la fuite comme un blanc fantôme, et comme il la retrouva, sous le bosquet, mouillée de rosée et tremblante d'émotion. Il sentait encore, ô bonheur! sur son épaule heureuse et brûlante le faix charmant de ce cher et brillant fardeau! Il sentait le souffle ingénu de cette bouche divine. Il revoyait ces beaux yeux, étonnés à leur réveil, des splendeurs inaccoutumées de l'aurore du mois de juin. — Ah! se disait-il, quel dommage que ma vision se soit envolée si vite! Songeant ainsi, il sentait tomber sa colère, s'apaiser son cœur, se calmer sa passion. Ah! malheureux! qu'allais-je faire? Indigne que je suis de la confiance de ces enfants, j'allais troubler ces beaux jours; j'allais tendre mes embûches à ces jeunesses, mes hôtes ; j'allais briser sans pitié, ces fraîches amours, épanouies sous mon toit !

Il arriva donc, assez calme, à la petite porte du parc.... La porte était fermée, il escalada la muraille, son chien fit le tour et se jetant dans le fossé, retrouva sa niche, dans la basse-cour du château.

Renoncer à une action mauvaise, et se trouver tout d'un coup, transporté, du milieu même de l'ardent soleil, sous une triple allée d'ormes verdoyants, sur la mousse, à l'endroit choisi où le parc arrivé au milieu de sa course, va rejoindre une onde limpide qui coule doucement entre deux saulées, voilà certes une sensation délicieuse à deux fois ; l'âme est rafraîchie et calmée de la mauvaise action évitée, pendant que le corps s'abandonne à la demiclarté de l'épais feuillage, au gazouillement de l'oiseau chanteur, au murmure de l'eau limpide, à ce bien-être indicible de tous les vents propices, de tous les astres favorables ! A peine il eut touché cette terre promise, messire Hubert se sentit vaincu, tout à fait, par le calme de ces bois, le bruissement de ces feuillages, l'harmonie ineffable de ces murmures, et, heureux! il pardonnait leur bonheur à Eugène — à Louison.

Mais, juste ciel! qu'un âge de vingt ans est un lion farouche, et qu'on a bien raison de comparer la jeunesse à la foudre. La foudre superbe brise les tours les plus hautes, elle ne connaît point de lois et pas d'obstacles, non plus que la jeunesse; la foudre et la jeunesse, elles ont leurs fureurs soudaines, elles éclatent dans un ciel d'azur, elles obéissent à des inspirations inexplicables; plus d'une fois on les voit tomber, l'une et l'autre, en des abîmes sans fond. Quand donc Hubert, qui se croyait seul, et qui se sentait sûr de lui-même, découvrit en ce lieu solitaire, Eugène et Louison, assis tous deux sur l'herbe, il sentit surgir (lui si calme!) au fond de son âme apaisée, une de ces tempêtes, d'autant plus terribles qu'elles se font honte à elles-mêmes, et qu'elles se cachent à tous les yeux.

La rive où se tenaient les deux amants était en pente; une source naturelle sortait et bruissait, du pied des arbres serrés ; un vieux saule, creusé par le temps, prolongeait sur l'eau courante, un frais abri de verdure, et pourtant ce beau feuillage, digne retraite des Sylvains, n'était pas si épais, que de temps à autre un vif rayon de ce chaud soleil ne se glissât, à travers les ondulations de cette onde claire. On n'entendait, en ce lieu, que le bruit du ruisseau, palissé d'érables, et ce bruit semblait dire en son patois jaseur :

Nymphis locus, bibe! ama! tace!

C'est-à-dire : sous ces ombrages, consacrés à Galatée, la néréide, fille de la belle Doris, nymphe de la mer, et du fleuve Égée, *buvez frais! — Soyez heureux! — Soyez discrets !* Au-dessus de la fontaine, la *demoiselle* errante ridait l'eau d'une aile légère; du fond de l'arbre le capricorne musqué exhalait une suave odeur de thym, mêlé à l'œillet. Au bord de cette fontaine, semblable à ce flot puissant dont parle Ovide, qui change en marbre, tout ce qu'il touche, se tenait Louison aux belles joues, aux pieds nus! La tête penchée, elle écoutait cette eau courante dont le murmure inclinait à rêver.

Assise sur le sable, elle écrivait sur l'onde!

et, pensive, elle s'abandonnait à cette rêverie fatale à Pandore, la mère de ces femmes dangereuses et charmantes, que Jupiter dans sa colère, et dans sa bonté, a destinées à la perte et au plaisir des humains!

Elle avait ôté, de ses pieds chaussés, ses petites mules brodées, et de sa jambe ronde ses bas blancs, une jambe d'Hébé, et ces deux pieds nus jusqu'à mi-jambe, étaient plongés en cette onde transparente; l'écume de l'eau, ajoutant sa blancheur à ces blancheurs, et l'eau même, se fâchant contre cet obstacle à rendre Amphitrite jalouse. O nymphe de la Marne, avez-vous jamais vu déposer, sur vos rives, une plus fraîche ceinture? Onde enchantée, avez-vous porté des nouvelles de ces beaux pieds, aux jets d'eau de Versailles? — Elle était vêtue d'un simple taffetas vert, d'une couleur chère aux Néréides; les plis de cette robe légère, sur laquelle avaient rejailli *les perles du flot d'Érythrée*, dessinaient tout ce qu'elle voulait cacher; son beau sein se montrait dans tout son éclat, ses beaux yeux dans toutes leurs grâces; elle avait la nonchalance d'une fille qui sait qu'elle est belle et qui se sait aimée... A ses côtés, ou plutôt derrière cette taille mince à rompre, et la tête enivrée à l'odeur divine de ces cheveux parfumés d'ambroisie [1], Eugène était étendu, les yeux à demi fermés, le sourire à la lèvre entr'ouverte; et dans l'attitude d'un poëte écoutant le chant invisible, il suivait le léger mou-

---

[1] Ambrosiæ que comæ divinum vertice odorem
Spiravere.

vement de ces pieds blancs que l'eau semblait emporter avec elle, pareils à ces fleurs qui décorent les fontaines des nymphes de l'Hélicon. Eh bien! cette fille enivrée de ces enchantements, de ces murmures, de ces rêveries, de l'extase muette; le bleu du ciel, le bleu de l'eau, ces deux pieds frissonnant dans l'onde à peine agitée, le gazon à peine froissé, le saule animé par le zéphyr des trembles et des saules, Eugène en extase dans le plein cœur de sa maîtresse et de l'été..... Voilà le tableau qui s'offrait, soudain, aux yeux d'Hubert, et de cette onde fraîche, surgit sa colère! Il était lui-même en bien triste état, pour un berger qui veut plaire à une bergère. Il était couvert de poudre et de sueur, les cheveux en grand désordre, le visage hâlé, les mains brunies, l'habit déchiré par les ronces, le cœur déchiré par l'envie, les yeux hagards, la voix brutale.—Ah! dit-il, avec un affreux sourire, vous prenez le frais! vous roucoulez!... Il n'en put dire davantage, et s'agenouillant sur le bord du ruisseau, il se mit à boire, au courant de l'eau plaintive, quelques gorgées de cette onde heureuse qui avait touché ce marbre veiné. A peine sa lèvre avide eut touché ce murmure, il sentit comme un feu qui le brûlait. Ainsi s'enivrait, quiconque touchait, d'une lèvre imprudente, aux flots du fleuve Lynceste :

Haud aliter...... quam si mera vina bibisset!

Cependant nos deux amants, interdits et malheureux... dites-leur pourquoi? restaient à cette place, immobiles, sans voix, sans haleine, et les yeux baissés! Ils ne savaient pas en quelle chose ils avaient mérité le courroux d'Hubert, ils savaient cependant qu'ils l'avaient mérité. Louison, confuse, osait à peine, ôter de l'eau, ses deux pieds blancs comme la neige des Alpes, et pourtant elle ne voulait pas les laisser à la dérive. Eugène, qui tout à l'heure planait dans le ciel radieux, cherchait, sans la trouver, une fleurette dans le gazon. Hubert, content de ce malaise dont il était cause, les regardait l'un et l'autre, avec les yeux d'un excommunié. Entre ces trois belles créatures, qui jusque-là s'étaient si bien comprises, il y eut je ne sais quel défi muet, où les passions de la ville, se mêlaient à l'âpreté des champs.

Il fallut cependant se tirer de l'eau et de ce péril. Louison remonta l'eau d'un pied léger, elle tira soudain une jambe, et l'autre jambe, et tournant le dos à Hubert, elle essuya ses deux pieds sur le gazon. Et comme le vent, à l'haleine paresseuse, ne séchait pas assez vite cette jambe impatiente, elle la sécha avec ses mains, pressant la rosée, de la cheville, au petit doigt, et — funeste présage, — elle était en si grande hâte, qu'elle chaussa son pied droit le premier, et elle fit si vite, que le bas se déchira, laissant passer, victorieuse de l'obstacle, cette jambe digne de la Danaé du Titien. Pour échapper à cette embûche, Louison prit son dernier bas à sa main, et ses mules à peine attachées, elle s'enfuit légère, comme une biche effrayée. Eugène eût voulu courir après elle, il n'osa pas... il revint à la maison, sans mot dire; après un détour, Hubert fut se cacher, juste sous l'arbre où se tenait Louisette, et dans cette onde, déjà changée, hélas! il plongea son front brûlant.

Chacun de ces trois enfants acheva sa journée en solitude, et en silence : Louison honteuse, Eugène interdit, Hubert mécontent. En vain la cloche du dîner, d'une voix déjà moins superbe, appela les convives, pas un ne répondit au joyeux appel! Et voilà comme la journée, bonne mère, est souvent une marâtre; on eût dit que la fortune, jalouse du bonheur de nos amants, venait de couper net, la trame de leurs plaisirs.

CHAPITRE VII.

L'ENSEIGNEMENT MUTUEL.

On l'a dit, on a dit vrai, — le paresseux est le compagnon du diable. Or, la paresse était la grande maladie en ce temps-là. Personne ne savait plus vivre de son travail; on vivait comme on dort; la France était en léthargie, et dans cette France assoupie, on n'entendait que le murmure de quelques passions éteintes à demi, comme la chaux vive mêlée au sable. Où était le mouvement, l'activité, la guerre ? On n'en savait plus rien ! On ne voyait que des surfaces tranquilles, un Océan à peine ridé, un ciel à peine terni de nuages si légers, que le nuage semblait un voile transparent contre le soleil. — L'oisiveté a perdu les plus grands hommes ; elle a renversé le bonheur de cités les plus florissantes ; étonnez-vous qu'elle ait troublé les domaines, jardins, plaisances, pâtures, maisons, et pâturages de Fontenay !

Au premier abord rien ne parut changé dans la vie ordinaire du vieux château, si heureusement rajeuni par toutes les fées de l'amour, de la chasse et de la jeunesse. Dame Marthe, la cuisinière opulente, qui était une fine mouche pour avoir touché à la théologie, aurait eu peine à découvrir que rien d'étrange se fût passé céans, n'eût été que monsieur Hubert, si diligent autrefois, maintenant se promenait de long en large, les bras croisés, très-occupé aux détails de la moisson, pendant que le fusil nouricier était oublié dans un coin.

— Qu'a donc notre jeune maître? se disait dame Marthe, il était naguères si matinal, il partait au point du jour, et déjà, sur le midi, son carnier était rempli. Mais aujourd'hui, tout est changé. C'est en vain que les moissonneurs poussent le gibier à notre porte, et que la perdrix chante sous nos fenêtres, il nous faut vivre de petit-lait et de salé! Encore si ces jeunes gens s'apercevaient de l'abîme qui sépare le dîner d'hier, du dîner d'aujourd'hui; mais non; ils se taisent; ils ne rient plus; ils vont et viennent, les yeux baissés; ils mangent à peine, quoi qu'on leur serve : bœuf bouilli ou faisan bardé, que leur importe? Oh! dame Marthe, monsieur le chanoine aurait fait un beau vacarme, si tu lui avais servi, pour tout potage, cette masse épaisse de carottes et de choux indigestes, sans autre assaisonnement qu'un peu de beurre et de sel!

Telles étaient les réflexions de la grande artiste; elle levait l'épaule et elle n'allait pas plus loin ; la bonne dame était, en bonne chère, un grand casuiste, et des plus orthodoxes ; elle était une hérétique, une athée aux choses de l'amour. On n'avait jamais parlé de l'amour chez feu son maître, et le chanoine défunt n'en avait jamais su le premier mot, le bon homme. Après la scène de la saulée, monsieur Hubert s'était rappelé, lui-même, à tous ses devoirs : Il n'avait pas le droit (se disait-il) de tuer les perdrix de Fontenay, encore moins le droit d'abattre les daims, les chevreuils et les faisans. Il était le gardien, et non pas le destructeur du gibier qui lui était confié; d'ailleurs, l'heure de la moisson était venue, et il n'avait pas de temps à perdre, en bagatelles. Qui donc, je vous prie, surveillera, si ce n'est lui, les greniers, les granges, les batteurs, les moissonneurs, les grappilleurs, et qui donnera le prix des grains, à la future mercuriale? Ainsi il allait et venait, se pavanant, se rengorgeant, jouant à l'homme utile, indispensable. On eût dit monsieur de Choiseul faisant la guerre à madame Dubarry. De leur côté, nos deux amants n'étaient pas moins empêchés et diffus que monsieur leur hôte ; ils éprouvaient déjà cet ennui secret des passions découragées qui se comprend, mieux qu'on ne l'explique. Ils sentaient, au fond du cœur, — et pourtant pas un mot n'avait été prononcé, qui leur fût contraire ! — que leur bonheur était dérangé ; que leur amour était en péril ; que la minute heureuse était passée, et pour ne pas revenir. Ce clou d'airain s'enfonçait peu à peu dans leur âme, et les tenait sur un continuel : *Qui vive?* Et que faire? et que devenir? et comment se tirer de cette inquiétude naturelle et mal définie qui, çà et là, les promène, sans qu'il osent à peine se parler, à peine se donner la main, à peine se sourire? Ils allaient, ils venaient, ils restaient en place, choisissant de préférence non plus l'allée écartée, et l'ombre des bosquets, mais, au contraire, l'esplanade, la terrasse, l'allée et la cour d'honneur, toutes les places où l'on est en vue. Ou bien, ils s'éloignaient, et se fuyaient l'un l'autre, afin de rêver tout à l'aise, elle et lui, et, l'un ou l'autre, restant en gage, pour ainsi dire, dans la maison, afin que l'on fût bien sûr qu'ils n'étaient pas ensemble, sous les saules. Eugène, alors, quand il était seul, la tête dans ses mains, se demandait pourquoi diable il était devenu, et en un clin d'œil, si malheureux? Quel sort et quel guignon lui avaient été jetés par les champs? Si sa maîtresse n'était pas toujours la plus belle, parmi les belles? Si son ami n'était pas toujours, le plus dévoué et le plus fidèle des amis? — Si l'on pouvait pleurer, sans avoir de quoi pleurer? Si l'on pouvait se fâcher, sans un sujet de fâcherie? — Autant de questions, auxquelles il ne savait que répondre, et il concluait, ingénument, qu'il fallait que toute espèce d'ordre eût été renversé, dans le système général de l'univers.

Pendant qu'Eugène accusait la destinée et les astres défavorables, Louison, plus experte en ces mystères (on va vite en amour), s'a-

vouait à elle-même, qu'elle avait joué avec le
feu, et que le feu l'avait brûlée; elle se rendait
compte de ses imprudences, et, en ces moments
de franchise avec elle-même, la pudeur rougissait sa joue que le dépit baignait de larmes.
On l'eût prise, en ces moments de grande tristesse, non plus pour la *Danaé* du Titien, mais
pour la *Madeleine* de Wanloo. C'était un désespoir, un chagrin, un désordre d'idées, une
haine contre Hubert, une colère contre Eugène;
c'étaient des lèvres tremblantes, des spasmes,
des convulsions, un abîme d'incertitudes et de
douleurs ! Tantôt elle voulait fuir, oui, mais
Eugène la retenait; tantôt elle voulait se venger d'Hubert, oui, mais comment se venger
d'Hubert? et quels reproches lui peut-on faire,
après tout? Ainsi confuse, attentive, impatiente
et déconsolée, elle s'en prenait à tout le monde;
elle se plaignait d'elle-même; elle s'appelait
malheureuse, entre toutes les malheureuses, et
la plus infortunée de toutes les femmes! De
temps à autre, (il faut que cela se sache, ô

Louison !) lui apparaissait calme, sereine et consolante, l'image de monsieur le duc de Bellegarde; elle se répétait les conseils de ce galant seigneur; elle le revoyait, du haut de la terrasse de Chenevierres, la suivant d'un regard tout rempli de dévouement, d'enthousiasme et de pitié.

Plusieurs jours se passèrent qui épuisèrent toutes les ressources du château, jusqu'à une glane d'oignons suspendue à la cheminée, et s'il est vrai que la faim chasse le loup du bois, à plus forte raison un amoureux de vingt ans qui a faim, et qui comprend que sa maîtresse commence à gémir de cette famine. En vain ces pauvres gens, d'un regard suppliant, regardaient le farouche Hubert, en vain dame Marthe posait, chaque matin, le fusil du maître à la portée de sa main droite, Hubert paraissait ne rien entendre et ne rien voir; il mangeait, à belles dents, son pain et son fromage, arrosés d'une belle eau claire. — Ah ! disait-il avec un petit sourire infernal, que n'ai-je le temps de vous tuer quelque rôti plus succulent, mes chers amis ! A ces mots il les quittait brusquement, il avait tant de choses à faire : un cheval à vendre, une charretée à rentrer... O lé sacripant ! Il en tenait pour la belle, la passion bouillonnait secrètement au fond de son cœur ; son plan était fait, ses combinaisons étaient prêtes, il avait médité, à loisir, son hypocrisie et ses subterfuges ! — Action noire, j'en conviens, mais pleine de génie ; et qui eût dit, grand Dieu ! que tant de fourbe et de trahison se rencontreraient jamais, dans l'innocence des plaisirs des champs ?

A la fin, et quand cette famine eut duré huit jours, Eugène, à bout de patience, aborda la grande question du *victum*, comme disait saint Paul. — Voici, sans reproche, disait-il, plus de huit jours, mon ami Hubert, que nous vivons comme des ermites, que nos quatre repas sont réduits à deux, et que les derniers moissonneurs dînent mieux que nous. Es-tu déjà las de donner l'hospitalité à deux amis qui sont venus à toi, à bras ouverts, ou bien es-tu fatigué de cette tâche de chaque matin? Parle, et sois franc, et si nous sommes gênants, si ma Louise te déplaît, dis-le-nous, et laisse-nous partir.

Il parlait bien, Hubert l'écoutait mieux, et disons-le à son pardon définitif, chaque parole de son ami tomba sur son âme, comme un reproche; il était déjà sur le point de reprendre son fusil et de partir, lorsque la funeste Louison accourut, tenant une pêche mûre, et — Tiens, dit-elle à Eugène, goûte! et elle lui présenta la place même où elle avait mordu, à belles dents, on peut le dire, d'une dent aussi fraîche que la pêche. Eugène, enhardi par ce beau fruit, le dévora jusqu'aux doigts de la belle fille, et le péché de cette pêche en vint à la bouche d'Hubert. — Voilà pour vous, dit ensuite Louison à Hubert, en lui offrant un second fruit, le plus beau des deux, mais enveloppé avec soin dans une feuille de vigne. O malheur! elle ne l'avait même pas touché de sa blanche main !

Merci, dit Hubert! je n'ai ni faim ni soif, — il repoussa la belle pêche, et la belle pécheresse, d'un geste dédaigneux.

— Vous n'avez pas faim? vous êtes bien heureux, reprit Louisette, et si j'avais, en ce moment, un des anciens pâtés de dame Marthe, ou quelque mets plus succulent que des œufs à la coque... Elle dit cela d'un petit air éveillé, agaçant, gourmand, avec un sérieux, d'un petit air de hauteur et un petit bruit des lèvres..! Bah! l'on n'a jamais su écrire, et décrire ces choses-là.

Cette fois encore, Hubert était vaincu; il allait demander grâce, et se remettre en chasse, afin de ramener l'abondance en ce logis dévasté, lorsque Eugène, touché de compassion et d'une pitié dont il prenait sa bonne part, — Allons, dit-il, donne-moi ton fusil, et que je te remplace. Il n'est pas juste, comme tu l'as fait jusqu'ici, que tu portes seul le danger de l'entreprise et la chaleur du jour, pendant que je passe ma vie aux pieds de ma Galatée comme fait le berger Corydon! Disant ces mot, il prit le fusil, et Louison épouvantée se serra contre Hubert, qui la retint, une seconde, dans ses bras.

En ce moment Hubert n'avait pas de mauvaise intention, Dieu l'en garde! Elle avait peur, il la rassurait, où est le mal? Oui, mais elle était si mignonne, et si bien faite, et rien qu'à la tenir ainsi, la touchant à peine, il fut assailli par tant d'idées et de désirs en tumulte, que toute sa conspiration lui revint en mémoire. — Maladroit! s'écria-t-il, le fusil est chargé! — Alors Louison se rapprocha davantage du traître Hubert.

C'en fut assez pour qu'il renonçât à ses bons sentiments, et pour qu'il revînt à ses feintises. Eugène était tombé dans ses piéges, il tenait Eugène, et il se promettait.... toutes les espérances les plus honnêtes. — J'en veux faire un grand chasseur, se disait Hubert, il me remerciera plus tard. Et comme il était en effet passé maître en l'art de tenir un fusil, et que peu de problèmes l'embarrassaient, il se mit à démontrer, à son ami, comment on met en joue, et comment on vise et comment on tire. Il savait quel oiseau l'on frappe à la tête, et quel autre au milieu du corps; il expliquait les mystères du tir et du vent : le vent te frappe au visage, vise haut; il souffle de droite à gauche, jette ton corps en avant; si la pièce file trop vite, vise et tue, en toute hâte; l'oiseau va lentement, attends-le, le jarret tendu, les bras souples, le coude arrondi, la tête immobile; si tu entends l'aile de l'oiseau, il est à ta portée, et si tu vises bien, c'est un gibier mort. Il faut chercher le levraut au milieu du sainfoin et des luzernes, le lièvre sur les bords; on laisse filer la caille ; on tire le lièvre aussitôt qu'on le voit; le lapin habite les terrains secs, s'il vient à toi tire bas, il se jettera dans ton feu.

Quand il vit que Louison l'écoutait ; qu'elle

était aussi attentive qu'Eugène lui-même, et qu'elle souriait de temps à autre — il n'avait pas attrapé le moindre sourire, depuis tantôt une semaine, — Hubert se mit à réciter toutes sortes de dictons, accompagnant, singe malicieux, l'exemple du précepte ; par exemple il clignait de l'œil, en disant ces jolis vers :

> Avant de fermer l'un des yeux,
> Prends soin de les ouvrir tous deux.

D'une main hardie, il indiquait à mons Eugène une perdrix imaginaire, et s'appuyant sur un pied il s'écriait :

> Du tir en plaine rapide
> C'est le pied qui décide.

Psit !...... voici maintenant la perdrix qui change son vol ; elle était à terre, elle monte au ciel :

> Si l'oiseau monte en flèche,
> Tire haut, mais dépêche.

Il y avait aussi un dicton pour la perdrix qui tourne :

> La perdrix tourne-t-elle ?
> Tire ! et dessous son aile.

Le *croisé* aussi avait son dicton :

> Pour un croisé j'attends en couche,
> Qu'une perdrix à l'autre touche.

Et comme, en se retournant pour le suivre, Louison s'était tournée contre la façade du château, Hubert s'écria en riant :

> Louison, tirez sur le mur,
> Il vous le rendra, c'est sûr.

Il indiquait aussi le *coup du roi*, et le coup du roi renversé ; le tir en battue et le tir en jachères ; comment on tire le lièvre au saut et le lapin au jugé, et la pose du tireur dans le bois :

> Le genou, droit en l'air,
> Tu dois manquer, c'est clair.

Et le gredin, voyez sa chance, à mesure qu'il expliquait et démontrait son art favori, il se montrait, sans le savoir, à cette Louison curieuse, dans les plus belles attitudes et les plus favorables à sa beauté virile. Sa large poitrine, ses mains habiles, ses dents brillantes, ce regard qui annonce la foudre, ses pieds nerveux, ce front, caché sous ces cheveux épais, sa voix même, entre le double écho de ces jardins, tout contribuait à lui donner la plus belle apparence que puisse avoir un jeune homme, en ce bel âge de la chasse et de l'amour. Que vous dirai-je? Afin de démontrer d'une façon sans réplique, l'excellence de sa méthode, un corbeau passait au-dessus de sa tête... il l'abattit d'un seul coup. La bête frappée au cœur tomba, en tournoyant, aux pieds de Louison.

Il arracha une plume de corbeau, la plus belle, et la plaçant dans les cheveux de la belle fille : Voyons, dit-il, à qui aura le plumage le plus brillant et le plus noir.... C'est vous, dit-il à voix basse, et comme s'il lui faisait une de ces confidences, auxquelles est attaché le destin des empires. Eugène le regardait, les bras croisés, et l'admirait, comme font les Océanides dans ce chœur de *Prométhée*, lorsque Prométhée a dérobé le feu du ciel.

Donc, reprit Hubert, voici le fusil; va et cherche ! Il faut te mettre en quête et remplir le garde-manger, à ton tour. Tu seras adroit, si tu es amoureux. Disant ces mots, il le planta là, le fusil en main, le carnier sur le dos, disant qu'on l'appelait, et il partit soulagé d'un grand poids.

Mais, les pauvres enfants décontenancés, qui naguère ne songeaient qu'à s'aimer! si vous eussiez vu leur doute, leur embarras, leur surprise, leur épouvante, et leur douleur immense en songeant qu'ils ne vivront plus seuls, tête à tête, et dans l'abandon charmant des premières amours !

Ah! misère! il faudra se séparer chaque matin, de si bonne heure, et se quitter, tout le jour, et ne se revoir qu'à la nuit tombante. Ah! dieux et déesses injustes, qui condamnez ce pauvre Eugène à gagner sa vie, à la sueur de son visage! Telles étaient leurs réflexions et leurs exclamations muettes! Et cette pauvre Louison que va-t-elle devenir? — Ils se regardaient épouvantés. Il leur semblait qu'ils étaient perdus l'un pour l'autre. — Ils accu-

saient la nécessité et la fortune jalouse !
Ainsi pleuraient Adam et Ève, chassés du
Paradis terrestre ; encore étaient-ils chassés
ensemble ! Ainsi se lamentaient Deucalion et
Pyrrha, forcés de repeupler l'univers, avec ces
morceaux de rocher, qui ont produit le genre
humain ! — On a beau dire que les grandes passions sont muettes, cette passion et cette douleur se mirent à fondre en larmes et à parler le
plus tendre langage. — Adieu ! adieu ! s'écriait
Louison, au cou d'Eugène ; adieu, ma chère
Louison, disait Eugène, l'embrassant à l'étouffer ! Ils gémissaient, ils soupiraient ; la douleur
les empêchait de parler ; elle le voyait mort,
il la voyait enlevée à ses tendresses. Depuis les
adieux moins brusques d'Andromaque et
d'Hector, jamais, adieux plus tendres, et séparation plus cruelle ! Elle se voyait seule, en des
piéges qu'elle pressentait et qu'elle n'osait
dire ; il se voyait chargé d'une entreprise immense, et aussi maladroit qu'amoureux ; il
savait tout ce qui l'attendait au delà de cet

adieu : la tâche lourde, l'habileté mince ; obligé à beaucoup, capable de peu ; son corps allait dans les champs, mais son cœur revenait ici..... Caché derrière une charmille, Hubert contemplait cette tragédie avec la figure même de l'endurcissement. — Pauvres enfants, et bien à plaindre, en effet, quand on songe qu'ils entrent à peine en *l'Iliade* de leurs malheurs !

CHAPITRE VIII.

PETIT A PETIT L'OISEAU FAIT SON NID.

Cependant il prit son parti, en brave homme. Il chargea son fusil, comme eût pu faire un habile chasseur, et son fusil chargé, il le mit sur l'épaule droite, et Louison, tendrement appuyée sur l'épaule gauche, il se sentit fortifié contre le désespoir. — Tu verras, disait-il, tu verras, ma belle amoureuse, si je reviens, à la maison, les mains vides ! Il eut encore un moment de joie en voyant que le chien l'avait suivi, et il prit cet accident pour un présage. Louison l'accompagna loin du château, jusqu'aux premiers pommiers ; elle lui tendit sa joue humide encore, et que le vent eut bientôt séchée. Enfin donc il disparut dans la garenne, le jarret tendu, la tête immobile, le coude en dedans.

Louison revint au bercail, les bras au-dessus de sa tête pour se garer du soleil, et d'un pas si résigné, que maître Hubert, qui l'attendait pour la rencontrer, par hasard, fit un détour et l'évita. Elle devait ressembler, et beaucoup, en ce moment, à la jeune Briséis, quand elle quitte la tente d'Achille pour obéir aux lois d'un maître injuste. Son regard et sa démarche respiraient une fierté, mêlée de tant d'indignation, que celui-là eût été bien malavisé qui l'eût attendue, de pied ferme. Mais les amoureux sont de grands joueurs d'échecs ; ils savent, d'instinct, le fort et le faible de la place attaquée, et bien que mons Hubert eût le sang vif, et qu'il eût beaucoup à combattre en dedans et beaucoup à combattre au dehors, il ne voulut rien précipiter pour ne rien perdre ; il comptait — sa toile était si bien ourdie ! — sur son crime à venir, pour se pardonner, à soi-même, tous ses crimes préparatoires. Il entendait ce double conseil à ses oreilles : *ose !* et *continue !* Il invoquait, tout ensemble, le dieu des amants et le dieu des voleurs, et sans cesse il ajoutait une rame à sa barque, une corde à son arc. Ce combat d'amour, nul ne le sait qui ne l'essaie ; heureux qui est en âge... et en peine de l'essayer !

Quand il abandonnait Louison à son amour, Hubert, notre jeune bandit, savait bien que la douleur muette, silencieuse et sans témoins ne dure guère, et que la belle désespérée éprouverait, avant peu, le besoin de faire parler son désespoir, et de raconter ses douleurs. La solitude, on a beau dire, n'enseigne pas toujours l'innocence, et la campagne la modération. Louison trouva donc un peu longue, cette première journée de désespoir, et le soir venu, elle s'en fut au-devant d'Eugène, et elle l'appela — trois fois ! comme on appelle les ombres..... L'ombre répondit d'une voix *bredouillante*. — Il n'avait rien tué, le malheureux ! Cela se voyait, à sa démarche penaude et aux oreilles de son chien.

Les oiseaux dans les bois fredonnaient, en mille gazouillements leurs dernières actions de grâces, pour le calme de ce beau jour.

Vous pensez d'après cette bredouille, — si la collation fut digne des fêtes passées, et si dame Marthe découragée écouta, en silence, le récit des beaux coups de ce novice qui réduisait la maison au pain sec. Hubert, content de l'aventure et d'ailleurs sobre comme un paysan, triomphait modestement, et consolait son pauvre ami en lui racontant les hauts faits des plus célèbres chasseurs, et des plus fameux braconniers. Il y a commencement à toutes choses ; Alexandre et César n'ont pas été, tout d'un coup, les habiles chasseurs qu'ils ont été, depuis. A chasser seul, avec un chien souvent maussade, on a moins de chances, sans contredit, que l'empereur Tamerlam qui se faisait suivre de vingt mille fauconniers peut prendre un oiseau. — Il faut dire aussi, mon pauvre Eugène, que le gibier est si malin ! Un faucon de Henri II, parti de Fontainebleau le dimanche, fut repris le lundi, dans l'île de Malte, et renvoyé au roi son maître, par le grand-maître de l'ordre. Et sans aller si loin, rien que pour démontrer la ruse et l'habileté du lièvre, en rase campagne, notre voisin, feu messire Louis-Hector-Henri, marquis de Mailly, baron de Sourdon, seigneur de la Vésine, et mestre de camp général de la cavalerie de Savoie, un jour, qu'il ouvrait la chasse... un dimanche! eh sans avoir entendu la messe! — il fit lever un lièvre, d'une vitesse sans exemple. Il allait comme le vent, ce lièvre damné, et quand il était hors de la portée, il s'asseyait sur son cul et regardait les chasseurs, les bras croisés. On le chassa pendant huit jours de suite, et sans l'atteindre, jusqu'au dimanche suivant, et M. le marquis, ayant entendu la messe, bien dévotement, ce jour-là, abattit le lièvre, à son premier coup de fusil. — Tu ferais peut-être bien, mon cher Eugène, de faire brûler un cierge, à la chapelle de Notre-Dame-du-Vivier.

Fais brûler un cierge, Eugène ! et peut-être rencontreras-tu, en ton chemin, comme notre bon roi Henri IV, une belle dame aux cheveux brillants, qui lui offrit à boire de très-bon vin d'Espagne dans un petit cor de vermeil. Fais brûler un cierge, sinon, il t'arrivera ce qui est arrivé, l'hiver passé, à un gentilhomme du Poitou. Il attendait un lapin à l'affût ; le lapin qui en savait long, se glisse à travers les feuilles mortes jusqu'au chasseur, et s'emparant de son fusil par derrière, il le frappa à coups de crosse, que c'était une bénédiction. Fais brûler des cierges, Eugène, et tu finiras par devenir aussi habile que le chevalier de Patagon qui voyageait par toute la France, un fusil à la main, et pas un jour ne se passait qu'il ne reçût l'hospitalité, en quelque belle et bonne maison où il était le bienvenu, pour toutes sortes de dames et de demoiselles qu'il accablait de perdreaux, de pluviers, de lapereaux et de serments d'amour.

Hubert contait toutes ces choses d'une façon galante et narquoise, et Louison s'en amusait, en dépit de sa grande colère. Elle se plaisait à cette gaieté, à cette bonne humeur, qui la consolaient de son intime humiliation, car il lui semblait, maintenant qu'Eugène avait le fusil en sa main maladroite, que c'était elle, Louison, qui donnait à son hôte, de si tristes repas.

Le lendemain, de grand matin, comme, à tout prix, il voulait prendre sa revanche et faire repentir son camarade de ses moqueries, Eugène se levait, pour se mettre en chasse avec le jour. Il allait à pas de loup, et cependant on l'entendit se lever, et même, si l'on avait été tout à fait, la femme attristée et pleurante de la veille, on se fût levée, au même instant, pour le conduire, et lui souhaiter une chasse meilleure... Louison l'entendit, elle fit semblant de ne pas l'entendre, elle resta enfoncée en sa petite paresse, — et elle se rendormit, qu'Eugène était à peine dans les champs.

Bien que Louison eût redoublé, ce jour-là, de petits soins pour elle-même, et qu'elle fût restée aussi longtemps à sa toilette que mademoiselle Duthé en personne, elle trouva que cette journée était longue, et qu'elle s'ennuyait, isolée en ce vaste château. La campagne, au dehors, obéissait au bruit, au mouvement, à la gaieté, à l'entrain joyeux d'une moisson opulente; la maison, au dedans, était vide et silencieuse; de ces deux jeunes gens, si gais et si vifs, l'écho n'avait même plus le souvenir.
— Où sont-ils? se disait Louison. Eh! justes dieux! que vais-je dire à mon tour? Il lui semblait qu'Eugène, le frère de son âme, manquait un peu moins à sa joie, que ce bandit Hubert. C'était un vrai gueux, qui en doute? Mais il était si remuant, si gai, si vif, si bruyant, si joyeux; tantôt ici et tantôt là, et remplissant à lui seul, tout l'espace, sans un seul intervalle d'assoupissement et de langueur! Lui aussi,

il était parti avant le jour, et personne ne l'avait entendu partir. — Il a bien fait, se disait Louison, et..... pensive, elle se mit à chercher une occupation pour la journée. — Le hasard, qui avait du penchant pour cette belle, lui fit découvrir au fond d'une alcôve, l'occupation qu'elle cherchait; une veste en satin, à demi brodée au tambour. La précieuse étoffe, abritée en un taffetas jauni par le temps, était d'une couleur assez fraîche encore, pour que l'achèvement de ce chef-d'œuvre interrompu ne fût pas une entreprise à dédaigner. Les soies de diverses couleurs étaient jetées sur le tambour, même l'aiguille était fichée au tambour, et il n'y avait plus qu'à tirer l'aiguille, pour faire un point. Au reste, ce travail délicat et digne des fées, avait subi déjà des fortunes bien diverses. Commencé avec ardeur (on le voyait, à la netteté de l'œuvre primitive!) il avait été en languissant toujours. Plusieurs mains avaient même travaillé à cette veste de Pénélope; on y retrouvait la trace jeune et impatiente de l'aiguille active, envahissante, éveillée à tenter les entreprises difficiles, et qui ne connaît pas d'obstacles ; — on y sentait le doigt tremblant, la main appesantie par l'âge, et les yeux armés de lunettes. Toute l'activité d'une pensée impatiente, étourdie et capricieuse se retrouvait à travers ces vallons, ces montagnes, ces lacs, ces entre-lacs, ces abîmes, d'un dessin plein de recherches et de caprices où mille nuances de la soie obéissante se mêlent et se confondent ; là, au contraire, les paysages unis, les terrains solides, les ciels sans orages, les chiffres sans couronne, les fleurs privées de leurs feuilles, les arbres dépouillés de leurs fruits, le ton uniforme et la simplicité de l'ornement n'indiquaient plus qu'une main indécise, une pensée absente, une tête occupée ailleurs. La main était là encore, la pensée était autre part. — Louison, qui ne doutait de rien, se proposa tout de suite, d'achever ce travail, fait aux trois quarts. — J'en veux faire la surprise à mon Eugène, en récompense de son premier chevreuil se disait-elle, ce satin lui ira bien, il est fou des belles couleurs, il aime ce qui reluit et ce qui brille ; il faut que je lui fasse, ici même, quelque chose d'étrange.... un coquelicot bleu, par exemple; cette veste lui ira comme de cire, avec une cravate blanche attachée à mon agrafe d'or.

Alors elle travaillait pour Eugène, et le coquelicot bleu allait son train, à côté d'une rose verte et d'un œillet noir, entremêlés d'hyacinthes grises au petit crochet. — Si pourtant, reprenait-elle, le doigt et l'aiguille en l'air, j'étais une fille de bonne compagnie, et reconnaissante des attentions que ce bourru a pour moi, je finirais cette veste, pour monsieur Hubert. Je le vois d'ici, étonné, stupéfait, et rouge comme un vrai coquelicot. Il dit oui, il dit non, il me dit : Merci, mademoiselle Louise! Et moi, je le force de se parer de mon travail, et quand ses chiens le voient si beau, ses chiens qui ne le reconnaissent plus, le mordent comme fut mordu feu Actéon... C'est cela, je donnerai la veste à Hubert. D'ailleurs, et ce sera une bonne méchanceté, la couleur tendre du satin, un vrai satin céladon, endommagé par le soleil, va faire un vrai visage de moricaud, du visage brun de monsieur Hubert, et plus d'un maître d'esclaves, le réclamera pour son bon nègre, *à li!...* Ce n'est pas que le hâle soit trop défavorable à ce méchant Hubert; il est né brun, et le vent tiède ajoute une belle couleur dorée à ce mâle visage; Eugène est blond, il est aussi blanc que moi, il est rose, et la chasse en va faire un vrai Maure..... Décidément je veux achever cette veste, à l'intention de cet Hubert!

Et elle travaillait, pour Hubert, comme elle travaillait, tantôt, pour Eugène, et, maladroite en ses rêveries! elle se piqua jusqu'au sang; la pauvre veste y gagna une couleur purpurine, et le coquelicot bleu ne fut plus qu'un coquelicot violet! — J'ai du malheur, se dit Louison, quand par hasard je veux travailler, tout me manque, et elle étancha son doigt piqué, entre ses deux lèvres, plus vermeilles, que ce sang vermeil.

Il était cependant quatre heures, il y en avait déjà trois qu'elle tenait l'aiguille, elle était lasse; elle se mit à son balcon, et elle regarda dans la vaste campagne. — O distraction! son regard se porta non pas dans la direction de la forêt que battait Eugène en ce moment, mais du côté de la plaine, soumise à la domination du châtelain de céans, si bien qu'elle tournait le dos à la garenne, au bois, au chasseur. Dans la plaine où tombait l'or mouvant des moissons, sous la faucille d'acier, elle vit Hubert qui revenait, chargé d'un panier, et qui s'arrêtait, de temps à autre, pour saluer les jeunes glaneuses. En ce moment, le ciel était couvert d'un nuage, et la lumière du jour, à son déclin, jetait sur le visage du hardi jeune homme, une teinte si douce, que Louison s'écria : — Vraiment, il n'est pas si hâlé que je pensais! Elle se tint longtemps immobile, accoudée à son balcon, et semblable à quelque nymphe de Coysevox, habillée à la française, coiffée à la grecque. Elle ne fut tirée de sa contemplation qu'à un mouvement de certaine glaneuse accorte et jeune, qui tenait de beaux épis sous ses bras nus; Hubert voulait l'embrasser, et, la coquette, elle ne pouvait pas se défendre! — Ah! s'écria Louison, la folle! et refermant la fenêtre avec rage : et mon pauvre Eugène que j'oublie! — On l'a dit, il y a longtemps, et ce n'est pas une raison pour ne pas le redire : l'œil est plus près de l'âme que l'oreille, et qui s'éloigne des yeux, s'éloigne du cœur!

Elle prit son chapeau à la hâte, elle mit ses gants (ce qu'elle n'avait pas fait la veille), et, son pied sur un tabouret, elle regarda avant de sortir si elle était chaussée à sa convenance. Elle descendit, et au lieu de prendre, par le plus court, pour aller au sentier de chaque soir, elle sortit par la petite porte du parc. — Où allait-elle? Eh! Dieu! elle allait du côté d'Hubert... Hubert, mal avisé, se mit à courir après la glaneuse rebelle, ce qui remit Louison dans le droit chemin, du côté d'Eugène, *absent pour le service du roi.*

Elle alla assez loin, elle avait entendu un coup de fusil qui lui indiquait la route à suivre, et enfin, sur les six heures, elle vit revenir Eugène Nemrod, moins abattu que la veille, et aussi peu triomphant. Le fait est que ce jour-là, il ne s'était pas ennuyé, et désolé, autant qu'on pourrait le croire, ce qui ne l'empêcha pas de retrouver Louison avec la joie empressée d'un amant. — J'ai tué quelque chose, dit-il à voix basse, mais viens ! il pleut. — *Il pleut, il pleut, bergère!* c'était une chanson toute nouvelle, et Louison la chantait bien. Ils se mirent à courir pour éviter la pluie, et ils arrivèrent, tête à tête, et du même pas, juste à la porte de la cuisine. O bonheur! la cuisine était flamboyante; elle pétillait sous le feu d'une douzaine de petits fagots remplis d'étincelles joyeuses. — Arrivez donc, arrivez donc,

mademoiselle, disait Hubert, on vous attend !
Et il la fit asseoir, au bon coin de l'âtre, à côté
de la flamme. — O, disait-il, les petites mains
froides, ô les cheveux baignés ! Mais tu es un
intrépide, Eugène, et l'on ne rentre pas, à cette
heure indue, à moins d'avoir rencontré quelque
sanglier. Ici Hubert fut interrompu par les ca-
resses et les lamentations de son chien. La
pauvre bête avait voulu, mais en vain, d'une
patte suppliante, attirer l'attention de son maître; le maître, en ce moment, avait mieux à
faire qu'à lui répondre, il réchauffait, dans ses
mains pressées, la main de Louison, ce que
voyant, *Rustaut*, s'était roulé aux pieds d'Hubert avec des cris, des gémissements, des aboie-
ments. — Oh ! oh ! dit Hubert, voilà, monsieur
Eugène, ce vieux Rustaut qui n'est pas content
de toi.

— Et que dit monsieur Rustaut ? demanda
Louison, en caressant le bel épagneul de cette
main blanchette qu'Hubert avait réchauffée ?

— Il dit, madame... Voici ce qu'il dit en son

patois : Maître ! monsieur Eugène votre ami, que je guide aux champs, par complaisance, est un maladroit du premier calibre; il n'entend rien à notre art, et je lui en remontrerais pour l'intelligence, moi qui ne suis qu'un chien d'arrêt. Par exemple, le jour d'aujourd'hui monsieur Eugène a perdu toute sa sainte journée à battre les buissons, à jeter sa poudre au moineaux ! J'ai fait, de mon mieux, cependant, et lui il n'a rien fait qui vaille; j'ai fait lever des perdrix qu'il a manquées; j'ai gardé l'arrêt sur un lièvre, il a marché sur le lièvre, et l'a manqué. Par ainsi, maître, j'y renonce; je ne vais plus chasser avec monsieur Eugène, et je suis bien son serviteur ! » Voilà, madame Louisette, ce que dit monsieur Rustaut... Est-ce ça, Rustaut ?

Et Rustaut, comme s'il eut voulu confirmer le discours de son maître, appuyait chaque parole, d'un énergique coup de voix. A cette accusation directe, et bien accentuée, Eugène baissa les yeux : Qui ne dit rien, consent. —

Et pourtant, dit-il à la fin, j'ai tué une caille, elle est là, dans mon carnier, n'en déplaise à ce bavard de Rustaut.

A ce mot *caille*, Rustaut fit entendre un grognement négatif. — « Rustaut a raison, dit Hubert, il n'y a pas de caille à cette heure, il n'y en a plus. Cependant voyons ta caille, on n'est pas bredouille, une caille au carnier. » Hélas! la caille était en effet une tourterelle, au cou changeant, et la pauvre volatile, frappée à l'aile, se débattait encore en son agonie. — Oh! dit Hubert, ces chasseurs novices sont sans pitié; ils ne tuent pas, il massacrent. Mais achève donc son supplice, malheureux!

Disant ces mots, il s'empara de la pauvre bête et l'étouffa dans une étreinte convulsive. En ce moment son regard était plein d'énergie et de pitié; on voyait qu'il accomplissait un cruel devoir; sa main était terrible, sa voix était touchante : « O pauvre petite, disait-il, d'où venais-tu, quand tu es tombée sous les coups de ce maladroit? Tu venais du côté de

Versailles, chargée peut-être d'un message : une élégie, une chanson, une lettre d'amour ! Bel et tendre oiseau, cher à Cypris, colombe de Chaonie, qui rendais des oracles ! sans doute une belle fille attendait ton retour, pour savoir si son amant l'aime encore. Adieu, chère colombe, et pardonne à un maladroit ! » Il disait cela d'un air moitié gai, moitié plaintif, d'un geste charmant ; monsieur le marquis de Pezay eût pensé à peu près les mêmes choses, mais il les eût dites en vers ; il n'eût pas dit si bien, au gré de Louison, que notre ami Hubert.

A cette oraison funèbre de la colombe, Rustaut et Louison tournèrent vers Eugène, un regard attristé.

Cependant quelque chose chantait au coin de l'âtre réjoui ; les fourneaux exhalaient une odeur savoureuse ; évidemment dame Marthe était à l'œuvre, et dans son coup de feu. Ces bruits inusités firent une diversion puissante à la tristesse générale. — Il me semble que je sens la chair fraîche, dit Louison, respirant de ses deux narines entr'ouvertes, la promesse de ce repas inespéré.

— Eh oui, reprit Hubert, en baissant les yeux à la façon de la rosière de Salency, on a fait de son mieux. On ne comptait guère, à vrai dire, sur le gibier de ces messieurs; en revanche on a pêché dans l'étang, dans les fossés, les plus belles carpes, les plus belles tanches et les plus grosses écrevisses...

— Des écrevisses! s'écria Louison battant des mains. Elle était en effet, comme toutes les belles personnes qui ont une belle bouche et de belles mains blanches, très-friande de *ce petit poisson rouge qui marche à reculons,* comme dit l'Académie; l'écrevisse fait valoir la blancheur de la main, en même temps qu'elle ajoute à l'incarnat de la lèvre purpurine. Ainsi, grâce à ce petit animal, cuit à point, les deux plus honnêtes passions des honnêtes femmes : la gourmandise et la coquetterie seront excitées et satisfaites, en même temps.

— Oui, des écrevisses, madame, reprit Hubert, plus, une matelote savoureuse, un jour de vendredi ! Tel fut le repas, et vous pensez si la dame fit fête au festin ; sans compter l'habileté savante de la cuisinière de céans, dans l'art fabuleux de donner au maigre le velouté des viandes succulentes; un vrai miracle, quoi ! et ce miracle se retrouvait, à ce point, chez l'évêque, chez l'archevêque, chez le chanoine, chez l'abbé commanditaire, chez le grand prieur, que l'on ne criait même plus : *au miracle!* depuis longtemps.

Pendant tout ce repas qui fut long et bon (ma chanson ne change guère, je le sais bien), Hubert conserva sur Eugène, tous les avantages de la bonne humeur sur la bouderie, de l'habileté sur la maladresse, du maître de la maison sur l'hôte assis à sa table, de l'amoureux qui commence à plaire, sur l'amant de fâcheuse humeur qui laisse lire son dépit et sa disgrâce en tous ses traits ! Voilà la chose ! Hubert avait mis le doigt entre l'arbre et l'écorce, et il ne s'en trouvait pas mal. Eugène, enfant gâté, s'endormit sur sa victoire, il ne vit pas les sapes de l'ennemi ; il ne savait pas, le maladroit ! la toute-puissance de la tentation, et que le moyen le plus simple de s'en défaire... c'est, tout bonnement, d'y succomber.

CHAPITRE IX

LES HASARDS DE L'ESCARPOLETTE!

Ce n'est pas ma faute si mon conte ne va pas plus vite, c'est la faute de Louison, ou plutôt c'est la faute de la vanité des dames qui se font prier à outrance, de la chose même dont elles meurent d'envie. Hubert était certainement un galant ingénieux, dont l'esprit était aiguisé par l'amour, et peu habitué, tant s'en faut, à languir, si longtemps, autour de ces belles questions. De son côté, — si Louison avait le cœur un peu tendre, — sa tête était sage; si elle était faible, elle avait la conscience de sa faiblesse, et d'ailleurs elle savait, ou peu s'en faut, à ses dépens, la toute-puissance de cette déesse à tête chauve, l'Occasion. Ainsi, jusqu'à présent, rien à faire, pour mons Hubert, auprès de cette sensitive! elle riait de loin, et semblait l'appeler... vous approchiez, vous trouviez une pierre pour la constance, un marbre pour la blancheur. Sa bouche était muette, et ses yeux ne disaient pas : *non*. Une oreille ouverte et l'autre fermée, elle écoutait, comprenant tout sans rien entendre; rien de languissant dans cette coquette, et rien de passionné. Sa démarche était si calme et si légère, son teint si vif et si doux ! Elle appelait : Hubert ! Hubert accourait en toute hâte, le cœur saturé de joie, et croyant trouver chape-chute ; ô misère, il n'avait pas fait encore tant de hâte que la minute *en question* ne fût déjà passée ! Ainsi chaque jour voyait commencer... et déjouer les désirs et les espérances de chaque jour. Lui cependant, aussi adroit qu'amoureux, il menait ses sapes comme eût pu faire le chevalier Follard en personne. Tantôt gai, dispos, courtois, la parole heureuse et douce, jaseur et plein de rencontres, il mettait en jeu une foule d'idées fines et galantes, en homme heureux qui tient déjà la moitié du bien qu'il espère ; tantôt il abandonnait les folâtres contenances pour prendre l'air, le visage, le maintien d'un désespéré d'autrefois ; en ces moments sombres le désespoir faisait place à la mélancolie qui est le lien des âmes, le crêpe bleu devenait un crêpe noir, on voyait que dans cette âme bouleversée l'admiration se mêlait au remords, et le sentiment inquiet de la trahison, aux plus vifs sentiments de l'amour. Il jouait donc tout son jeu, très-décidé à avoir pied ou patte de la victime, aujourd'hui gambadant comme arlequin, le lendemain aussi posé et rassis que le grand échanson, lorsqu'il fait l'essai de l'eau et du vin au dîner du roi. Certes, entre cette fille et ce garçon, le duel était digne d'attention, et la lutte pleine d'intérêt. Il avait à qui parler, elle avait à qui répondre ; il était prudent et habile, elle était réservée et patiente ; elle avait l'œil au bois, mais il ne la perdait pas de vue ; il payait merveilleusement de mine... elle payait, rubis sur l'ongle et en même monnaie ; il en savait aussi long que Machiavel, elle en savait tout autant que la *Nouvelle Héloïse* en peut apprendre à une jeune fille intelligente, et disposée à ces sages leçons ; — il avait beau s'avancer à pas comptés, elle n'était pas fille à faire encore ces nouveaux pas ; s'il était toute attention et toute gentillesse, elle se plantait bel et bien, au milieu du chemin, sans vouloir comprendre ses énigmes, et ses presque déclarations d'amour. Oh ! c'était une rusée, une matoise, avec de grands penchants pour le vice, et qui n'accrochait pas où l'on voulait, non certes, ses atomes crochus !

C'était pourtant la même fille qui était partie un beau jour, emportée par la passion la plus

honnête et la plus sincère, et qui maintenant
(Marius à Minturnes!) se tenait assise, patiente
et calme en ses défenses, sur les ruines déjà
croulantes de son premier penchant.

Dans la félicité même, il y a, dit-on, des
transes, des impatiences, des inquiétudes,
un terrible malaise, tant l'âme humaine est
peu faite au bonheur! Jugez donc si ce pauvre
Hubert, possédé de ce démon, brûlé de
cette flamme subtile, et retenu dans ces petits
démêlés, se trouvait mal à l'aise, et si, plus
d'une fois, il regretta la grande et victorieuse
Denise qui lui revenait, riante et dévouée,
chaque lundi et chaque jeudi, que Dieu faisait,
sans compter les rencontres, la fortune
et les hasards : — J'étais le maître, ou bien
j'obéissais à des volontés loyales; si j'étais
malheureux c'est que mon malheur me plaisait,
si j'étais maltraité c'est que je le voulais
bien. Ah! le bon temps! Pas n'était besoin
d'être aux aguets de ma bonne fortune, de
mener mon veuvage avec la prudence d'une

demoiselle à marier, et de me perdre en des coquineries si compliquées et si difficiles! Ma Denise était semblable aux blanches Pléiades, filles d'Atlas, lorsqu'elles font étinceler l'or de leur chevelure, aux yeux des mortels; sa contenance était confiante et non troublée; on lui parlait bas, elle entendait; on lui souriait, elle comprenait; on était tendre, eh bien tant mieux! Ce n'est pas elle qui m'eût empêché de chanter *Magnificat,* à *Matines!* Contente, elle était charmante; en colère, elle avait une petite action si agréable en ses furies, que c'était une joie et une fête de l'irriter, pour l'apaiser, et de l'apaiser pour l'irriter encore, ma violente et ma volontaire Denise. Et de ces beaux rires, de ces chansons, de ces douces gaîtés, de ces grands yeux à rendre Junon jalouse, en avait-elle, en avait-elle! Avec cela, des gentillesses, des grâces, des parfums, des soleils et des brebis, dignes des étables d'Amyntas! Ah! Denise, où es-tu? et que ne puis-je me défaire de ma passion? Ah! Denise, que ne puis-je chasser ce tourment de mon âme et m'aller jeter à tes pieds, sous ton regard fauve, et sentir tes mains crispées dans mes cheveux et ton souffle sur mon front incliné devant ta beauté! Il se perdait en mille plaintes, comme fait le Cyclope de Théocrite; et, malheureux par Louison, il n'eût pas, pour un empire, appelé Denise à son aide; et, songeant à Denise, il ne pouvait quitter les yeux de Louison; il la couchait en joue, il la chargeait de regards, et quand ses yeux s'arrêtaient, c'était elle qui le regardait, à la dérobée, à son tour. Le dieu des campagnes, Aristée, à la poursuite de ses abeilles, n'est pas plus embarrassé, plus inquiet et plus malheureux que notre ami Hubert.

Louison, qui savait lire dans les livres fermés, eut deviné bien vite les regrets de cette âme en peine, et ses retours aux fêtes riantes du dernier printemps. Louison comprit alors cette grande vérité de la jeunesse, oubliée en l'âge mûr, à savoir, que le partage anime l'amour.

Elle se vit partagée, en cette âme, et elle ne voulut pas que cette âme allât, même en pensée, se donner du bonheur, ailleurs. Pour dire vrai, la courtoisie de ce beau jeune homme ne lui était pas déplaisante, et elle en était déjà au point de ne pas trembler sous les tempêtes et les orages des affections déréglées. En bien peu de temps, elle avait fait, vous le voyez, de grands progrès; l'amour est un si bon maître, il est si difficile de te résister, ô reine des cœurs volages, auguste persuasion !

A peine elle eut compris le découragement et l'impatience de son berger, qu'elle lui rendit la main quelque peu, comme fait un habile écuyer, à un cheval indompté. Elle le laissa venir à elle... sans le voir venir; elle lui laissa débiter, tant qu'il voulut, sa rhétorique irrégulière et persuasive; elle parut attentive enfin, à cette passion troublée et éloquente; elle se rappela ce que disait feu madame la duchesse de Mazarin : que peu de chose console les hommes, et que peu de chose les afflige;

qu'il n'est muguet qui ne muguette, et qu'en fin de compte, on a bien de la peine, ô mon pauvre garçon, à passer sa vie entière, avec le même amour !

Ce petit drame qu'ils jouaient à eux deux, était, vous le voyez, tout rempli de changements à vue. Il était câlin, elle était coquette ; il la regardait, elle le laissait dire ; elle n'était pas trop irritée de voir à quoi il prétendait, car ces amants qui prétendent à si peu, n'obtiennent rien, d'ordinaire. Toujours est-il qu'il s'était semé à lui-même dans ce champ fertile, la meilleure récolte de toutes sortes de bonnes choses : l'attention, la curiosité, l'audace, la patience, et que, sans le vouloir, sans le savoir, elle fut prise, la pauvrette, aux piéges adroits de l'oiseleur ; et quand enfin elle s'avoua, à elle-même, qu'elle était battue, et que maître Hubert allait être le maître de la place assiégée, elle n'en fut guère inquiète, que je sache ; elle n'appela à son aide aucun des secrets qu'une fille habile appelle d'ordinaire, en pareille occasion ; la fuite par exemple, ou tout autre secours héroïque autant qu'inutile ; au contraire, aussitôt qu'elle se sentit prise, elle se calma, et pour se distraire de ces ennuis charmants, elle se mit à chanter sa chamade galante sur une mandoline à long manche ; or on sait que rien n'apaise et ne guérit une passion comme le frôlement d'une guitare que l'on accorde ; — plus d'une vertu superbe, dans ses moments de bonne foi intérieure, peut se dire à elle-même... : Je n'ai cependant tenu qu'à un fil !

Sa mandoline une fois d'accord, et après le prélude indispensable d'accords parfaits et vibrants sous cette main parfaite, elle chanta, d'une voix juste et fluette, cette jolie sarabande, sur un air antique et gai du bon vieux papa Duni :

> Tircis, que dois-je faire ?
> Tout m'est contraire
> Pour te guérir ;
> Et quand mon cœur le veut,
> L'honneur me dit que cela ne se peut
> Et qu'il vaut mieux mourir !

Elle chantait cette sarabande...... Il n'y a qu'une femme amoureuse pour chanter si bien avec tant d'accent, tant de négligence, et tant d'agrément tout ensemble. Elle était, à elle seule, le poëme et la musique; les cordes électriques de l'instrument dompté semaient la flamme, sous ses mains éloquentes, et le feu le plus tendre semblait tomber du doux languir de ses beaux yeux.

Quand elle eut chanté, elle jeta sa guitare sur le gazon, et assise elle-même au bord de l'escarpolette, un pied posé à terre, et le pied gauche replié sur la jambe droite, dans une attitude exquise, et se balançant à petites reposades. — Ah! fit-elle, chantez-moi quelque chose à votre tour, mon cher Hubert, ou plutôt contez-moi une histoire, voulez-vous? et si je m'endors, bercée ici-bas et là-haut, ne me réveillez pas!

Il prit, de chaque main, une corde de l'escarpolette, et de façon que la belle fille était immobile et suspendue à deux pieds du sol.

— Si je lâchais la corde, disait-il ?

Elle mit sa main droite sur son visage, et le repoussant d'un geste de l'autre main : — A quoi bon ? dit-elle, asseyez-vous, que je me balance à mon gré ; racontez d'abord, on verra après.

L'heure était propice, en effet, à raconter un conte bien fait :

> . . . Alors du Dieu du jour
> Le char penchait un peu vers la fin de son tour.

— Je sais une histoire, dit Hubert, et je vais vous la dire :

« Il y avait une fois......

— Peuh ! fit Louison, un conte de ma mère-grand, un conte bleu ! Et d'un pied léger elle donna le mouvement à la balançoire, et se dégagea des mains d'Hubert, en frôlant le visage du jeune homme, d'un coin de son jupon flottant.

— Non pas ! non pas ! dit Hubert, ce n'est pas un conte, c'est une histoire qui commence comme un conte de fée.....

— Ah! tant pis! il faudrait pour bien faire, que le conte ressemblât à l'histoire. Et quelle histoire, s'il vous plaît?

— Mon histoire est un conte d'amour.

La tête était penchée, elle releva sa belle tête : — Ah! fi! un conte de fée et d'amour tout ensemble. Vous n'avez pas grande imagination, monsieur Hubert.

— J'avoue, madame, que le métier de chanteur et de conteur n'est guère à ma taille, et d'ailleurs je ne sais pas conter, de si loin, et faire des miracles, sans talisman. Par exemple, venez çà, vous asseoir à mes côtés, et me donner votre main blanche à tenir, et vous verrez si je ne vaux pas Riquet à la Houppe, ou le petit Poucet.

— Maître Hubert, dit-elle en fouillant dans sa poche, si vous ne savez pas conter, vous savez lire; lisez donc. Et elle lui jetait le tome Ier de l'*Histoire du Peuple de Dieu*, par le révérend père Berruyer.

Qui fut étonné? Hubert. Cependant il fit contre fortune bon cœur; il prit le livre et l'ouvrant au hasard, il lut, à haute et intelligible voix [1] :

« Joseph était jeune et beau; les traits les plus réguliers et le teint le plus frais du monde, un grand air de noblesse et de dignité, le rendaient le jeune homme le plus accompli que le Nil eût vu sur ses bords !!! »

— Passons, dit Louison, et laissons là monsieur Joseph; voyons comment était faite madame Putiphar.

Hubert parcourut du regard une page ou deux. — Le père Berruyer, dit-il, ne s'est pas inquiété de madame Putiphar; il est probable que c'était quelque femme blonde, hargneuse, fardée, et sur le retour. Oh ! si elle avait été tournée comme telle fille de ma connaissance, le petit Joseph se perdait.... et sauvait son manteau.

— Continuez, reprit Louison, sa main à ses beaux cheveux noirs.

[1] *Histoire du Peuple de Dieu.* Édit. de Paris, tome III, p. 221.

— « Madame Putiphar, qui voyait Joseph tous les jours, le matin à son réveil, le soir au jardin sur la fraîche, à midi, sous les arbres, non loin du canal.... »

— O belles, évitez

Le fond des bois et leur vaste silence !

murmura Louison.

— « Conçut pour lui une passion si violente, reprit Hubert, lisant toujours, qu'elle résolut de la satisfaire.... »

— Je gage qu'il n'y a pas cela, dit-elle.

— Et moi, reprit-il, je gage que si ! montrant le livre.

A ces mots, elle se pencha quelque peu vers le lecteur, et elle écouta avec plus d'attention.

— « Elle résolut de la satisfaire.... »

— C'est convenu, monsieur Hubert, continuez.

— « ... de la satisfaire ; il ne lui venait pas dans l'esprit que les avances d'une femme de sa race pussent être rejetées, elle déclara son amour. Joseph n'y répondit que par des froideurs ; mais il avait beau fuir, elle était trop passionnée pour ne pas espérer de ménager les moments d'un surprise. »

— Vous choisissez bien vos lectures, mademoiselle, reprit Hubert, son doigt en guise de signet dans les pages de Berruyer, on dirait d'un livre du petit Crébillon. Le *moment d'une surprise* est joli. Si je savais où loge le père Berruyer, je voudrais bien lui demander comment il entend ce moment-là.

— Le père Berruyer est un malappris et Joseph est un brutal, s'écria Louison, touchant la terre du bout de son pied.

— « Oh ! pour cette fois vous ne m'échapperez pas, et je ne vous laisserai pas aller, que vous n'ayez contenté mes désirs ! »

Ainsi criait Hubert à Louison, la prenant par le milieu du corps ; surprise, elle poussa un grand cri, et elle se dégagea de ses bras avec une violence surnaturelle : — Au secours ! au secours ! merci de moi !

Hubert alors se mit à rire. — Eh ! demoiselle, que vous en semble, à qui en avez-vous ? C'est la prose du père Berruyer que je vous déclame, d'après vos ordres. Par les dieux hospitaliers ! ce n'est pas moi qui parle, c'est madame Putiphar ; voyez plutôt ; même le bon père Berruyer, sans se déconcerter comme vous faites, fait suivre l'exclamation de madame Putiphar, du petit commentaire que voici :

« Il est de ces moments critiques (à qui le dites-vous, père Berruyer ?) où la philosophie est déconcertée, où le sage le plus intrépide ne sait pas comment faire pour ne pas tomber dans le précipice (oh ! que cela est bien pensé, mon père !). D'ailleurs, que risque-t-on, direz-vous (oui, je dis : *Que risque-t-on ?*) à satisfaire une passion bien cachée ?... Pour ne pas succomber, il ne faut rien moins qu'un Joseph. »

Oui-da! murmurait Hubert, il n'y qu'un Joseph, un vrai Joseph, pour ne pas profiter de cette belle occasion. Il n'y a que lui pour ne pas tomber, avec le plus grand plaisir, et très-volontiers, en des précipices si charmants. Joseph d'ailleurs nous la donne belle, avec sa chasteté, lui qui était le fils d'un père aussi débauché que monsieur de Richelieu. Écoutez, demoiselle, au sujet de ce bon sujet de Jacob, le vénérable père Berruyer.

« Rachel avait dit-huit ans, la peau blanche et les cheveux noirs ; elle avait du feu plein les yeux, et des lèvres de corail qui encadraient des dents de perle. » Ah! certes, c'était une belle fille cette Rachel, mademoiselle Louison.

Louison, sa main sur l'épaule d'Hubert, semblait lire par-dessus l'épaule—Et puis? dit-elle d'un ton curieux!

— Et puis, reprit le jeune lecteur, en lui jetant un coup d'œil de sa façon : « un jour que Jacob la vit dans son équipage de bergère, qui lavait ses pieds blancs comme neige, à la fontaine de Siloë, il conçut pour elle un amour mêlé d'espérance, qui lui faisait attendre avec impatience le moment de se déclarer... »

— Et puis? dit encore Louison.

— « Et puis, madame Louison, la passion de Jacob n'avait fait qu'augmenter dans le silence ; son amour était brûlant, pénible son travail, infatigable sa vigilance. »

—Et puis? monsieur Hubert.

— Et puis, mademoiselle, *car rien ne coûte quand on aime*, comme dit encore le père Berruyer : « il enleva la jeune étrangère, et malgré la résistance de cette jeune enfant, il lui fit une douce violence ! »

—Décidément, dit Louison retirant sa main, le père Berruyer est un hardi conteur ; j'ai assez de ses histoires, fermez le livre, monsieur Hubert.

— Voulez-vous, dit Hubert, que nous prenions le tome qui contient l'histoire de Betsabée et du roi David?

— Non, certes ; malepeste, Betsabée et le roi David !

— Eh bien ! mademoiselle, j'obéis, je ferme le livre, et j'abandonne à son malheureux sort le père Berruyer ; laissez-moi seulement vous lire un passage dans lequel il est conté comment Adam et Ève mordirent dans le même fruit, à belles dents :

« Adam et Ève n'avaient encore aucune connaissance, ni spéculative ni expérimentale des raisons de pudeur qui obligent à la modération. Le fruit qu'ils avaient mangé était de nature à exciter des mouvements qui pour n'être de soi ni criminels, ni volontaires, n'auraient pas été sans danger pour quiconque les eût vus se réjouir, à l'ombre des bosquets ! »

Ici Louison rougit un peu, et sa tête dans sa main, elle se prit à songer. — Bah ! dit-elle, le grand crime, pour une pêche que nous avons mangée, Eugène et moi ; on a vu rarement un homme aussi rancuneux que vous. — Il y eut ici un moment de silence et de malaise très-bien calculé par Hubert, et Louison s'en tira comme elle put.

— Asseyez-vous là, dit-elle, monsieur Hubert l'écornifleur.

— Voilà une jeune femme qui fait en soi-même de bonnes réflexions, se dit maître Hubert, laissons-la faire ; et il s'assit aux pieds de la belle, dans une attitude heureuse ; on y voyait toutes les peines de l'espérance mêlées à l'embarras, au malaise, au silence, et autres ingrédients excellents dont se composent les meilleures déclarations d'amour.

— Je ne sais pas où j'avais la tête quand je me suis amourachée du père Berruyer, dit-elle encore en tirant sa robe sur ses pieds ; il parle non pas comme un grave religieux, mais comme un petit-maître hors de condition ; qu'en pensez-vous ?

— Je pense, madame, qu'il ne faut pas se moquer des pauvres gens qui sont hors de condition ; et que vous êtes sans pitié pour ce pauvre Eugène, qui court, là-bas, après le gibier, avec un fusil frotté d'oignon. »

— Frotté d'oignon ?

— Oui, et c'est pourquoi le fusil fait long feu ! L'oignon, le guignon, c'est tout un, en chasse et en amour ! Et il se mit à fredonner : *Y a de l'ognon, y a de l'ognette !*

— *Y a de l'ognon !* reprit-elle, en riant. Puis, d'un visage sérieux : Comment, dit-elle, monsieur Hubert, c'est maintenant sur *ce pauvre* Eugène, que vous vous apitoyez ?

— Et sur quel autre, mademoiselle ! Ah ! le malheureux ! je le plains de tout mon cœur.

Ici fut grand l'étonnement de Louison. La fière Rodogune qui vient d'assister, durant cinq actes, à l'embrasement universel de l'Asie pour ses beaux yeux, n'est pas plus étonnée lorsqu'au retour de son théâtre, on lui remet un papier timbré, au nom de monsieur son cordonnier, ou de monsieur son coiffeur.

— Oh ! oh ! dit-elle, ce *pauvre Eugène !* Rassurez-vous, il va revenir tantôt, frais, bien

portant et vermeil, comme un page de madame la princesse de Guéménée.

— Le pauvre diable! reprit Hubert, il ne sait pas encore tous les charmes de son état.

— Et ce n'est pas vous qui les lui apprendrez, monsieur, reprit Louison, en retirant ses pieds sous sa jupe, qui était quelque peu remontée dans la chaleur du discours.

— Mais, madame, me taire plus longtemps, ce serait trahir toutes les lois de l'amitié et de l'honneur. Comment! vous êtes confiée à ma garde par un ami qui m'est cher, et je ne lui dirais pas, à son retour, qu'il est trahi, que vous lui êtes infidèle, qu'un autre que lui possède, en secret, vos louanges, vos sourires, vos hommages! non, madame, n'espérez pas me fermer la bouche, je parlerai.

— Vous parlerez! vous direz peut-être, monsieur Joseph, que vous avez laissé votre manteau, dans les mains de madame Putiphar!

— Je dirai, madame, que chaque matin, à chaque instant, à peine Eugène est en chasse, un galant vous attend dans votre chambre, et que vous le consultez à toute heure, lui confiant les beautés de votre corps, les grâces de votre esprit, les secrets de votre pensée. Êtes-vous gaie ou triste, vous faites un signe, le galant accourt, vous lui parlez des lèvres, du regard, de l'âme, le consultant sur toutes choses et lui obéissant en toutes choses, comme jamais femme n'obéit à son amant. Où il est, vous allez à lui ; vous n'attendez pas qu'il vienne à vous. Il vous appelle, vous dites : Me voilà ! et lui, flatteur autant qu'on peut l'être, il vous cajole sur vos grâces, sur vos beautés, sur votre ajustement ; flatteur avec toutes les apparences sincères de la vérité ! Il vous aime, madame, prenez garde, il vous aime avec passion et n'est rempli que de votre image; il ne respire que votre haleine, il se perd dans l'océan de vos cheveux ; il rit de votre sourire, il pleure de vos larmes; c'est lui qui les essuie, et votre triomphe est d'autant plus grand qu'il a été longtemps un volage, qu'il en a conté à toutes les femmes, aux vieilles et aux jeunes, aux laides comme aux belles, aux Louison comme aux Aïssé. Ah, le dangereux gredin ! On ne s'en méfie pas, tout d'abord ; il ne dit que des choses obligeantes ; il ne répond que lorsqu'on le consulte ; il est une cause vive d'enjouement et de contentement intimes ; il vous accompagne à la ville, il vous suit à la campagne, au bord des bassins, au fond des eaux ! Inconstant et fidèle, tant qu'il est sous vos yeux, il ne songe qu'à vous plaire. Négligez-le, il s'amuse à courir les aventures. Vous l'aimez, madame à qui je parle, parce qu'il vous dit, à chaque instant, que vous êtes belle, et qu'il le dit mieux qu'on ne saurait vous le dire ; vous l'aimez, parce que de lui seul vous viennent la force, l'audace, l'espérance ; pour lui seul toutes les privautés ; pour lui, le tête-à-tête, à lui les confidences les plus cachées. Est-ce vrai ? osez-vous me démentir ?.... Et vous ne voulez pas que je dise : O ce pauvre Eugène !.... il est perdu !

Ainsi il parlait. Elle l'écoutait avec grande attention et bouche close, cherchant à comprendre cette énigme. — Bon! dit-elle, je comprends, c'est une histoire que vous me faites là.

— Ce n'est pas une histoire, madame, c'est un apologue qui vous montre comme quoi la femme la plus amoureuse, préfère encore à son amant... son miroir!

Ils en étaient là, marchant familièrement de causerie en causerie, lorsque Eugène revint d'un pas mécontent. Le pauvre garçon, il avait compté sans son hôte. Il avait compté qu'on le viendrait attendre au bord de la prairie, tout au moins, et le voilà qui trouvait Louison à la balançoire, et maître Hubert aux pieds de Louison! — Quel métier! dit-il en essuyant son front ruisselant. J'ai tué cependant un lièvre, trois perdrix et six lapins.

— Il y a commencement à tout, dit Hubert, et je connais bien des fouetteurs de lièvre qui voudraient finir comme Eugène a commencé.

Tu as laissé ton gibier à la cuisine, si j'en juge par ton carnier ?

— C'est que..... mes perdrix se sont perdues dans les chemins, mon lièvre a disparu sous la haie, et les lapins ont été mourir dans leur trou.

Il ouvrit son carnier et il en tira un bouquet de fleurs des champs, entremêlées de quelques plumes grises et d'un peu de duvet, signe éclatant de ses victoires. Dans le bouquet, il y avait une pièce de vers écrite au crayon, sur les ennuis de *la chasse*. Eugène, sans le savoir, possédait à un haut degré le talent des petits vers :

> Je chante les maux et la peine
> Que l'amour de la chasse amène ;
> A qui s'en est laissé saisir,
> Triste fardeau, triste plaisir !
> D'une main faible et languissante,
> Et que le sommeil rend pesante,
> On chausse ses bas à l'envers ;
> On se boutonne de travers...
>
> Puis, au lieu du lièvre peureux,
> On ne trouve qu'un buisson creux.

dit Hubert.

> Pour le trouver en sa demeure,
> Il faut venir de meilleure heure.

reprit Louison, excitée par la poésie d'Hubert. Et les voilà qui se mettent à improviser, chacun à son tour, comme les bergers des Bucoliques :

> Et cantare pares, et respondere parati.

HUBERT. — Il faut aller en d'autres lieux
Chercher quelque chose de mieux !

LOUISON. — Que faire ? Aller à la remise
Serait une vaine entreprise.

HUBERT. — Ce jour était malencontreux,
On sera demain plus heureux.

LOUISON. — Il fera demain grosse pluie,
De vents et de grêle suivie.

HUBERT. — Hélas ! son pied ayant glissé,
Il est tombé dans le fossé.

LOUISON. — Et donnant du front sur sa crosse,
S'est fait une effroyable bosse.

En effet, le pauvre Eugène avait une bosse au front. Vous jugez des rires ! Eugène, interdit, se demandait si c'était lui, si c'était sa maîtresse ou son ami qui faisaient de si jolis vers ?

Oh ! jeunesse ! jeunesse ! on écrirait, heure

par heure, ton histoire, on n'arriverait jamais à tout écrire, et c'est surtout cette histoire-là qui porte sur son drapeau le mot d'ordre : *Tout est possible!* Oui tout est possible, avec la jeunesse et l'amour.

Telle était l'opinion de Louison, et quand elle vit son amant revenir, encore une fois, les mains vides : — Je vois bien, monsieur, lui dit-elle d'un ton sec, que vous ne m'aimez plus.

Il voulut l'interrompre; elle, alors, avec le geste absolu d'une impératrice-reine : — Écoutez cette histoire, monsieur Eugène et faites-en votre profit, monsieur Hubert :

« Il y avait, une fois, à la place Cambrai, une certaine dame, belle et noble, et fille d'esprit, qui se laissait aimer d'un certain professeur au collége de France, homme entouré jusqu'alors d'applaudissements et de louanges. Il était docte en toute chose, il savait l'hébreu, le grec, le latin et la philosophie... il ne savait pas comme on vit avec les dames. Un jour la dame qui l'honorait de ses familiarités lui dit : Monsieur, faites-moi l'amitié de m'apporter ce soir un merle blanc, dont il est tant parlé, que l'on dit toujours : Je t'achèterai un merle blanc ! L'homme sort et s'en va à son collége ; il fait son grec et son latin comme à l'ordinaire, et huit jours après, quand il croit que la fantaisie de la dame est passée, il revient, les mains vides. Elle alors, elle fait dire à ce rustre qu'il n'a pas rempli les conditions du retour, et que sa porte lui est interdite ! — En vain il prie, il supplie, il frappe, rien n'y fait : *Le merle blanc !* Il s'en va, et revient, il dit qu'enfin il apporte le merle; oui, mais ce merle était noir. Alors la dame s'emporte et s'afflige. — Oparricide! ô traître! ô félon! ô ingrat! Ingrat, en effet, qui as été ma créature, qui n'as pas obtenu de grade de bachelier, de licence ou de docteur, que je ne les aie remis en tes mains. O mendiant que j'ai élevé, instruit, agrandi en toutes sciences ! et qui pour un méchant merle blanc me fais languir et pleurer nuit et jour.

Ainsi elle parlait en dame professe, et elle

en dit bien plus que je ne saurais en dire.
L'homme alors, notre docteur, se voyant si
maltraité, avoua humblement qu'en effet il
était en faute de ne s'être pas mis en quête de
cet oiseau rare ; quant aux injures et aux reproches de la dame, il ne savait ce qu'elle lui
voulait dire, et il n'avait pas mérité, tant s'en
faut, ces poignantes et outrageantes paroles.
— « Comment ! madame ! à vous entendre,
c'est vous qui m'avez fait bachelier ? vous qui
avez signé mes licences ? qui m'avez donné la
robe et le bonnet de docteur, quand c'est moi,
moi seul qui ai gagné, un à un tous mes grades
par mon zèle, mes études et tant de nuits sans
sommeil ! » A quoi elle répondit : « — Comment, traître ! et que serais-tu devenu, si je
ne t'avais pas permis de m'aimer ? »

— Voilà mon apologue, monsieur Eugène.
Vous vous êtes fait, tout seul, quatrième clerc
de procureur ; c'est moi, Louison, qui vous ai
armé chevalier. Or, je vous demande, depuis
dix jours, une méchante perdrix grise, et vous

faites comme si je vous demandais un merle blanc!

A ces mots elle descendit de l'escarpolette aussi fière, ou peu s'en faut, que mademoiselle Clairon quand elle descend du trône, dans une tragédie de Marmontel.

Hubert se dit à lui-même : Enfin!

CHAPITRE X.

LE ROI S'ENNUIE.

Un jour du mois de mai, dans la matinée, par un beau soleil riant et clair, le roi Louis XV devenu vieux, marchait d'un pas lent et triste sur la pelouse de ses jardins, traînant à sa jambe lassée, en guise de boulet, soixante ans de toute-puissance ! vingt de crimes et de remords...

Il était seul, sans cordon, le chapeau rabattu sur ses yeux éteints, ses mains croisées derrière le dos, et son Saint-Esprit dans sa poche; il allait, ce roi dégradé, comme une âme en peine, obsédé par les étranges vapeurs qui ont obscurci jusqu'à la fin ces longues journées, précédées d'une si belle aurore. Autour de cet homme couronné, tout chantait, l'air, le soleil et le printemps; la fleur jalouse et l'onde amoureuse exhalaient sous ses pas leur encens et leur cantique, vaines chansons! Et la fleur, et l'oiseau, et le printemps, et les marbres, et les amours, et le lac enchanté, et le double Trianon, et Versailles, dans sa flottante ceinture de gazon et de feuillage, rien ne pouvait distraire ce malheureux de ses terreurs, lorsque, seul avec lui-même, il se mettait à embrasser, d'un regard éperdu, l'immense cortége de misères, de scandales et de hontes amoncelées sur sa tête coupable. Dans cette âme blasée, le remords était devenu de l'ennui. Il ne savait plus comment faire pour vivre encore. Il avait épuisé toutes choses, même la gloire, et même la honte. Il se sentait tombé dans le mépris universel du monde avec son titre de *Bien-Aimé;* il ne croyait plus à rien, non, pas même à ce sceptre dont il avait fait le hochet des plus vils flatteurs; non, pas même à cette couronne de saint Louis, de Henri IV et de Louis XIV, dont il avait fait le chaperon de ses courtisanes! Il était mort aux trois passions de sa vie : au faste, à la concupiscence, à l'avarice. Son âme était semblable à la sombre flamme d'une torche empruntée à quelque bûcher croulant. Impuissant à ce métier difficile : faire dignement le roi, il était devenu incapable de parcourir le dernier cercle de ces félicités énervantes qui avaient été l'occupation de ses jours virils. Ainsi, il était tour à tour et tout ensemble une âme sans corps, un corps sans âme, une intelligence abandonnée à des organes hébétés. Chantez donc, oiseaux et poëtes, dans le parfum des violettes, des roses et des lis, vos mélodies et vos chansons, sur le passage de ce

Roi détruit dont la vie est un si lourd fardeau, pour les peuples confiés à sa garde!.... Il n'entend plus ni le chant de mai, ni le chant royal; il est sourd à la chanson joyeuse et à l'ode d'amour; il ne comprend rien à l'écho champêtre, et plus rien à la vilanelle galante. A ses oreilles fermées, juste ciel! quel affreux bourdonnement! — L'exécration de la postérité vengeresse, la malédiction d'un peuple aux abois; et dans le lointain de ces murmures, dans le flot de ces vengeances, pour toute consolation, pour toute espérance chrétienne, le glas funèbre du clocher de Saint-Denis, le bourdon de Notre-Dame, et la psalmodie hâtive de quelques vieux chanoines, sur la tombe des rois.

Voilà ce qu'il entend.... Il ne voit pas davantage. Ombre, il ne voit que des ombres. Ces ombres pleurent et le maudissent. Ombre d'un royaume déshonoré, ombre d'une couronne avilie, ombre d'un règne endetté. Immense agonie attachée à ce cœur si cruellement chargé. Douloureux esclavage, où le premier avertissement a été un coup de poignard. Remords immense, en fin de compte; et de tant de milliers et de milliers de voix qui l'acclamaient jadis, ce rejeton choisi où la duchesse de Bourgogne avait laissé son empreinte charmante, ne pas trouver son absolution dans une seule voix qui vous pleure et qui vous pardonne! O Roi malheureux par sa lâcheté, par son égoïsme, par ses concupiscences inassouvies! Devenu vieux, il cherchait l'ombre et le silence, ces images du néant! Il se livrait à la solitude, afin de s'habituer plus vite à l'enfer qui réclame sa proie! En ces moments de bonne foi avec lui-même, avec quelle joie il eût changé son trône honteux contre la gerbe sur laquelle se repose le paysan, à la fin de sa journée! Abandonné à sa pensée, il se faisait honte; il se faisait peur. Sur son crâne, ravagé au dedans et dévasté au dehors, il entendait ses cheveux blancs qui reprochaient leurs crimes à ses cheveux noirs. Au fond de son

âme bouleversée, il revoyait sa vie en bloc ;
et pour avoir, autour de sa personne et de sa
majesté, tout dégradé, tout flétri, tout dépravé, tout souillé : l'art et le goût, la vertu
et l'honneur, la jeunesse et le talent, et tant
de vertus, et tant de gloires, et tant de fortunes, et tant de passions généreuses de son
peuple ! — Et pour tant d'hommes, perdus à le
suivre en ses débauches, et pour tant de
femmes qu'il avait déshonorées d'un sourire;
pour tout ce libertinage de l'esprit, de la tête
et des sens, dont il était las, et non pas assouvi, il comprenait l'exécration immense
attachée à sa race coupable, et que son trône
était perdu, et que sa race était maudite. Au
prix d'un empire nouveau, d'une couronne
vierge, et d'un trône solide, au prix même
d'une nouvelle jeunesse, il n'eût pas consenti
à se voir lui-même face à face. A aucun prix,
ce lâche prince et ce vicieux n'eût pas osé
toucher de sa main flétrie, ce fer chaud qu'on
appelle l'avenir. Encore, si, dans cet abîme

d'abaissement, il avait pu appeler le néant à son aide, et nier la Providence ! Mais il croyait, ô misère ! il y croyait, en dépit de ses violences, — au Dieu terrible de l'Évangile. Il avait foi au châtiment éternel, à l'enfer, à ses flammes ; il y croyait, comme il croyait à la royauté et à l'illustration de la maison de Bourbon. En un mot, il avait — ce roi maudit ! — sauvé du naufrage de sa royauté, toutes les croyances qui pouvaient ajouter à son désespoir, toutes les prévisions qui devaient mettre le comble à son déshonneur !

Chantez donc sur le passage de ce misérable par la grâce de Dieu, oiseaux de l'air, alouette et pinson, linotte et rossignol ; entourez ce damné de vos flatteries décevantes, poëmes, élégies, églogues, idylles, épîtres, comédies, opéras, contes d'amour ! Philosophes ! philosophes ! venez à l'aide et au secours de votre roi, et demandez-lui l'honneur de porter la croix de ses chambellans ! Esprits forts, luttez entre vous, de complaisances et de bassesses, à qui charmera ce fantôme! Que Voltaire compose pour ce Roi dépravé le *Triomphe de Trajan;* que Jean-Jacques chante à ses oreilles blasées le *Devin du Village,* le Roi s'ennuie, il s'ennuie! Il s'est ennuyé même à Fontenoy, entre le maréchal de Saxe et le maréchal de Richelieu, entre l'épée et le caducée. Un seul crime, après tant de vices, l'amuse, à cette heure, c'est d'aller, de temps à autre, obscur et caché, comme on va, dans un lieu mal famé, rejoindre, le long des murailles et des charmilles complaisantes, une cabane enfouie en un coin de son parc! Cette cabane est un antre; chaume au dehors, marbre au dedans, vice partout! On dirait, à voir cela de loin, l'innocente plaisanterie d'un jardin anglais! La nuit, le mystère, la débauche silencieuse, la débauche innocente, habitent sous ce chaume imposteur! On élève ici, et l'on dresse à l'usage de ce reptile, des victimes qui durent un jour, et qui s'en vont, souillées de cette bave impure, chercher fortune à la cour de ce Tibère nouveau, qui les marie aux plus grands noms de son royaume! — Cette cabane est maintenant le but unique et de la vie et des promenades solitaires de ce hideux vieillard. Là, il va, comme on descendrait dans le Ténare. Il entre, et soudain les mégères dociles, des duchesses et des marquises, ô ciel! préposées à ces meurtres, livrent sa proie à ce monstre. Il lui faut à l'instant même une virginité à souiller, une innocence à flétrir, une enfant à jeter, par ses beaux cheveux, au vice, impatient d'ajouter le meurtre d'aujourd'hui, aux meurtres d'hier. O malheur! ce bandit envoie en nourrice des enfants à la mamelle, afin que le lait même, le lait nourricier, la douce et innocente ambroisie où s'enivre la lèvre enfantine, se change en poison, en parricide, en infamie... il a calculé, à l'avance, que dans tant d'années, à pareil jour, cet enfant sevré des tendresses maternelles fera palpiter, un instant, son cœur bronzé à ces orgies solitaires. — Une orgie silencieuse! le matin! à la clarté du jour! Chantez, chantez donc, petits oiseaux de ces réserves, chantez sur les pas de ce sultan d'Asie et de ses triomphes. Le voilà en effet qui vient d'accomplir, en bâillant, son inceste de chaque semaine, aussi pâle et plus tremblant qu'un meurtrier ou un voleur de grand chemin. Et pendant qu'il revient à son palais, traînant sa jambe chancelante, la jeune fille à demi salie de ses luxures, se relève souillée; elle appelle sa mère, et sa mère qui l'a vendue n'ose pas venir. O néant de tant de grandeurs! ô vanité de tant de gloires! ô sainte racine des vertus royales qui produit tant de hontes et de poisons!

A force de vivre enfermé dans ce cercle d'infamies secrètes et de lâchetés cachées, il était devenu lui-même, le grand Roi de France et de Navarre, un si petit compagnon, dans sa sa propre cour, que c'était à peine si l'on s'apercevait de son absence. Il n'y avait plus dans cette maison du soleil, bâtie et réglée par la royauté de Louis XIV, ni grand lever, ni grandes entrées, ni trône d'or, ni rien qui rappelât les souvenirs de la représentation royale ; les petits soupers avaient remplacé les solennités du grand couvert ; ces longues galeries étaient désertes, où le roi se montrait jadis couvert du manteau royal, le chapeau à plumes, la ganse en diamants, le *Pitt* pour bouton. Il n'y avait plus, autour de ce monarque abandonné, de capitaines des gardes, forcés, par l'honneur même de leur charge, de ne pas quitter le roi d'un instant ; le Roi flottait çà et là, comme ces épaves des grands orages que les mendiants eux-mêmes dédaignent de ramasser. Il allait, il venait, au gré de son caprice ; il se cachait dans son libertinage ; il fuyait le jour et la foule ; absent de cette cour où les vieillards étaient des abîmes, où les jeunes gens étaient des fantômes, nul ne songeait à se dire : Que fait le roi ? On savait d'ailleurs quels étaient ses loisirs, et pour peu que quelques honnêtes gens fussent restés fidèles à cette royauté lamentable, le roi absent, il semblait à ces honnêtes gens qu'ils respiraient un air moins souillé. Le Roi absent, le courage modeste relevait la tête, et la vertu n'était pas forcée de cacher sa rougeur derrière l'éventail. On disait même qu'en ces instants trop courts, on avait vu se promener, dans l'*Allée des Philosophes*, l'ombre sereine de mademoiselle de La Vallière, de Louis XIV et de Bossuet. Ruines de Versailles, souillées par ce fameux roi Louis XV, ruines, ensanglantées et ravagées par les terroristes hideux, avez-vous laissé, d'assez loin, dans vos déshonneurs et dans vos crimes, les ruines de Thèbes, de Babylone et de Memphis?

Le roi allait donc incognito, à travers ces jardins, comme il a marché dans sa vie, au hasard, lorsque arrivé au détour de l'avenue qui mène à Trianon, dans le parterre du midi, son regard soucieux tomba sur un jeune homme qui, le crayon à la main, dessinait cette belle partie de l'œuvre de Lenôtre et de Mansard. La copie était complète, ont eût dit seulement que ce jeune homme agrandissait encore, sur le papier, le grand spectacle qu'il avait sous les yeux ; son œil était sûr, son regard était vaste, et sa main ferme ; il indiquait, à la sanguine, l'espace et le mouvement de ces terrains choisis par les dieux eux-mêmes pour les ébats des rois de France. On eût dit que le Versailles révélé, le Versailles de Louis XIV, de Racine, de madame de Montespan et du grand Condé apparaissait, soudain, aux yeux du jeune artiste, et qu'il se hâtait de suivre cette trace passagère et charmante, sur laquelle le grand siècle avait passé. Tant ce dessin était une merveille ; tant les bois, les fleurs, les eaux, les jardins, l'horizon lumineux, les bosquets sombres y étaient habilement représentés !

A mesure que le crayon fidèle reproduisait d'un trait vif, enthousiaste et net, ces merveilles que ce roi blasé avait oubliées, pour les avoir vues tout le jour et tous les jours! il lui semblait, à l'infortuné, toujours roi ! qu'il voyait soudain refleurir son enfance évanouie, et reparaître sa jeunesse adorée. En ce moment d'oubli de soi-même, il entendait retentir, à son berceau, le cri de joie et d'allégresse de la France nouvelle, heureuse et charmée d'obéir à un enfant, délivrée d'un vieillard. Il revoyait monsieur le régent, ce bel esprit et cette audace élégante, prosterné à ses pieds, et donnant au royaume... au monde, l'exemple de l'obéissance et des respects. Il se rappelait, vivante, l'acclamation du Parlement, le vivat de la France, et l'Hosannah de l'Église, lorsqu'il se montra, pour la première fois, à son peuple. Alors, dans tout ce royaume qui était à lui ! pas un père qui ne lui dît : *Mon fils !* pas un soldat qui ne lui dît : *Mon capitaine !* et pas un gentilhomme qui ne l'appelât *son dieu !* Enfant, on lui racontait déjà les exploits de Charles XII, et les folies du duc de Richelieu. On lui amenait une infante d'Espagne qui se réjouissait, chaque matin, que le roi eût un jour de plus. Il revoyait aussi ce digne et vénérable cardinal de Fleury, pacifique et économe, ménager de l'argent et du sang de ce peuple qui commence à comprendre les nouvelles destinées, réservées à l'esprit français. C'est l'heure, en effet, où l'esprit national se révèle à l'émancipation de l'avenir; où la libre pensée, active et réveillée en sursaut, se met en marche, où l'intelligence, un instant écrasée sous la volonté de Louis XIV, et sous le génie de Bossuet, s'en va, malgré la Bastille, à des conquêtes inconnues ! En ce moment merveilleux de l'histoire moderne, on entend, à la fois, le bruit des fortunes qui s'élèvent, et des renommées qui grandissent. — On lit, le même jour, les premiers chants de la *Henriade*, et les *Lettres persanes*. Et les ombres charmantes! les décentes amours! les faiblesses pardonnées! et le premier dauphin, — et dans le plus bel âge, la première maîtresse, une maîtresse qui vous aime, parce que vous êtes jeune et beau, et qui vous eût aimé sans couronne! Et, mêlé à l'amour comme le myrte au laurier, la gloire des armes qui est la gloire des rois : Berwick en

Allemagne, Villars en Italie, le grand Frédéric à Berlin ! Puis monsieur de Buffon au jardin du roi, Voltaire partout. Et cette maladie de Metz ; l'agonie du jeune prince et de son peuple, la France en deuil, prosternée aux autels du Tout-Puissant, et ce grand titre : le *Bien-Aimé !...* Le *Bien-Aimé !...* Telle était l'éblouissante vision !

Le roi fut heureux, un instant, de se revoir aux premières clartés de sa royauté innocente, et, pour un instant, il oublia sa peine et son mal. Il suivait, d'un regard enthousiaste et calme la main légère de l'artiste, et quand le dessin fut achevé : — Je prends ce dessin, dit-il au jeune homme, et pourtant, monsieur l'artiste, le dessin n'est pas fidèle. Vous avez agrandi la perspective, et vous avez indiqué un fleuve, à la place du canal. Vous mettez des fontaines jaillissantes, quand les eaux se taisent. Dieu me pardonne ! n'est-ce pas l'Océan qui s'agite, dans ce lointain ?

— Monsieur, répondit le jeune homme, qui

ne se doutait guère qu'il parlait au maître de ces domaines, vous auriez raison si je n'avais voulu faire ici, qu'une image complète des jardins que j'ai sous les yeux ; mais l'homme pour qui je travaille, est bien plus riche que le roi, et le vaste emplacement de nos jardins ne saurait se comparer au parc rétréci et aux jardins de Versailles. Nous avons, en effet, une large rivière à la place de cet étroit canal, des sources vives pour représenter ces eaux captives, une forêt de vieux chênes, aussi vieux que la maison de Bourbon, pour abriter notre château, et véritablement, comme dernier point de vue, l'Océan, qui s'en va battre de son flot d'azur, l'île même de la Grande-Bretagne, assise sur son trône d'argent. Même plus d'une bataille a été perdue et gagnée dans le vaste espace dont je parle, et si je suis venu à Versailles, ce n'est pas certes pour le copier d'une façon servile, c'est pour savoir quelle partie de ces jardins je pourrai transporter sur notre *champ de bataille,* sans en déranger l'ensemble, et sans nuire à sa grandeur? — Va, m'a dit mon maître, étudie avec soin ce parc et ce château fameux, je te donne carte blanche du côté de la dépense; mais le roi étouffe dans son parc, et je veux respirer à l'aise dans le mien! — Voilà, monsieur, pourquoi je suis venu ici, et je trouve que mon maître a raison. Versailles est un petit jardin, Versailles manque d'air et d'espace. On y voit trop de bronzes, trop de marbres, trop de pierres taillées, trop de ruisselets captifs, trop d'arbres soumis à une règle inflexible. Laissez-moi faire, et je vous montrerai bientôt ce que c'est que la franche verdure, la vraie et sincère nature du bon Dieu; le lac limpide, le ciel bleu, le lointain d'azur, et comment nos eaux abondantes peuvent se passer des deux cent quarante-deux arcades de la rivière de Buc. Il fit un petit geste de mépris, tout en retirant son *plan* des mains du roi, qui le lui abandonna, n'y songeant plus.

— Et comment s'appelle votre maître? dit

le roi de cette voix exténuée et fluette qui n'avait plus rien de royal, plus rien de viril.

— Il s'appelle monsieur Guillaume, reprit l'artiste avec une emphase poétique, il est un gros bourgeois de la basse Normandie; il a fait sa fortune à fabriquer du drap et à faire pousser des herbages. Le voilà riche, et il dit qu'il veut être, pour le moins, aussi bien logé et plus content qu'un roi.

Il partit, honorant à peine Sa Majesté d'un signe de tête; il partit emportant les visions heureuses, et le roi s'en revint seul, rêvant et songeant aux abîmes, et à monsieur Guillaume, plus riche que le roi.— Monsieur Guillaume qui se fait bâtir un Versailles à son usage! Monsieur Guillaume, le marchand de drap! — On lui donnerait mes jardins, il les ferait agrandir; mon palais, il le ferait réparer; mon parc, il dirait à son artiste qu'il lui faut encore l'Océan pour figurer la pièce d'eau des Suisses! Monsieur Guillaume, plus fier au milieu de son argent que si les dix-sept grandesses de

Medina-Cœli reposaient sur sa tête ; monsieur Guillaume ! Hélas ! il a voulu suivre mon exemple, et il me laisse bien loin derrière lui... Allons, allons, soleil de mon aïeul, tournez-vous du côté de monsieur Guillaume et de messieurs ses enfants. Génois, faites des velours pour monsieur Guillaume; Vénitiens, taillez des glaces pour madame Guillaume, et n'oubliez pas toute sorte de petites maisons pour les petits Guillaumes; alcôves, glaces, sofas, cabinets à liqueurs ambrées, parterre de Turquie, oreillers de senteurs, tableaux, lustres, girandoles, bronzes, porcelaines, tabatières, meubles et médailles, grande et petite écurie, et fine baptiste pour monsieur Guillaume, tout ce qu'il y a de rare, de recherché, d'exquis, de curieux, de royal en meubles, en équipages, en bâtiments pour notre roi, monsieur Guillaume, et nous serons trop heureux s'il daigne nous écrire un jour ou l'autre sur la liste de ses Marlys.

Ainsi, ce triste monarque plaisantait, le

cœur gros de soupirs, avec sa propre misère, et sa plaisanterie âcre et mordante se ressentait de ses profondes tristesses. Pour son châtiment, ici-bas, Dieu lui avait laissé le bon sens, et plus entouré de flatteurs qu'un monarque d'Orient, il savait, à merveille, de quel carat était son or. Il se voyait ce qu'il était, dans ses trumeaux chargés d'armoiries, dans la parole de ses courtisans et dans les yeux de sa maîtresse. Sur le trône du monde, il se sentait à charge au monde entier. Il savait, lui qui avait peur de la mort, qu'il marchait incessamment sur une fosse creusée, et il en était à marcher sur les bords, un pied dans la fosse, frémissant, de tous ses membres, au bruit de l'horloge qui frappe les heures, et qui déchire le temps en lambeaux. Un si long règne employé à tant de sales voluptés, l'avait désabusé de l'espérance et de l'avenir... Ainsi rêvant, il atteignit enfin la partie obscure et cachée de ce bois qu'il habitait avec sa maîtresse, et il rentra, chez lui, par une humble porte, destinée aux valets de chambre, sa garde même n'osant pas le saluer dans ce palais éclatant, où le moindre geste de Louis XIV, son aïeul, eût arrêté le soleil! — Depuis longtemps déjà Louis XV n'habitait plus que les trous du palais de Versailles. Il s'était arrangé, à la hauteur des chenils, une suite imperceptible d'appartements obscurs, où il passait sa vie abominable, entre les petits-maîtres, les petites femmes, les petits peintres, les petits ministres, les pompons, les épigrammes, les nudités. Sous l'emplacement du trône, il s'était creusé une tanière, à l'usage de ses sapajous, de ses doguins, de ses amis et de ses drôlesses, une véritable petite maison, décorée par Vanloo, par Chardin, par Rooslin, et autre libertins de la société de la Guimard, qui apportaient, en ce beau lieu, l'inspiration de tant de conversations malsaines et de poëmes impurs; du palais de Versailles il avait fait un bouge; de la demeure éclatante des rois il avait fait l'asile obscur de ses vices.

Et comme l'exemple du roi servait d'exemple au royaume, cet exemple funeste avait été suivi. Pas un hôtel princier qui n'eût son mystère et sa licence; pas une maison même bourgeoise qui ne se glorifiât d'une cachette à l'usage des vices du maître de céans, pas un château de campagne, habité, il y avait moins de cinquante ans, par le père de famille entouré de ses enfants, dont il était le modèle et le censeur, qui ne fût devenu le complice du Versailles de Louis XV ! A ces causes, le château de Fontenay renfermait ses retraites cachées, son pays de conquêtes, ses toilettes lascives, ses anges de trumeau, ses peintures galantes, sa *petite maison*, pour tout dire, en un mot.

CHAPITRE XI.

LE COMMENCEMENT DE LA FIN DU MONDE.

L'esprit est, à lui tout seul, un grand faiseur de jolies choses; mêlez à cet esprit-là un peu d'amour, et de ce mélange heureux vous me direz de bonnes nouvelles. Hubert, j'en conviens, jouait le rôle d'un traître, il le jouait à merveille. Il agissait, en franc scélérat, qui en doute? Eh! convoquez une *chambre ardente*, mi-partie en jeunes gens, les plus honnêtes du monde, mi-partie en jeunes femmes un peu sensibles, et..... devant Dieu et devant les hommes, sur leur âme et conscience, non, ils n'enverront pas notre braconnier aux galères. Oh! le bandit!... il hésitait... il n'hésite plus; il lâche la bride à son génie. Que d'alouettes il a prises au miroir (les miroirs et les dentelles deux grands piéges!). Et, se dit-il, pour un ancien clerc, voici déjà bien longtemps que je tourne autour de la clause : *uti possidetis!* C'en est donc fait, maintenant qu'il connaît les endroits de la place assiégée, et que la dame ne se déplaira pas à une surprise un peu forte, il va se conduire en conséquence. — Un coup de tonnerre qui retentit, à propos, dans une chaude journée d'été, réveille, non pas sans charme, la grâce languissante du paysage endormi!

Oui, mais bien attaqué, bien défendu, et l'assiégée et l'assiégeant faisaient bonne garde : elle, pour ne rien perdre de ses remparts, lui, pour ne rien abandonner de ses sapes; un rien pouvait tout perdre, un rien tout gagner; un mot de trop l'oiseau s'envole, un mot de moins, l'oiseleur découragé renonce à sa quête. Elle avait ses jours de sortie; il avait ses jours de tranchées. Tantôt elle disait comme son aïeul Henri IV (son aïeul par les femmes) : Suivez ma cornette blanche! et tantôt elle battait la chamade, on l'eût dit du moins, à voir ces beaux regards doux et languissants, cette physionomie animée et touchante, cette rougeur aimable, le vrai et le frais coloris de la confusion et de la jeunesse. Mais mons Hubert ne se hâtait pas; il savait vaincre, et surtout il savait profiter de ses victoires; il prenait ces grâces, ces délais et ces hésitations en patience; il en savait long, en ces sortes de pipées; il avait le tact, il avait le coup d'œil, il avait surtout la coquinerie ingénieuse, et l'inspiration qui sont toute la fortune de l'homme de cour, de génie ou de plaisir. Vous me direz peut-être : Où diable votre héros a-t-il pris toutes ces belles choses? — Pardieu, où le bon Dieu les a mises : dans ses amours passées, dans son amour présente, dans les fêtes, dans les licences, dans les parfums de ce siècle amoureux. Il était bien l'enfant, et le disciple de cette heure dernière de la France épuisée; à peine adolescent, il s'était formé le cœur et la main à cette petite morale à moitié vraie, et fausse à moitié, semblable au cercle doré qui rattache à cette boîte en écaille une tête de nymphe, échappée au pinceau de Jean Petitot ou de Jacques Bordier. L'écaille noire, c'est l'âme humaine, et le cercle d'or, c'est la morale qui cloue, au fond de l'âme troublée la folle image de quelque beauté de passage : la Desaigles sur la tabatière du maréchal de Saxe; la Lionnais sur la montre du jeune monsieur de Maurepas, mademoiselle Fel dans les vers de Cahusac.

Quand donc il fut arrivé, par ces lentes gradations, à la dernière limite des idées que l'amour avait réveillées en son for intérieur, et quand il se fut bien décidé à gravir jusqu'au sommet, cette échelle galante et perfide, notre ami Hubert, semblable à l'Aurore lorsqu'elle entr'ouvre les portes du ciel, s'en fut, un beau matin, comme la fille dormait encore sous ses courtines de soie, ouvrir à pas comptés, au rez-de-chaussée, et sous le parterre où fleurit la rose, à chaque saison renaissante, le réduit mystérieux qui représentait, en ce lieu champêtre, les petits appartements du palais de Versailles. La porte fermée et silencieuse depuis trois ans, obéit avec peine à la clef rouillée, et dans ses gonds, si faciles naguère, elle roula complaisante encore, non pas sans un gémissement plaintif. A cette plainte répondit la fenêtre indiscrète; le volet gonflé par les pluies d'orage, résista plus que la porte, et plus que la fenêtre, mais enfin le soleil, exilé si longtemps de cette Amathonte calfeutrée, put entrer à grands flots, et se jouer librement, dans ce désert. Aussi, voyez le léger rayon qui se pose, leste et vivant, comme un sylphe ressuscité, sur ces bronzes, sur ces marbres, sur ces pastels, sur ces consoles dorées où les magots au gros ventre, et les lestes pampines de Boucher, les nymphes de Clodion et les satyres de Klinstadt, luttent entre eux de gaîté, d'élégance, de moquerie et de nudité. Dans ce jour galant qui traverse les rideaux brodés et festonnés, les mystères de cette Éleusis galante étalent leur richesse fanée. Une âcre senteur d'ambre et de billets doux s'exhale encore de ces alcôves, de ces broderies, de ces riches cabinets, de ces meubles en vieux laque, de ces colifichets, de ces fanfreluches. Les sofas, muets dans cette nuit profonde — sofas de Memnon, — si l'ardent soleil vient à les frapper de nouveau, se mettent à raconter confusément les mille histoires qui enseignent à pécher. En ce lieu, négligé si longtemps, le souvenir vif et pénétrant des licences passées vous saute aux yeux, et vous monte à la gorge ; la chaise longue a gardé la trace de la pantoufle de menuvair ; le fauteuil est resté tout parsemé de la poudre magistrale ; le tabouret, inventé pour la conversation espagnole, conserve l'empreinte du petit page aux pieds de la comtesse ; le dossier de la causeuse attesterait, au besoin, que Susanne s'y est reposée. Aussi chaque meuble, en ce paradis de Mahomet, pourrait murmurer sa plainte amoureuse, ou chanter sa chanson triomphale. Le plafond où se pavane, entre ses colombes aimées, la déesse à la ceinture relâchée, pourrait reconnaître à leur cadence, les pieds légers qui touchaient à peine les fleurs écloses à la Savonnerie, aux Gobelins. Interrogez ces coupes en cristal de roche, elles diront de quelles santés elles étaient remplies. Demandez à ces écrans découpés à jour, à ces éventails au manche sculpté, à quels visages charmants l'écran a prêté son ombre, l'éventail son zéphyr ? L'écran et l'éventail vous diront, en madrigal, le nom de la beauté qui se fiait à leur ombre favorable. — Et même en ce moment, il me semble que je les revois, errantes du salon au boudoir, du bal au souper, ces jeunesses, ces grâces, ces voluptés, ces petits-maîtres en épée d'argent, ces petites-maîtresses mises du dernier éclat; beautés régulières et touchantes, beautés négligées et piquantes, duchesses aux traits galants, grisettes semblables à Minerve, tailles sveltes, ajustées à ravir, têtes bien coiffées et parées de tous les feux du monde oriental, le diamant et le saphir! Ce sont elles, je les reconnais à leur voix, à leur silence, à leurs œuvres, à leurs noms : la petite Joconde en grande parure, une perle à l'oreille gauche ; Hébé d'Ervieux à quinze ans, la tulipe et la rose! mademoiselle Laure (le duc de Villequier l'appelait *l'Amour*) et qui voulait savoir en quel équipage l'Amour se promène en la grande allée des Tuileries, dans le rayon de soleil qui sépare l'heure de midi de l'heure suivante, la pouvait voir, vêtue d'une belle robe à fond d'or, découpée et brodée en argent, les parements brochés de perles, les garnitures et les gants liserés d'un clinquant d'azur; c'était la beauté même, cet amour de Laure, entre les grâces et le bon goût, tout comme mademoiselle Fanier, entre Dorat et le marquis de Pezay.

Qui encore? Elles y sont toutes, et j'y vois même S. A. madame de Monaco, parée comme Proserpine, qui s'affuble d'un nom bourgeois pour dépister le prince de Condé, et qui soupe avec des actrices quand elle veut se souvenir qu'elle est une princesse. Beautés obligeantes, beautés habiles, elles ont fait leur choix de très-bonne heure..... au bon moment..... entre la vertu et le plaisir. Douces voix, habituées à chanter leurs chansons d'amour à des oreilles crédules. Magiciennes au matin de la jeunesse, sorcières dans la fraîcheur printanière, à l'heure où les souffles dangereux ont le plus de dangers, habiles à faire un charme puissant en désordres, c'est pour elles surtout que le joueur de harpe a crié : *Il est temps!* Jeunes, il est temps de se servir de sa beauté; vieilles, il est temps de se servir de son esprit. Filles de la guerre, hardies, emportées, ambitieuses, avides et vigilantes comme leur mère, pleines, comme elle, d'activité et de trouble, leur âme est en pleine révolte, leur esprit en plein délire; leurs traits piquants sont pareils à ces chardons que se jettent les enfants dans la folie d'un jour de fête; l'intrigue est toute leur fortune, leur beauté est toute leur force, le temps va l'amble avec elles et d'un pas lent; à quoi bon, en effet, être jeune et belle, si l'on ne prend pas un peu de bonne joie à travers les fêtes de ce monde, à travers ce doute jovial errant dans les nues, parmi le peuple des fées vagabondes, entre les violettes et les primevères, le hasard pour guide, et l'audace pour compagne? Ainsi vont-elles, par les sentiers frayés et non frayés; fausses de cœur, riantes de visage, renards à la ruse, éperviers au larcin, elles cachent le volcan dans leur âme, la neige dans leur robe; si fidèles à la justice, qu'elles sont les premières à châtier les hommes, complices de leurs crimes. Pourtant, leur vie ainsi se passe à veiller dans la tromperie, à s'endormir dans le mensonge et dans les draps les plus fins, à charger leur main droite de diamants de la plus belle eau, et des serments solennels ; à se mirer dans leurs perfidies, à courir, d'un pied hardi, après les grâces, le ton, les démarches, et les licences des femmes de qualité. Leur prière est un hymne au dieu des filous et des voleurs. Le coffre-fort des financiers est le trône de ces belles. A peine réveillées, elles trempent leur visage dans un bassin d'argent rempli de fleurs ; elles battent qui les respecte, elles se courbent sous la main qui les frappe ; le prince du sang fait antichambre chez ces minerves en pet-en-l'air. Un mot les dit toutes : Viles..... et belles ! Leur beauté même est une base sur laquelle leur méchanceté est fondée, et cette méchanceté même les rend plus séduisantes que leur esprit. Elles plaisent à force d'insultes ; on est tenté de les adorer et de les battre ; esclaves, on les attache à des chaînes dorées ; elles ont la fidélité du sépulcre, qui garde à peine le nom du mort enterré sous ce marbre oublieux ; et dans ce sépulcre oublieux, hélas ! tant de fortunes dévorées, tant de familles anéanties, tous les grands noms de la France, et toutes ces femmes perdues par l'exemple et par l'excès du vice, qui s'en vont, bras dessus, bras dessous, à l'abîme, à travers les terres en décrets et les châteaux en friche. Et pendant qu'il n'y a rien sous l'œil des cieux, qui n'ait ses bornes et son frein, elles seules elles ne connaissent ni le frein, ni l'arrêt; on les flatterait, en les traitant d'impudiques; plutôt que de rougir pour leur propre compte, on verrait rougir les diamants et les bijoux dont elles sont harnachées; mercenaires amours, vêtues de toutes les couleurs héraldiques, parées de toutes les livrées, changeant de robe et d'armoiries, selon la fortune et le nom de l'homme qui les paie, changeant d'amant sans jamais changer de dépense, elles boivent dans une coupe d'or l'eau du Gange, mêlée au vin d'Aï, écrasant la grappe de toutes les vignes, dans la rosée ardente de tous les cieux. A ces créatures effrontées, rien n'est impossible; elles savent, en naissant, que l'obstination d'une fille perdue est supérieure à la volonté d'un galant homme, et que le meilleur moyen pour demander, c'est la nécessité d'obtenir. C'est une d'elles qui força Hercule, un demi-dieu, à tourner la broche dans sa cuisine, et pour que le gibier fût cuit à point, le dieu lui-même, jeta au feu sa massue. Homme ou dieu, quiconque les approche, est perdu, malgré le poids de sa vieillesse, en dépit de la fleur de son printemps. Elles font les lois, elles défont les mœurs; il y a en elles l'étoffe de toutes les perfidies, et le fond de toutes les misères. Ce qu'elles aimaient, à la folie, ce matin même, elles le détestent ce soir à la rage; généreuses comme des dieux quand c'est un riche qui les implore, sourdes et aveugles comme des idoles, à la prière des misérables; et la blanche, et la brune, et la blonde, la *bianca e la bruna*, celle qui vient du Midi, et celle qui vient du Nord, la vieille et la jeune, la laide et la jolie, mademoiselle d'Oligny et mademoiselle d'Ornays, attelées au char du marquis de Gouffier, mademoiselle Young, fille d'Épicure, et madame d'Ossuna, élevée sur le giron de toutes les grandesses d'Espagne, madame de la Popelinière, riche à millions, et madame de Phalaris, qui reste au lit faute d'un manteau, aussi bien que la petite Noirtier, la filleule du prince de Lowendall, et sa maîtresse de campagne, les unes et les autres, parties de si bas, tombées de si haut, une fois entrées dans ce Montjoie d'intrigues, de fêtes et de licences, s'abandonnent aux mêmes Parques; elles prêtent l'oreille aux mêmes sirènes; elles subissent le joug de la même nécessité. « Si un homme rencontre une dame sur un grand chemin et qu'il la décoiffe, il paiera six sous, » dit la loi salique. Au temps dont je parle, on n'en a pas décoiffé une seule, car toutes ces dames, filles, mariées ou veuves, filles à demi, mariées à peine, veuves ou peu s'en faut, avaient jeté à l'avance leurs bonnets et leurs coiffes... encore si elles n'avaient jeté que cela !

Mais vainement chercherions-nous à accorder tant d'idées agréables, et tant d'idées fâcheuses : la petite maison et Saint-Lazare, la charrette qui conduit Manon Lescaut en Amérique, et la petite voiture en vis-à-vis, le roi de France et le lieutenant de police, il n'y a que ces princesses pour concilier, en un clin d'œil, ces fêtes, ces fortunes, ces haillons, ces vanités, ces gloires, ces badinages, ces désordres, et le châtiment final aussi sûr et certain que la carte bizautée qui gagne une mauvaise partie. — Mais quel homme en ce monde voudrait sonder ces abîmes, panser ces plaies, guérir ces ulcères, écouter, jusqu'à la fin ce duo affamé et monotone du tambourin et de la flûte? Quel homme, assez hardi, pour rechercher sous ces lambris, toutes ces femmes parées et à peine vêtues, dans leurs grâces bouffies et enflées d'artifice, grâces anéanties, parfums envolés, voiles et suaires? Il faudrait, certes, plus d'inspiration et plus de jeunesse qu'on ne pense, pour les suivre à la trace, ces divinités impudiques d'un Olympe brisé; pour retrouver, comme faisait Louison en ce moment, au frôlement de leur robe à queue et sans manches, le bruit jaseur de leurs gaîtés fringantes, l'odeur enivrante de leurs parfums.

N'allons pas, nous autres, si profondément au fond de ces vices à la mode, et contentons-nous de la surface; ici est le doute; ici la licence; ici règnent en maîtres souverains Arioste, Boccace, Mursius, La Fontaine, Lafare et Chaulieu. Dans ce chaos épicurien de l'esprit, de la puissance, de l'atticisme et du plaisir, on se hâte de vivre et de penser; l'incrédulité se mêle à l'orgie, et le blasphème à l'amour; on renverse les vieux autels; on adore les dieux nouveaux; tel qui monte en ballon afin de voir de plus près les foudres, les nuages et les éclairs, va nier effrontément l'immortalité de l'âme; tel qui veut maintenir les lettres de cachet, déchire sans façon, l'Évangile éternel. — On s'amuse de mille folies, chaque folie entraînant avec elle un soutien de l'édifice social. Celui-ci compose un brillant parallèle, entre la divinité de Mahomet et la divinité de Notre-Seigneur Jésus-Christ ; cet autre s'en prend à la fois à Fréron et au souverain pontife ; l'Académie et les jésuites, sainte Rosalie et madame de Pompadour, marchent de front avec les disputes du coin du roi et du coin de la reine ; on se battait pour Gluck et pour le singe de Nicolet ; de grands philosophes vous démontraient, à la même heure, la grâce des jupes relevées, l'élégance des robes ouvertes, le génie de monsieur de Choiseul, et le mystère de l'Incarnation. C'était un plaisir de comparer les nouveaux miracles aux antiques métamorphoses, Ovide à saint Paul, sainte Marie Égyptienne à mademoiselle Sophie Arnoult ; tel qui vous avait demandé laquelle des trois vous préfériez, de mademoiselle Cléophile, de mademoiselle Laguerre ou de mademoiselle Thévenin, vous démontrait, sauf votre respect, que l'ancien Testament avait été coulé à fond par M. le baron d'Holbach. L'esprit humain à peine émancipé, en était venu à cet excès d'audace et de crétinisme, en moins d'un demi siècle ! Une douce pluie arrose ton champ, la tempête le submerge. Hélas ! la pluie était devenue un torrent, qui emportait déjà les palais et les temples, les lois et les villes, les peuples et les rois.

La société française, à cette heure du suprême désordre, se pouvait comparer au désordre même de ces petits appartements de Fontenay. Le pêle-mêle y était impossible à décrire ; on eût dit qu'en ce lieu de fête et de plaisir, un torrent de vices et de paradoxes avait renversé et bouleversé toutes choses, sur son passage. Le pastel des tableaux était redevenu une vaine poussière, et ces images pâlies avaient une ressemblance nouvelle avec les têtes qui leur avaient servi de modèles. Tout s'effaçait, peu à peu, de tout ce qui avait brillé à cette place immonde. L'araignée avait filé sa toile sur les poutres dorées ; le ver dessinait ses losanges fantasques, sur le velours des tentures ; la cheminée en marbre aventurin, où se montrent, incrustés dans le poli même de la pierre, les insectes et les plantes du premier déluge, chancelle et se tord sous le faix d'une immense pendule de Baillon ou de Geoffrin, espèce de montagne d'or terni et de bronze écrasé, entourée de candélabres dégarnis ! Sur les bougies des candélabres, a soufflé le fantôme ; sous la main du temps, s'est arrêtée l'aiguille complaisante qui marquait les heures. — A ce cadran funeste, tout parsemé de fleurettes et de minutes heureuses, l'ombre fugitive s'est fixée, et rien ne sonne, et rien ne chante plus sur ce timbre muet qui s'est fatigué à donner, sans fin et sans cesse, le signal de tant de mensonges, de tant de voluptés, de tant de serments. Le lustre éteint et frappé du vent extérieur, se balance à son écharpe fanée ; Watteau pleure, au milieu de ses bergeries enrubanées ; Lancret se lamente, sous ses ombrages bleus et roses ! Les voilà, ces trumeaux, brillants naguère du reflet enivrant de ces beautés et de ces grâces..... on dirait que le vieux Saturne a laissé sur leur glace ternie, le givre de sa bouche édentée, effaçant, la tiède haleine de ces lèvres, empourprées de la triple ivresse de l'esprit, des vins et des baisers.

Oui! et dans ces murs, hors de ces murs, la confusion est la même. On s'est hâté si fort d'y vivre, et d'épuiser les délices de la vie, que pas une de ces créatures ingrates n'a songé à sauver de ce lieu maudit, les attributs de sa profession. Le capitaine oublie en un coin son épée inutile; la coquette abandonne, sur une console obscure, son éventail brisé, trop lourd pour sa main paresseuse; ici l'écrivain a jeté sa plume imprudente et s'est endormi dans l'ivresse; ici le chevalier, d'une aiguille honteuse, brodait les armoiries de sa maison sur la jupe des courtisanes; le pair de France coupait, dans sa pourpre, une cravate à la danseuse; le magistrat taillait dans son hermine un manteau à la comédienne; le prince du sang, de son cordon bleu, faisait des jarretières à Javotte, enlevée aux quolibets de la halle, pendant que mademoiselle de Camargo, relevant ses cotillons en broderie et ses jupes en toile d'or, monte à califourchon sur votre bâton épiscopal, évêque de Jarente, et lancée au galop sur la feuille des bénéfices, ressemble tout à fait à une chenille brillante qui se promène sur un chou.

Singulier monde! si on avait eu le temps d'élever un tombeau à ses restes (mais il n'a pas eu de tombeau, les bourreaux lui ont coupé la tête, et les lambeaux de son cadavre ont été dévorés par les loups), l'artiste chargé de cette œuvre impossible, eût marié le sceptre à la houlette; il eût semé de lis d'or les plus vils haillons; il eût écrit, d'un mot, l'épitaphe : *Ci gît.....* *l'abîme!* L'oraison funèbre eût fait le reste; elle eût raconté en longs barbarismes, comment ce siècle, enfant du chaos, est rentré dans le sein paternel, après avoir adoré tout ce qu'on peut adorer sur la terre, Dieu excepté. L'étrange peuple! a-t-il assez aimé les choses les plus étranges? les sapajous, les géomètres, les danseuses, les danseurs, les philosophes, les prétentailles, les Italiens, les alchimistes, les Anglais et les écureuils! — Il a cultivé, d'un amour égal, le bilboquet, le sophisme, le jeu de boules, l'économie politique et l'art du gouvernement. Il s'est passionné également pour l'Académie, et pour la Sorbonne; pour mademoiselle Clairon, pour monsieur de Catinat, pour la pomme de terre, l'inoculation, la profession de foi du Vicaire savoyard, et le Nouveau-Testament du père Quesnel. Il a obéi, siècle philosophe! à toutes les passions des femmes perdues : l'intérêt, le plaisir, l'orgueil, la vanité; il a poussé le désordre et la prodigalité, en toutes choses, à cet excès effréné qui mène à la fin du monde. Vu de loin, ce siècle abominable des enfantements et des ruines a conservé une certaine grandeur, la grandeur même de l'abîme qui l'a englouti, de l'orage qui l'a dévoré.

CHAPITRE XII

LE CONSEIL D'ÉTAT.

Arrêtons ici, cette sonate à quatre mains, et revenons à notre histoire; le matin venu, maître Hubert, attentif à ses piéges, et aussi habile que si la muse de la magie lui eût enseigné l'art des enchantements, s'en fut ouvrir, à deux battants, la porte de cet entresol placé sous les riantes enseignes de Vénus. La porte ouverte, il ouvrit les fenêtres, et par les fenêtres il se laissa glisser dans le jardin, afin que Louison, à son réveil, découvrant ces féeries, s'imagine qu'elle dort encore, et qu'elle est l'héroïne d'un beau songe. Elle dormait, semblable à la déesse, sur son lit de térébinthe, coupé dans les bois d'Oricie. Dès l'aube rougissante, les muses, debout au pied de sa couche, attendaient son réveil; elles battirent trois fois des mains quand elle entr'ouvrit ses grands yeux noirs, flambeaux éteints un instant. Eh vite! eh vite! La voilà, en effet, qui se réveille, et qui, de sa belle main indolente, chasse ce dernier voile où se cachaient les premières clartés d'un beau jour. Elle se lève soudain, de cette plume oiseuse, semblable à la Diane d'Allegrain, qui se voit à Luciennes, le sein nu, taillé dans le marbre rose, la neige méotide mêlée au vermillon d'Ibérie. Assise sur son lit défait, elle s'abandonnait à cette pente douce, et déjà elle chantait, joyeuse de se revoir, le cantique matinal tout rempli d'actions de grâces, à ces divinités choisies : la Santé, la Jeunesse et l'Amour qui l'avaient nourrie si abondamment du lait pétillant de leurs tendresses printanières. Cette chanson que chantonne une jeune fille à son petit lever, n'est pas un chant, c'est un murmure; c'est la suite et la fin du rêve commencé à voix basse; c'est le premier ordre que la bouche éveillée, à demi, donne à la fée obéissante qui préside au réveil. Ainsi chante l'alouette de Vérone, quand la nuit n'est plus au ciel, et quand le jour n'est pas encore ici-bas. Ces chansons du joyeux matin de la vie, se composent de toutes les mélodies errantes dans les chants populaires, dans l'œuvre des maîtres; elles vont, de la cabane du berger aux olympes de l'Opéra. Chansons brisées, poëmes interrompus; un menuet campagnard, attaché par un brin de myrte, à quelque chaconne de Campra. Ces élégies, œuvres de perdition, accomplies au refrain de quelque chanson joyeuse, se chantent, en guise de prière, au saut du lit, au pied levé, au moment propice de la première solitude, la joue et les mains, plongées dans les froides eaux du Léthé, dans la complète sécurité de l'âme, des sens et d'un beau jour. Au signal accoutumé de cette voix claire et joyeuse, accourt, légère et charmante comme cette princesse Hermione, qu'enfanta un âge de perfection, la dix-huitième année, à la démarche dégagée, et toute prête à parer de ses mains agiles, la chère beauté qui l'implore. A la bonne heure! et laissons-les faire : beauté et jeunesse, ça se comprend d'un regard, ça se pare d'un rien. Elles ne songent guères, les innocentes, à faire mentir la chevelure éclatante, à faire briller, par une trahison, ces yeux noirs sur un front découvert; jeunesse et beauté, à l'exemple de la fière Hippolyte, combattent, le sein nu, et la tête couverte du casque d'or des Barbares. Elles disent, comme la mère des Gracques : Loin d'ici les mensonges! le fard du Belge déshonore une tête romaine! Elles ne savent rien de ces mystères qu'Ovide appelle les *médicaments de l'amour*. Elles laissent aux grandes coquettes de profession, les pâtes, les essences, les pommades, les eaux de senteur, les houppes, les sachets, le lait virginal, les mouchoirs de Vénus. A celles qui veulent se baisser et les prendre, elles abandonnent volontiers les aigrettes et les girandoles, les perles, et les poinçons, les bracelets et les pendants d'oreilles ; elles jettent, à peine, un regard de pitié sur les dons les plus précieux que puissent faire les hommes puissants à leurs amours : la pourpre de Tyr, la pourpre de l'Espagne, les perles de l'Océan, la topaze aux feux dorés, la myrrhe de l'Oronte, et l'odorant cinnamome d'Arabie. Hélas ! beauté et jeunesse, pourquoi donc se séparer si vite? Étiez-vous moins dignes de l'adoration des hommes, quand vous étiez parées à si peu de frais? Grâces naïves, vous n'avez rien de commun avec les grâces fardées, avec la *Pandore* de monsieur de Voltaire, le *Virgile* de l'abbé Desfontaines, le *Tibulle* du marquis de Pesay, l'*Ovide* de l'abbé Banier, l'*Anacréon* de La Fosse, et l'*Art d'aimer* de Gentil Bernard.

Ceci était bien l'habitude, et même c'était l'opinion de Louison. Elle était coquette, non pas sans le vouloir, mais sans le savoir. Jusqu'à ce jour elle s'était contentée, heureusement, de sa beauté naturelle, sans art, et sans fard ; à quoi bon tant de peine, en effet ? Le rayonnement venait à son regard, et le sourire à ses lèvres, comme l'ondée à l'alouette, et l'incarnat à la pomme d'api. Si par hasard.... et par bonheur, sa coquetterie légitime, aux jours de combats, appelait à son aide, eh bien ! elle se parait, sans frais et d'une façon royale, de sa mine ingénue et de son fin regard, et de son beau sein à demi dégagé de ses ajustements bourgeois. Elle ne savait rien encore, ô qualité royale ! des ruses et des minauderies accoutumées : minauder, se requinquer, se pavaner, piaffer et reluire, et trancher de la victorieuse et de la vaillante, et sonner, à toute heure du jour, le boute-selle de sa belle grâce; tant d'habileté et de science, non certes, n'étaient pas encore en cet esprit léger : ni spasmes, ni migraines, ni vapeurs, ni caprices, ni malaise, rien encore de la matière subtile de Descartes ; tout au plus (et encore!) les atomes d'Épicure et l'attraction de Newton.

Elle était, avant tout, heureuse de vivre; elle ne voyait rien au delà, et elle ne s'inquiétait guère, sur ma parole! de chercher et de trouver le vrai sens du système de la nature. Où elle allait, le savait-elle? Elle savait que ses pieds étaient bons, que la route était belle, et que la terre ne pouvait pas lui manquer de si tôt. Cependant elle marchait, dans sa chambre, au hasard, en déshabillé plus léger que je ne puis le dire, se tournant et se tournevirant avec autant de grâce que si ces diverses évolutions eussent été dessinées par Gardel. Elle s'arrêtait, superbe et rieuse, à chaque trumeau qui se trouvait en son chemin, et elle se disait: Bonjour, Louison! dans la glace brillante; la glace, en ce moment, voyait en beau toutes choses en Louison, de même que le père Malebranche voit tout en Dieu. A force de se sourire à elle-même, et de se remercier en personne de sa propre beauté, l'idée et l'ambition lui vinrent de tenter les hasards d'une grande toilette, de se parer enfin comme les merveilleuses, et de donner un démenti habile à sa grandissime jeunesse. Qui le saura? Qui me verra? Elle hésitait... Elle se mit à l'œuvre, d'une main inquiète, heureuse et tremblante. A peine si elle possédait les premiers principes du grand art de la parure à fond, tout nouveau pour elle. Elle ne savait guère placer le rouge végétal, encore moins se reconnaissait-elle en ces nuances imperceptibles. Comment se jette un œil de poudre à l'iris, sur l'ébène un peu rude d'une chevelure éclatante? Elle s'en doutait à peine, et elle se fût trouvée en grand embarras, si on lui eût demandé le nom des mouches indispensables que doit mettre à sa joue, une dame de la cour. Ah! beauté ignorante, prends garde, il y a mouche et mouche, dans cette bombonnière en cristal. Apprenez donc, Madame, pour l'enseigner plus tard, par votre exemple, les premiers rudiments du grand art de *semer les abeilles sur les fleurs*, comme dit Pétrarque en ses chansons.

Vous avez d'abord, entre autres mouches *assassines*, la mouche *passionnée;* elle se place au coin de l'œil ; elle donne au regard la force du trait qui vole et qui frappe ; la *majestueuse*, se risque au milieu du front, où elle règne, semblable à une fée, sur un trône d'ivoire ; l'*enjouée*, arrive au pli du rire, son berceau ; mais le visage de Louison riait sans faire un pli ; n'oubliez pas, madame, de placer la *galante* au milieu de la joue où elle appelle le baiser ; l'*effrontée* au bout du nez, mouche narquoise, pareille à un défi ; placez la *coquette*, sur la lèvre supérieure, afin d'en marquer l'incarnat ; l'*assassine* enfin, pour une artiste excellente en son art, sert à dissimuler la rougeur que laisse aux beaux visages, l'empreinte légère de la dentelle... Le frais visage de Louison n'avait pas de rougeurs ; le visage de Louison était pareil aux trois fleurs de lis du royaume de France, qui représentent la puissance, la clémence et la science. Elle pouvait tout, elle était belle. Elle savait tout... elle savait plaire. Et quant à la clémence, quelle est la Parisienne généreuse qui en ait jamais manqué?

Elle s'y prit de son mieux, et après les premiers tâtonnements, elle fut assez contente d'elle-même; au besoin, elle eût créé, la coquette! ce grand art, dont elle pressentait les mystères. Sa toilette fut longue, et recherchée, et digne, en effet, d'une petite-fille d'Ève qui s'enivre d'amour-propre devant son miroir. Ce miroir même était une merveille, et rien que l'histoire des belles dames qui lui avaient confié les intérêts de leur beauté, pourrait fournir le sujet d'un livre. Cette glace brillante, fondue et bizautée à Venise, la ville des courtisanes, du carnaval sans fin et du canal sans fond, le canal Orfano, était entouré d'un cadre en bois de Sainte-Lucie, et sculpté avec tant d'art et de magnificence, que l'on n'eût pas rencontré un plus rare chef-d'œuvre et plus charmant dans le cabinet de M. de Randon de Boisset, et dans l'élysée de madame de Pompadour. Au milieu des amours modernes, et des nymphes antiques, entre la Vénus peu vêtue et le portrait de quelque danseuse à la mode d'autrefois, le sculpteur avait gravé, d'un ciseau railleur et prophétique, ces deux mots de l'Iliade que lui avait fournis monsieur de La Porte du Theil : υεος εγω, c'est-à-dire : *Il n'y a que moi qui sois jeune !* Avec un peu de soin on pouvait lire encore, au fond de ce verre aux reflets changeants, la devise du comte de Vivonne au carrousel de Louis XIV : *Tua munera jacto !* c'est-à-dire : *Je répands, au loin, les présents de ta royauté souveraine !* Sur les ailes de l'Amour aux ailes étendues, madame de Forcalquier avait écrit cette devise : *Probasti !* qui voulait dire : *O miroir ! tu m'as approuvée et je suis contente...* Un jour le mari de la dame changea ce *Probasti !* en *Probasti ?* Il fit un point d'interrogation d'un point d'admiration, et la dame ne s'inquiéta guère du changement, elle n'en voyait pas à son visage ! Il y avait aussi un certain : *Hic labor... hic merces !* que la dame d'Armagnac avait trouvé en compagnie du précepteur de son fils, qu'elle appelait Saint-Preux... *Ici le travail... ici la récompense !* disait la devise... La récompense était dans la chambre voisine. Une main savante et mécontente avait écrit, dans un coin du miroir, cette grave parole, qui est le commencement de la sagesse : *Connais-toi toi-même !* deux mots grecs, mais il faut excuser ces dames, elles ne savaient pas le grec, elles ne connaissaient d'elles-mêmes que l'ornement et la parure. Ainsi, qui eût bien voulu lire avec soin, ces inscriptions et ces devises, aurait pu en tirer de grandes leçons de philosophie, à savoir : « vous êtes belle, évitez la honte ; ou si vous êtes laide, essayez de vous embellir à force de sagesse ; jeune, qu'il vous souvienne, en vous voyant sourire, que l'âge mûr approche ; vieille, il est temps de renoncer aux frivoles pensées... » Inutiles conseils, leçons perdues ! sagesse déplacée, et le beau moment, bien choisi, pour gronder ces belles qui s'admirent, dans ce cadre réjouissant où le serpent de la tentation s'enroule autour de la colombe amoureuse ! Dans ces devises, j'en oublie et des meilleures. Louison, d'ailleurs, n'eût rien compris à ce grimoire, eût-elle invoqué l'Encyclopédie et ses démons.

Dans ce cadre muet où tout brille, où tout passe, infidèle comme l'eau des torrents, et volage comme l'ombre du tremble, que de beaux visages en rubans verts et en rubans feuille-morte, avaient posé, pour chercher le sourire, ou pour effacer la trace des larmes ! Que d'humiliations et que d'orgueil, contenus dans cet étroit espace, d'Hébé à Cybèle, de la duchesse de Bouillon à la comtesse de Clermont-Tonnerre, de madame d'Osambray à madame de Saulx-Tavannes, de madame de Contades à la princesse de Soubise, de la marquise de Fougère à madame de Beauffremont!

Ce beau miroir, qui était la vérité même, et qui ne mentait que par pitié profane, ou par charité chrétienne, avait subi déjà des aventures bien diverses, dans ce monde des passions, des accidents et des fortunes étranges ; il avait encouragé bien des vices et découragé plus d'une vertu. Il avait dit à la vertu : *Tes yeux me déplaisent.* Il avait dit au vice : « Bon courage! apprends le triomphe, enivre-toi de ta propre fantaisie, gonfle-toi des richesses d'autrui, moque-toi de la foi jurée, foule aux pieds les lois antiques, sois trahison et sois mensonge, afin d'arriver bien vite à ces fortunes qu'on ne peut deviner, à ces mariages qu'on ne peut définir; sois le vice et règne, le moment est bien choisi, sur ces hommes anéantis, sur ces nobles éteints, qui ne sont plus que les mânes de leurs ancêtres. Fais-toi des jours et des nuits à ton caprice, et ne t'inquiète pas d'épuiser le coffre-fort du Lydien Crésus. C'est ton droit, tu es le vice, embelli par tous les caprices de l'art et de la nature. Écoute, et suis mes conseils, je t'apprendrai comment on fait d'une chaste pensée une grâce provoquante; comment il ne faut pas pousser l'esprit, plus loin que le blasphème, et la gaîté plus loin que le sourire; comment une femme d'esprit a le *oui* aux yeux, quand le *non* est encore à la lèvre engageante. Venez à moi, vous toutes, les damnées et les perverties, j'ai des conseils pour votre art, et je vous ferai si dangeureuses, que la guerre la plus sanglante est un jeu d'enfant, comparée à un seul regard de vos yeux ! Venez à moi, abeilles de Cythère, qui bourdonnez vos chants fescennins, et je vous apprendrai à piquer au vif les plus habiles mortels, tantôt par un regard moqueur, tantôt par un geste câlin. Venez à moi, épouses d'un jour, c'est moi qui enseigne l'art de chanter, à propos, l'hymne nuptial ; c'est moi qui vous apprendrai à vous couronner des fleurs de la marjolaine odorante, à vous habiller comme Vénus, quand elle paraît devant le berger Phrygien. Venez à moi, architectes des incendies et des ruines, et je vous apprendrai à vous bâtir, à l'aide de votre bon ami le hasard, sur une terre volée, un palais à votre usage, avec les débris de mille naufrages, et une fois que tes voûtes adultères seront construites avec les rochers battus des vents, et les grands chênes frappés de la foudre, tu n'oublieras pas de les meubler des meubles même du manoir incendié par tes yeux. »

Ainsi parlait le miroir où se plongeait Louison! Le miroir disait encore à celles qui savent lire leurs destinées au fond de cet abîme, où la lumière et l'ombre se mêlaient à donner le vertige aux plus hardies :

« Il faut profiter de la vie et de la jeunesse, et quand on le peut, se venger des dieux et des hommes, ô filles de Plutus ; et si la terre féodale vous manque à dévorer, enfants de la pauvreté vagabonde, abattez-vous sur les biens de la maison et couronne de France, et si la couronne est en faillite essayez des biens de l'Église, essayez de tout, même du diable, il est né gentilhomme. »

Quand nous disons que c'était le miroir qui parlait ainsi, c'étaient les images même et les portraits parlants qui s'étaient reflétés dans ces ombres claires; et la dame du monde, et la dame cloîtrée, et la princesse et la grisette tenaient, ou peu s'en faut, le même langage, avides autant qu'amoureuses, aussi disposées que la fille du Tyndare à changer de patrie et d'amour.

Eh bien! ce moment d'extase, en présence de sa propre beauté dont elle ignorait encore la toute-puissance, a décidé de l'avenir de Louison; elle entendit, du fond de ces abîmes, ces ambitions, ces enivrements, ces délires, ces chansons brûlantes que la mère récite à sa fille, afin que la fille les chante à sa fille à son tour. Ah! certes, on voyait bien dans cette glace transparente, que tant de siècles séparaient la France de Louis XV du premier consulat de Pompée, où Rome entière ne comptait que deux impudiques. Dans ce miroir dangereux, Louison apprit bien des choses dont elle se doutait à peine. Elle s'était imaginé, jusqu'à ce jour, qu'elle avait de beaux yeux, uniquement pour dire des choses tendres ; que la bouche riante de la jeunesse ne devait s'ouvrir que pour les serments sérieux, et que les belles mains étaient faites pour les laisser prendre au premier curieux impertinent qui veut savoir par quels rayons lumineux, par quel impétueux mouvement des artères rapides et des veines brûlantes, la chaleur de son cœur va passer soudain dans ton cœur. M. Diderot se moquait de la révélation ; d'où venait cette révélation à Louison ? Que son âme fût un esprit répandu par tout le corps, comme dit Hippocrate, ou que son âme fût une lumière, au dire d'Héraclite, par quelle révélation avait-elle trouvé si vite, en ce miroir, les belles mines et les grandes manières, en attendant les grands vices ? Quel flambeau invisible avait montré, à ses yeux charmés, l'Orient et ses plages dorées? Quelle voix avait conté, à son oreille attentive, ce long poëme des licences qui s'étaient rêvées en présence de cette glace brillante, depuis le jour où l'abbesse de Panthémon en avait fait hommage à madame de Condé-Bourbon de Vermandois, abbesse de Beaumont, jusqu'au jour où Louis de Jarente de la Bruyère, évêque d'Orléans, en fit présent à une princesse de l'Opéra?

Laissons M. Diderot et son compère allemand, le baron d'Holbach, nier la révélation tout à leur aise. En ce moment, Louison est plongée, vis-à-vis d'elle-même, dans une contemplation voisine de l'extase; elle voit, peu à peu, s'accomplir même l'impossible. Elle est reine, à tous les titres, de la beauté et de la jeunesse! Le monde entier se prosterne à ses pieds, en l'adorant, pendant que la fumée de cet encens menteur, âme agile et légère, monte à son cerveau doucement réjoui. Elle règne, et son bras s'étend déjà, plus loin même que les frontières du royaume de France! Elle règne, son moindre désir est un ordre, sa volonté est une loi; elle donne la couleur à la toile et le son à la lyre; au marbre elle donne la vie; elle monte au trône, et elle ne s'arrête pas, tant s'en faut, aux premières vêpres de ce grand jour de triomphe et d'orgueil. Elle s'avançait ainsi, en sa gloire de Niquée, et dans sa voie lactée, entre cinquante-deux quartiers de noblesse et soixante quartiers d'orgueil, lorsque tout à coup elle poussa un grand cri... O miracle!... Elle sortait d'un rêve pour entrer dans un autre rêve! Il était temps qu'elle s'éveillât en effet : du trône elle montait à l'autel, de reine elle passait déesse, et cette récompense suprême était encore la moindre portion des adorations et des louanges qu'elle accordait à sa beauté.

CHAPITRE XIII.

LA CARTE GALANTE.

Elle fit durer, tant qu'elle put ce grand bonheur d'ajuster à sa beauté, ces parures inconnues; le moment vint enfin où avec toute la complaisance savante d'une coquette de profession, il n'y eut plus rien à faire à ces belles grâces; l'œuvre était complète, témoin ce pouf merveilleux, placé d'une main leste et complaisante, à l'oreille droite, et qui allait à la belle tête de dame Louison, tout aussi bien que le bonnet de docteur de Navarre sur la tête de Bossuet. Donc la voilà prête à recevoir les hommages qui l'attendent : penchée une dernière fois, sur la glace enivrée de ce beau visage, elles semblaient, la glace et la belle fille, se dire l'une à l'autre en souriant : — A quoi bon se faire belle et qui le saura?... lorsque dans ce miroir, éclairé de ces beaux yeux, à travers l'intervalle que laissait ce bras charmant, Louison entrevit le reflet net et vif du perron mystérieux dont les portes ouvertes donnaient sur la cour. Elle crut d'abord à une vision : — Où suis-je encore? se disait-elle ; qu'est-ce là? à quelle maison des fées conduisent ces portes dorées? ou plutôt quel est le magicien qui d'un coup de baguette, a fait paraître en ces miroirs, ces demeures de ma fantaisie? — Ainsi elle contemplait de tous ses yeux, de toute son âme, cette Jérusalem nouvelle brillante de clartés. Elle rêvait, immobile à sa place, oublieuse de sa propre image, et redoutant de voir disparaître, sous le souffle de ses lèvres brûlantes, ce palais incroyable de l'Armide invisible. A peine enfin si elle osa détourner de ce charme ses regards éblouis, et regarder dans la cour, à travers la verdure et le soleil, ces premières révélations du luxe secret, des fêtes passées, des amours écoulés, des plaisirs oubliés. Telle l'amphore qui fut longtemps remplie du vin généreux des coteaux de Falerne... elle est vide, elle exhale encore l'odeur enivrante de la noble liqueur renfermée en son sein.

Et maintenant, assise à sa fenêtre et le dos tourné au miroir, les yeux fixés sur ce temple d'Éphèse, elle étudiait ce seuil profane qui semblait l'inviter. — Oui, je suis éveillée, et je vois d'ici même l'Élysée ouvert. Voici la bordure éclatante d'un tableau de quelque Vénitien de l'âge d'or; voici la frange d'un tapis de pourpre; au plafond, délivré de la nuit qui l'emplissait naguère, n'est-ce pas Vénus que je vois traînée dans son char par les deux colombes? J'entends d'ici les voix qui m'appellent, je respire d'ici les parfums qui me provoquent, j'assiste à la fête de ces demeures. Attendez-moi, beaux cavaliers en habit de soie; attendez-moi, danseuses légères qu'emporte au loin la valse aux rapides contours!

Ainsi Louison devinait, pressentait, voyait! La joie et l'émotion de ce spectacle étrange la tenaient attentive et curieuse; ses pieds gracieux brûlaient de franchir ce seuil brillant, entouré d'auspices fortunés. Elle se ruait, d'instinct, dans les beautés infinies de ces demeures discrètes, et à la fin, n'y tenant plus, elle descendit en toute hâte, l'escalier de service qui menait juste aux petits appartements du château de Fontenay. O miracle! En effet, la porte est ouverte! En effet, ce palais des fées élégantes et dissipées n'est pas une vaine peinture, attachée à quelque muraille menteuse, un trompe-l'œil à la façon de Servandoni le décorateur. Elle s'arrêta cependant, une main sur son cœur, qui battait avec force, et l'autre main sur le marbre qui servait d'appui aux quatre marches de l'escalier, le pied droit à demi posé sur le parquet de l'antichambre ; on eût dit qu'elle avait peur d'effleurer cette plante de Norvége qui brise, au toucher, le pied de la chèvre vagabonde. Elle hésitait, elle tremblait ; le feu de son regard se cachait sous ses paupières baissées, comme le ver luisant sous les feuilles. Elle fit un pas, elle en fit deux, et, d'une main résolue, elle referma sur elle-même la porte silencieuse. Ah! si vous aviez vu jamais le tragédien Lekain, sous l'armure de Tancrède, quand il salue, à son retour, les murailles de la patrie absente... Lekain n'était pas plus beau que Louison n'était belle ; il ne disait pas avec plus d'enthousiasme et d'inspiration :

A tous les cœurs bien nés que la patrie est chère !
Qu'avec ravissement je revois ce séjour !

Non. Louison, pareille à une souveraine qui entre par la brèche dans ses remparts, poussa un cri de joie et de triomphe à réveiller d'écho en écho, ces longues chambres dorées. A la fin donc, elle était chez elle. Elle respirait à pleins poumons cet air empoisonné qui était le souffle même de sa vie. Elle voyait réalisés, sous ses yeux éblouis, tous ses rêves de coquetterie et de fortune. Triomphe, ô Louison! ton chaume devient or; la mousseline de ta robe blanche est changée en brocart; te voilà quatre-vingt mille livres de rentes dans un tablier qui ne vaut pas dix pistoles. Elle allait d'enchantements en enchantements, curieuse et rêveuse, exhalant l'opulence, la vanité et le plaisir; ni endormie en ces métamorphoses, ni trop étonnée en cette pompe du seigneur, et reconnaissant déjà la trace de son chemin, dans tous les accidents de cette fortune en désordre. Elle voyait toutes choses, et de chaque chose inconnue elle savait le nom par génie, elle savait l'usage par instinct. Elle écoutait—peureuse— le bruit de ses pas, ou bien elle tournait la tête, afin de se voir passer, soi-même dans son triomphe, et pour mieux contempler dans les trumeaux flatteurs, sa tête ingénue encore, et cette taille souple... les trois quarts de ses charmes, plus de la moitié et demie de sa beauté. Quand elle se fut saluée, tout à son bon plaisir, fantôme brillant de cette maison hantée, elle redevint une femme, une grande dame, s'il vous plaît, madame Louise d'Aujourd'hui, maîtresse de céans, à son petit lever, en négligé et déjà sous les armes. Il fait jour chez madame, et le beau monde va venir; madame, cependant, parfile ou fait des nœuds; elle bâille à la dernière mode, et quand elle a usé à ce pénible travail... un grand quart d'heure! elle se met à feuilleter, d'une main dédaigneuse, toutes sortes d'images, enluminures, vignettes, fleurons, fleurs et fleurettes qu'elle lève une à une, d'un portefeuille vert : images galantes, chansonnettes, cartes de visite, comédies, idylles; bergères et bergers qui enseignent à tromper, qui enseignent à mentir.

C'était là mode, en toutes choses (nous l'avous déjà vu), sur le cadre des miroirs, au manche des éventails, au fond des assiettes, sur la laine des tapis, d'ajouter une poésie légère en cinq ou six vers qui expliquaient, d'ordinaire assez bien, et toujours du côté grivois, le sujet du drame représenté, et le poëte qui venait à la suite du peintre, se fût bien donné de garde de rien ajouter ou de rien changer à ces amourettes, dernières filles de l'amour. Ces gentillesses dessinées et rimées, sans raison et sans rime, étaient le véritable *in principio* des Évangiles selon le cardinal Jean de Bernis, qui se racontaient incessamment, de la *Gazette de France* aux *Matinées à la mode*, de l'*Almanach des Muses* à la *Neuvaine de Cythère*, de l'abbé Arnauld à Sautereau de Massy. Celui-là ferait certes un recueil bien curieux qui voudrait recueillir les images *avecque* les quatrains de ces gros livres des petites ruelles, et son œuvre accomplie, la postérité reconnaissante lui donnerait une belle place, dans son estime, entre monsieur de Bensérade, et monsieur le chevalier de Pibrac.

J'ai recueilli quelques-uns de ces quatrains plus vivaces que la *Henriade* elle-même, et j'ai admiré, de tout l'enthousiasme qui est en moi, cette alliance intime du crayon et de la parole, de la gravure et de la cadence sonore ; accord parfait, et parfaitement licencieux du commentaire et du chef-d'œuvre graveleux. O mes amis, Bret et Lancret, Blin de Saint-Maur et Watteau, sont quatre grands peintres au pastel !

Il y avait, entre autres compositions de ce goût dameret et décolleté, l'image d'une nymphe à demi penchée sur le bord d'un limpide ruisseau, avec ces quatre vers entrelacés sur la houlette d'ivoire :

> Je ne suis pas trop bien ma première entreprise:
> J'étais venue ici pour prendre... et je suis prise.
> Amour ! le joli jeu qu'en ces lieux on apprend !
> Où dès le premier coup qui veut prendre, se prend !

Caché dans l'ombre, un jeune faune au pied fourchu, l'arrière-petit-fils du faune improvisateur de chansons, prête l'oreille à la complainte de la nymphe.

Une autre image représentait une fille de boutique, étendue sur un lit de repos, l'habit peu montant et peu tombant, entre le zist et le zest d'un jupon à falbalas; un homme déjà ancien tient à la belle un langage facile à comprendre. A travers la fenêtre entr'ouverte on voit une foule de vendangeuses qui mordent à la grappe; à cette grappe mordaient, à belles dents, ces couplets de Dancourt :

> Faites bien vos marchés, grisettes,
> Avant qu'aimer de grands seigneurs;
> Sitôt qu'ils ont eu vos faveurs,
> Adieu, paniers, vendanges sont faites.

Le second couplet (l'ami Dancourt tenait la balance égale entre le marquis et la bergère) s'adressait évidemment aux marquis :

> Défiez-vous de ces coquettes
> Qui n'en veulent qu'à vos écus;
> Sitôt que vous n'en aurez plus,
> Adieu, paniers, vendanges sont faites.

Autre chose, pour ne pas changer. Éraste,

aux pieds de Lucile, sa main dans sa main, et ses yeux sur ses yeux :

> J'ignore le destin de mon amour ardente,
> Et jusqu'à quand je souffrirai;
> Mais je sais, ô beauté charmante,
> Que toujours je vous aimerai!

Voilà certes, un beau métier, pour Molière! De temps à autre la satire remplaçait le rondeau galant; par exemple au bas d'une image qui représentait mademoiselle Colombe, en grand habit de l'après-dîner :

> Sous les arbres des Tuileries
> Quelle est cette duchesse, ami, que je vois là
> En velours, en drap d'or, en riches pierreries?
> — Une duchesse..... d'Opéra.

Il y avait, qui en doute? un enseignement dangereux à étudier cette morale en action, tant l'action était vive et leste; et déjà, en effet, Louison, la curieuse, avait dépassé les premières limites de la curiosité innocente. Que disons-nous, dès l'antichambre, son attention fut arrêtée invinciblement par la carte du royaume de galanterie, qui avait remplacé, depuis longtemps, cette fameuse *carte de Tendre*, que mademoiselle de Scudéry avait affichée autrefois, de sa main pédante, noire et chaste comme la main des Parques, dans les belles ruelles du Marais. Cette *carte galante* ressemble à la *carte de Tendre*, comme mademoiselle de Lespinasse ressemble à Célimène, comme le village de *Billets doux*, ou le hameau de *Petits soins*, ressemblent aux bureaux de recettes des fermes générales. Vue à la distance qui sépare mademoiselle de La Vallière, de madame Dubarry, la *carte de Tendre* ne représente pas mal ces anciennes géographies, une heure avant Christophe Colomb..... tout un monde est absent de ces mappemondes incomplètes. La *carte galante* a rempli cette lacune. On abonde à cette presqu'île, sur de jolis esquifs armés à la légère, et qui portent des noms heureux : *le Bon-Temps*, *la Belle-Humeur*, *la Jeunesse*, qui est le vaisseau de haut bord, le vaisseau amiral, reconnaissable à sa voile de pourpre. L'île galante est située entre le cap

Courte-Monnaie et le promontoire *Tête-Folle*. La capitale de ce joli royaume, non héréditaire (il est exposé à tant d'orages et de tempêtes!), s'appelle *Cajolerie*. Elle est ouverte de tous les côtés; à peine si l'on voit encore, sur les ruines d'un ancien rempart, quelques vestiges d'un temple antique de la Pudeur, bâti en ce lieu, par Deucalion et Pyrrha, lorsqu'ils se sentirent fatigués de se jeter des pierres à la tête, pour repeupler au plus tôt l'univers attristé.—L'antique façon valait mieux, disait Pyrrha. — On y reviendra, ma chère, ajoutait Deucalion, et comme ils ne manquaient pas de matériaux sans emploi, ils bâtirent ce temple à la Pudeur!... Le temple est détruit, on ne l'a pas relevé! — Plusieurs chemins conduisent à cette capitale de la galanterie et des bonnes fortunes, indiquée par l'*Art d'aimer*. Quand donc vous avez traversé le val trop court des *Agréments*, et passé, à pied sec, le *Gué de l'Occasion*, éclairé des feux limpides que laisse tomber l'étoile du berger sur les têtes amoureuses, vous trouvez, à votre droite, le sentier peu battu de la *Reconnaissance;* à votre gauche, l'impasse de l'*Amour-propre*, et, tout droit devant vous, le chemin battu, la route royale, intitulée la *Route d'or,* qui est incontestablement le chemin le plus court, le plus facile et le plus ouvert pour pénétrer aux royaumes galants. Mais ne va pas qui veut à Corinthe, et ne prend pas qui veut, la Route d'or. Un pauvre diable de poëte ou de soldat, qui n'a que la cape et l'épée, s'il est bien conseillé, prendra, tout bonnement, ce petit sentier détourné qui se glisse entre les épines et les roses. On appelle ce sentier-là, d'un mot normand : *la Sente.* Va donc pour *la Sente, moitié figue et moitié raisin !* Une fois dans ce passage qui mène à tout, il ne s'agit, mon fils, que de savoir attendre et entreprendre; on plaît un peu, on souffre un peu, on donne fort peu, et l'on arrive en fin de compte, et tout aussi bien que par la *route d'or,* et l'on est aussi bien reçu que si l'on présentait à la douane de la ville toute une cargaison des pays d'Orient : topazes aux feux dorés, robes de Sidon; l'or de l'Inde et la myrrhe de l'Oronthe, ou l'odorant cinnamome d'Arabie ! Et, Dieu soit loué ! on réussit à moins de frais ; il n'est même pas besoin d'avoir ses poches pleines de cette monnaie frappée aux armes du royaume *de galanterie*, à savoir : un geai d'Italie habillé de taffetas changeant. Encore en faut-il un peu, et faut-il le savoir dépenser à propos. Donner ! c'est la grosse cloche des clochers de la cité galante. C'est même du royaume de Galanterie, à propos de tant de vœux inutiles, et de tant d'efforts sans récompense, que nous est venu ce proverbe : *Pour le roi de Prusse.* Aussi le roi de Prusse n'est-il jamais entré dans le royaume galant. Certes, le grand Frédéric aimait bien à s'arrondir... Eh bien ! on lui eût donné, pour rien, tout l'empire galant, qu'il en eût fait présent à son cousin, le roi de France, et il n'eût rien demandé à son cousin.—Le royaume de Galanterie est essentiellement monarchique, mais l'on ne sait jamais quel est le véritable roi de ces domaines... M. le duc de Richelieu, peut-être ! Encore M. de Richelieu lui-même fut-il forcé d'accepter le joug de deux horribles vieilles, la Mode et l'Intrigue, qui gouvernent, à leur guise, ce bruyant royaume des caquets et des mensonges. Ces deux mégères, la Mode et l'Intrigue, se sont donné le luxe d'une demi-douzaine de dames suivantes et de chevaliers servants : soupçons, jalousies, mensonges, violences, héritages dévastés, ventes à l'encan, séparations de biens, séparations de corps, serments aussi légers que la voix qui les prononce, emportée à son tour. A chaque instant, fête nouvelle dans l'empire galant ! Les perles joutent contre les diamants, le brocart lutte avec le velours, le point de Gênes avec la dentelle de Malines ; dans ces duels en champ clos, à armes élégantes et peu courtoises, on admire surtout le duel des belles jupes, et la course des chars. Aux jupes triomphantes rien ne résiste ; elles vont à leur but, gonflées d'orgueil, et portées sur des chars victorieux armés de toutes sortes de fusées, de bombes et d'artifices. Sauve qui peut! Si l'artifice vient à manquer, on en va prendre aux arsenaux de la cité galante, tout remplis d'armes offensives et défensives : fers à friser de toutes sortes, boîtes à mouches, poudres, essences, masques, rubans, papiers dorés, cheveux en bracelets, peignes de poche, relève-moustache, opiat, et bonne provision de ces pommes d'or qui firent tomber la ceinture d'Atalante. Ah! l'on en voit dans le royaume galant, de toutes les couleurs.

Généralement on ne peut pas dire que les naturelles du pays n'apportent pas en naissant toutes les connaissances nécessaires à l'exercice de leur art; au contraire, les moins habiles, à peine savent-elles mettre un pied devant l'autre, s'en vont droit au *clocher de coquetterie*, et de très-bonne heure on n'a pas grand'chose à leur apprendre. Cependant, comme il faut tout prévoir, on a prévu le cas où quelques rebelles se révolteraient contre le démon de leur métier, et le gouvernement galant, en sa munificence, ouvre aux têtes dures, des écoles publiques, dans lesquelles les sept arts libéraux sont remplacés par ce tout petit prolégomène : *Bien dire, et mal faire.* Les jeunes filles apprennent, en ce Gymnase galant, à jouer de la prunelle et du théorbe ; à jouer au reversi et au *roi dépouillé.* On leur enseigne aussi à entendre toutes choses sans écouter, à voir sans regarder, à savoir ce que parler veut dire ; et ne demandez pas si ces jolies enfants sont en progrès, juste ciel ! Elles apprennent à lire dans l'abécédaire de sainte Nitouche, si habile à inventer de quoi rire et badiner ! O sainte Nitouche, dont la fête se célèbre au mois de mai, priez pour elles ! Elles vous le rendront bien.

Mais celui-là serait trop habile qui voudrait décrire en détail ce royaume de galanterie et en relever tous les écueils : *Luxe — Jeu — Bonne chère — Vengeances — Mensonges —*

Soupirs — Transports — Désespoirs. A peine si Louison elle-même aurait pu raconter quelques-uns des aspects de ce royaume si nouveau pour elle ; à peine si elle entrevit, dans un coin de cet Océan battu des tempêtes, un grand navire sombre, le *Repentir*, qui se dirige péniblement au port de *Bon-Retour*, portant à son mât brisé un étendard en lambeaux sur lequel se voit encore un bras ailé, et cette devise : *Je prends mon temps !*

CHAPITRE XIV.

L'ABIME APPELLE L'ABIME.

Louison, elle aussi, *prenait son temps;* elle étudiait ce nouveau monde, et, dans son âme bouleversée, elle criait : *Terre! terre!* Elle s'abandonnait à cette nouveauté dangereuse, comme un nageur inhabile au flot qui l'emporte. On eût dit que ces demeures cachées à tout honnête regard, avaient été choisies tout exprès, et décorées à loisir par les sept péchés mortels pour y tenir leur synagogue; tout y portait l'empreinte folle de cette magnificence exagérée qui n'appartient qu'aux époques sincèrement corrompues, et naïvement perverties. Sur les trumeaux, sur les parquets, aux boiseries, aux tentures, à l'étoffe des meubles, dans la pierre et dans le fer, dans le bois de chêne et dans l'or, dans le cristal de roche et dans l'argent, sur le cuivre et sur l'acier, à la poignée des épées, au manche des éventails, était gravée, était peinte, et dessinée, et tissée, et chantée, et célébrée en mille extases, l'apothéose ardente de tous les doutes, de toutes les passions, de tous les vices que le cœur de l'homme... et de la femme peuvent contenir. Le marbre était de feu, le pastel était de flamme. Ces torches éclatantes, aux mains de ces déesses demi-nues, projetaient l'incendie, et celui-là qui osait soutenir les regards de cet Olympe en fusion, celui-là était brûlé. A la voûte de plafonds rehaussés d'or, aux plinthes de ces portes obéissantes, à ces panneaux sculptés où le dieu Pan a jeté sa flûte railleuse, où la Muse a suspendu sa houlette et son tambourin, Carle Vanloo, le Provençal, cordon de Saint-Michel et premier peintre de la maîtresse du roi, avait prodigué, — suspendus aux guirlandes, aux rubans, aux faveurs, aux arceaux de sa fantaisie, — entre les fleurs de sa création et les ornements de son caprice — ses enfants joufflus, ses tourterelles éveillées, ses dieux et ses déesses des bocages de Choisy, se parlant, bec à bec, à l'ombre enivrée du laurier d'Apollon et du saule de Galathée. — Ces belles personnes à la tunique relevée, aux pieds nus; ces carnations du premier âge, ces sourires fatigués, ces fronts étroits, ces têtes vides et provocantes, ces corbeilles de roses, ces carquois remplis de flèches empennées, ces moutons blancs dans ces pâturages bleus, ce goût frivole et charmant qui eut si longtemps ses enthousiastes et ses flatteurs, ces petits drames dont la nudité même est une équivoque.....

Ces idylles court vêtues, qui ont scandalisé même la cour de Marly, chose incroyable ! — cette suite infinie d'entrelacs, emblèmes, devises, armoiries empruntées à la Fable; cet éternel berger Pâris entre les trois déesses, les reins aussi fardés que le visage; ces quatrains à double sens, gravés sur tous les hêtres de ces jardins d'Armide; ces déclarations au demi-jour; ces duels au premier sang; ces jets d'eau dont l'eau ambrée retombe, en chantant, dans la nacre aux perles brillantes; ces dauphins jouant sur les eaux qui charrient des Néréides; ce ciel grouillant de divinités licencieuses; cette terre ouverte à toutes les métamorphoses permises et défendues; ces enfers galants où Proserpine et les Parques ne sont pas à l'abri d'une Héroïde de Dorat, en un mot, le spectacle fou de cet *art d'aimer*, poussé aux plus violentes limites de la fantaisie et du caprice, la tenait, émue, attentive et curieuse, à ces vertiges, de l'âme, de l'esprit et des sens.

Dans ce flagrant délit de tant de passions en

tumulte, dans ce circuit impie, à travers le vice sans frein, elle sentait se remplir toutes les cases de sa tête, et se détendre toutes les fibres de son cœur. A chaque pas qu'elle faisait dans ce labyrinthe des licences, elle livrait aux broussailles, les derniers lambeaux des langes de son baptême, et de sa robe nuptiale! Ces vieux vices que tant de vieillards et de femmes perdues avaient laissés en ce lieu abominable, comme le mendiant secoue au soleil l'insecte de ses haillons, trouvant sur leur passage cette jeunesse et cette espérance, s'y attachaient avec rage, et la mordaient jusqu'au sang de leur dard invisible..... *Juvenilia...*, *senilia,* deux mots bien différents, qui disent la même ruine, et le même dénouement. Que le vice soit vieux ou soit jeune, en pleine activité, en pleine indolence, ostensible ou caché, c'est toujours le vice, et toujours l'insecte insaisissable qui mord où il se trouve, également repu de sang immonde, ou de sang vermeil.

En ce lieu souterrain, le vice avait placé ses

réceptacles et ses tabernacles ; on n'entendait sous ces lambris vermoulus que ses rhétoriques et ses musiques. Dans ce champ des licences, on marchait de blasphèmes en blasphèmes ; on allait de l'abîme au bourbier, à travers une excommunication immense, actuelle et permanente. Que de malédictions ! que de grincements ! que de sanglots ! Ici, la religion qui se voile la face ; — impuissante ! plus loin, le gouvernement qui se lamente ; — impuissant ! et partout, sous vos pieds, sur vos têtes, la royauté éperdue qui cherche dans ses plaies, dans ses immondices et dans ses fanges, le dernier mot de son éternité misérable.

Certes, la belle et fière Louison n'avait jamais imaginé qu'elle tomberait dans ces abîmes du doute et de la corruption, dans cette vapeur enivrante du luxe, du paradoxe et de l'amour. Cependant elle regardait toutes ces choses nouvelles en fille éblouie, et moins épouvantée, hélas ! qu'on n'eût pu le croire. Elle eut peur, c'est vrai ; mais la peur a moins de force et de puissance sur un esprit détourné du bon chemin, que la curiosité, la rareté, le charme. Une autre fille que Louison serait revenue à l'instant même sur ses pas — elle eût fui — elle eût refermé sur elle-même, ces portes de fer! — elle eût fermé son oreille, elle eût fermé ses yeux à ces éblouissements, à ce délire, à cette rage ; elle eût déchiré, de ses mains indignées, ces costumes imprudents, ces parures lascives, ces falbalas dont le bruit sec, sur le talon brillant, était une provocation et une amorce. Oh! Louison, il fallait appeler Eugène à votre aide... Elle n'appela pas; au contraire, elle retenait son souffle ; elle commandait à son regard ; elle allait, d'un pied ferme et d'une respiration gênée, à tâtons, de chambre en chambre, et plus elle pénétrait dans ce saint des saints de l'adultère et des unions défendues, plus elle sentait sa bonne résolution disparaître et son courage s'endormir. Même son âme affaissée et vaincue au spectacle enivrant de ces toiles, de ces livres, de ces marbres, de ces images, de ces débris, de cette lie ardente d'une coupe épuisée aux lèvres éloquentes du poëte, aux lèvres insolentes des courtisanes, ne ressemblait pas mal à ces papillons ailés de pourpre — fleurs d'un instant qui vont se brûler à la bougie enflammée.

Allons, c'en est fait, Louison n'est plus, de Louison, que la vaine image ! Elle poursuit un autre rêve; elle se place en son rêve au premier rang de ces bergères suivant la cour, et de ces pipistrelles, en espalier sur le chemin des rois; oui, Louison, elle-même, raclant, en *mi-bémol*, une guitare enjolivée de nompareille rose ou bleue, une plume blanche sur la tête, un diamant à son doigt, un pigeon sur l'épaule, un mouton à ses pieds.

Elle allait ainsi, rêvant, les yeux ouverts, et se voyant passer soi-même dans son carrosse à ses armes, métal sur métal (ce qui est impossible en vrai blason), deux roues d'argent sur un fond d'or, jusqu'à l'endroit le plus dangereux de cette petite maison, au salon des livres, et chacun sait qu'une fois cette limite franchie, adieu l'espérance. Ici est l'enfer ! Ici les fureurs et les vanités de l'esprit s'ajoutant au délire des sens, vont porter les derniers coups et les plus furieux à cette pauvre tête volage. O malheur ! la voilà en pleine philosophie, en plein doute, en plein délire, en plein néant, dans un nid de chauve-souris et de hiboux, de chats-huants et de vautours. Mieux valait encore, infortunée ! te repaître à loisir du spectacle moins dangereux pour toi, de ces licences, de ces festins, de ces dépenses, de ces voluptés, de ces amours.

Elle était, dans ce salon des livres — pure crème de cantharides — comme un enfant dans une poudrière, une torche à la main. Elle contemplait dans le silence de l'étonnement, l'obscène moisson de ces honteux petits écrits, sortis de la poussière du siècle passé, et qui sont rentrés dans leur cloaque, non pas sans avoir assisté au spectacle de cette France, jetée à l'abîme. Une main imprudente et criminelle avait entassé, dans cet asile de toutes les licences, une bibliothèque de turpitudes et de fadaises, mêlées à toutes sortes de révolutions en herbe, qui poussaient, sur ce fumier du bel esprit, comme ces champignons dangereux que l'orage et l'égout semblent évoquer de toutes les semences en corruption. Ce monceau moisi, de ténèbres, de songes, de mensonges et de folies furieuses, n'a jamais eu de nom dans aucune langue honnête, et les Romains eux-mêmes, les Romains qui ont poussé à l'excès toutes choses, à commencer par la gloire, s'avoueraient vaincus, dans les antres même de leurs mystères les plus dépravés, par le catalogue infâme de cette crapuleuse pornographie. C'en est fait! — Votre courage à deux mains! Soyez habile et soyez hardi ; affrontez d'un visage calme, ces corruptions et ces paradoxes ; côtoyez d'un pas sûr, ce lac sulfureux où la fleur même est un poison; eh bien, je vous mets au défi, homme habile et brave, d'entr'ouvrir un seul de ces hideux petits livres où l'image et le mot luttent d'infamie, sans que vous sentiez soudain monter le dégoût et la nausée à votre âme épouvantée. Il jouait, cependant, avec ces choses-là, ce siècle des philosophes ; voilà les livres qu'il aimait ; voilà les obscénités et les immondices qui plaisaient à ses académiciens et à ses duchesses. Des livres de laquais, de filles de joie et de docteurs de Sorbonne ! Ils se reposaient, ces hommes et ces filles, dans ces lectures, de leurs profondes études sur la divinité de Notre Seigneur, et sur les droits de l'homme ! Ils plaçaient les fredaines de Frétillon, à côté de l'*Emile ;* le *Portier des Chartreux* non loin du *Contrat social.* Ils se fatiguaient à blasphémer ; ils se reposaient à raconter des drôleries, où la crudité du fond n'excédait pas l'obscénité de la forme. Et ces femmes et ces hommes, poussés par le même courant dans les mêmes égouts, allaient volontiers du conte graveleux au Cathéchisme philosophique, du Dieu insulté à la courtisane glorifiée, de Notre-Dame de Paris au boudoir de mademoiselle Duthé, de l'archevêque à la Gourdan !

Notez bien que ce mélange ignoble de l'obscène et du sublime, de l'enthousiasme sur son trépied et de la plus basse crapule à son cabaret, s'opérait justement dans les têtes les plus fortes et les plus puissantes. Celui-ci était un grand penseur ; il avait l'éloquence et l'enthousiasme... il composait un livre de mauvais lieux, intitulé : *les Bijoux indiscrets!* D'un drame touchant : *le Père de famille*, il passait sans vergogne à ce drame de l'enfer : *la Religieuse*. Celui-là, le roi de l'intelligence et le dieu de l'esprit, règne à la fois par l'injure et par l'atticisme; il réunit l'éloquence d'un portefaix à l'urbanité des chambellans, la verve de la place Maubert à l'atticisme de l'Académie, et le voilà qui livre Jeanne d'Arc aux insulteurs, après avoir porté Henri IV sur les sommets poétiques. Tel, devenu fou, après avoir écrit la *Cinquième promenade* des *rêveries*, à la façon de Platon et des prophètes, va raconter à qui veut l'entendre, sans pudeur, sans retenue et sans vergogne, les endroits les plus sales et les plus honteux de son ignoble et impudente jeunesse. Tel autre se prostitue aux autels de Priape dont il écrit le *Te Deum*, et le même jour, ce même homme, inspiré par le dieu des beaux vers, frappés sur l'enclume d'airain, s'abandonne gaîment à l'enivrement d'un poëte inspiré, la plus douce et la plus chaste des ivresses de ce bas monde. Or comprenez-vous, ces accouplements funestes, auxquels l'*art poétique* ne voulait pas croire : du serpent et de la colombe, de la brebis et du tigre, de l'alouette et du vautour?— Comprenez-vous mademoiselle de Lespinasse, l'œil en feu, l'écume à la lèvre, et, dans le hennissement de ses confuses passions, insultant les saints de la légende, uniquement pour consoler de sa perte, si réparable, ce bon M. d'Alembert, son amant, et — ce bonhomme qui mène le monde, ce tyran de la philosophie et des lettres,—il est chargé par la belle de porter, à M. de Guibert, toutes sortes de billets où elle le compare à Jules César !

Comprenez-vous madame de Tencin, accordant une trêve à l'*infâme* (c'est le petit nom qu'ils donnaient au fils de Dieu), cette femme qui traitait ses enfants comme Jean-Jacques Rousseau traitait les siens...? Il faut, en effet, quelque attention pour s'expliquer cette madame de Tencin. Elle a fait un grand sacrifice, allez! à son amour fraternel; elle a manqué, pour plaire à son frère, à toutes les convenances. Certes, elle pouvait, elle aussi, et mieux que tout autre, s'accrocher au trône du Très-Haut et lui faire une morsure de cette bouche édentée où la salive est un venin mortel... elle épargna le Dieu, par amour pour le pontife. Elle était bien la digne sœur de son frère (on dit même quelque chose de pis), et comme son frère, après avoir vendu le baptême à Law, le financier, au prix de quarante millions (c'était donné), sur ces quarante millions en avait donné deux au dernier Stuart, qui en fit un prince de l'Église... elle se mit à appeler son frère : *Monseigneur!* lui permettant de dire la messe à Pâques et de jeûner, jusqu'à midi, le vendredi saint. Oh! c'était une femme forte, qui n'avait pas de préjugés, et qui eût volontiers reconnu pour ses enfants bien-aimés : Ganganelli, Voltaire, Arlequin, mademoiselle Clairon, M. de Choiseul et madame Dubarry.

Ainsi donc, ô pourpre romaine! — ni Dubois, ni Tencin n'ont été assez forts ou assez vils pour te déshonorer. — Gloire à toi, pourpre romaine! Et songer pourtant, que dans le manteau du cardinal Dubois, à peine lavé de ses souillures, madame de Pompadour, de sa main tant de fois adultère, a taillé la soutane de cet autre poëte des Chloés du ruisseau, la soutane de Bernis, et que cette Babet des bouquets à Chloris a tenu, dans ses mains vernissées de blanc, les rênes du royaume de saint Louis, de Henri IV et de Louis XIV? L'horrible chose!... et aussi l'étrange chose, un grave président à mortier, plein de génie, et tout animé de l'esprit des lois, qui écrit à la marge des œuvres de Bernis un roman décolleté où il est prouvé « qu'à Gnide on pèche sans remords quand il est vrai qu'on aime. » Et tous ces docteurs de la Sorbonne croulante, petits Encelades, qui, pour faire sourire le vieux singe de Ferney, s'escriment à nier les mystères redoutables que croyait Bossuet!

Tu mens, docteur! vous mentez à vousmême et à votre chef-d'œuvre immortel, monsieur de Montesquieu! De quel droit, cependant, l'un et l'autre, en ces révoltes contre l'honnêteté publique, portent-ils encore la livrée et les insignes de leur profession; pourquoi vont-ils dans les rues à la suite de Dieu qui passe à travers ses reposoirs, celui-ci la robe retroussée sur ses manches, un bonnet à trois cornes sous le bras; celui-là, la robe traînante, et sur la tête un bonnet carré par en haut, rond par en bas? Singuliers costumes, et mal choisis, pour tourner ainsi et nous faire tourner à leur suite, autour du rien, tout au milieu du vide ! A ce jeu-là, pourtant, la France a perdu ses coutumes, ses mœurs, ses usages, ses antiques libertés. *Hic jacet.....* le royaume de France, enseveli sous les petits livres que voici ! Dans ces livres la pureté des femmes est proclamée une bêtise ; l'honneur des hommes une niaiserie. Le préjugé n'est qu'un obstacle. Croire en Dieu est d'un crétin ; obéir, d'un idiot ; espérer, d'un insensé !

Ces grands philosophes de l'abîme ! Tous leurs livres étaient réunis dans ce Capharnaüm, la plupart frappés et marqués du fer rouge ; on y voyait le bourreau et son empreinte ; on y sentait le roussi des foudres du Vatican et des bûchers des divers parlements du royaume. Incroyable mélange, et pêle-mêle insensé d'audace et de faiblesse, de vérité et de mensonge, de trahison et de justice ; à côté du grincement, le rire, et le faquin qui tremble sous la peau de Prométhée, allant derober le feu du ciel !

Tel qui va prouver (facilement !) que son

âme est de boue, et que la flamme immortelle n'a rien à voir dans cette fange... vous démontre pertinemment, que les bêtes ont une âme, une âme immortelle; ainsi ils rendent plus d'honneur à un chien, qu'ils ne s'en font à eux-mêmes, et ils se dégradent, au profit de la brute!... Ils nient le droit, et, par conséquent, le devoir; ils font les beaux esprits à propos des idées les plus sérieuses; eh, mon Dieu! pour une voix à l'Académie ou pour un dîner, ils vous démontreront que c'est à peine si l'on peut dire, de l'univers créé, qu'il tombe sous les sens; à peine affirment-ils ceci, les sceptiques : la neige est blanche, le jasmin est odorant, Socrate a vécu! En revanche, ils croient aveuglément à la fortune aveugle; ils affirment qu'elle tourne sur sa roue insolente, et quel que soit le jeu de la déesse, qu'elle abaisse les choses grandes, qu'elle exalte les choses viles, ils l'adorent à deux genoux, les mains jointes, et ils s'intitulent des esprits forts qui renversent les autels de la superstition!

Disons plutôt des esprits retors, et qui justifient ce mot d'Érasme : que l'invention de la grammaire a lâché tous les fléaux du mensonge, à travers le monde épouvanté. Rhéteurs de l'à-peu-près, ils ont inventé on ne sait quelle vague science et mensongère à la portée de toutes les intelligences médiocres, et ils en ont fait un jouet d'enfant mal élevé. Ils ont enjolivé la métaphysique; ils ont fardé la morale; ils ont dépouillé la rhétorique de ses ornements les plus chers; ils ont mis les beaux-arts en tables alphabétiques, et l'art du gouvernement en Dictionnaire; ils ont fini par habiller la philosophie à la dernière mode, comme une poupée de la Duchap, dans le ridicule appareil d'une grande toilette, la bouche en cœur, le crâne pelé et les yeux morts. Enfants perdus d'une noblesse dépravée, ils ont cherché le fou, le bizarre et le débraillé, comme leurs ancêtres cherchaient le beau, l'honnête et l'utile. Prévenez-les vingt-quatre heures à l'avance, et vous les trouverez prêts sur toutes les questions, guerre ou finances, économie politique ou commerce, marine ou manufactures; ils ont bâti l'*Encyclopédie*, cette sœur cadette de la tour de Babel, ils ont fondé l'*Almanach des Grâces*; on leur doit la *Gazette de France* et le *Mercure de Cythère*...

Disons tout, ils ont fait, à eux seuls, tous les livres que voici ; ils ont commis tous ces crimes fameux contre l'honnêteté, contre le goût et le bon sens de cette nation ; à eux seuls, ils ont fabriqué cet amas informe de papier imprimé dont chaque feuille noircie au tampon des faiseurs d'utopies ou de catéchismes, pourrait intercepter les rayons du soleil bienfaisant.

Voilà comment *l'abîme appelle l'abîme !* Eh ! quel gouffre plus profond s'ouvrit jamais, et plus à l'improviste, sous les regards d'une fraîche et belle fille qui n'avait guère emprunté à son siècle, qu'une demi-douzaine de chansons ? De ce cloaque où se déposaient, chaque jour, les immondices d'un règne où la vertu elle-même était forcée d'emprunter au vice couronné, son nom et son masque, s'exhalait je ne sais quelle fade senteur de cimetière et de jasmin, de vieux livres et de roses fanées : ossements, parfums, voiles, linceuls, poëmes éteints, lyres brisées, fantômes disparus, intelligences hébétées!... le désordre dans le néant! Ici Charles XII, et là Cartouche. Esprit Fléchier et l'*esprit de Sophie Arnould*. Abîme! abîme! un drame s'y passe, pareil à ces drames qui sillonnent la mare verdâtre, quand les hôtes immondes de ces marécages se disputent les vers du charnier.

Regardez! la mare est agitée, en ce moment funeste, par toutes les passions mauvaises. L'athée et le chrétien sont aux prises; le sceptique et le croyant crient : *Aux armes!* le roi et le sujet se défient; *les affaires* et *le déficit* se heurtent; le janséniste et le moliniste se dévorent; le philosophe et le jésuite s'entre-tuent; une guerre à mort est déclarée entre le péché originel et la grâce, la religion naturelle et la religion révélée, la musique italienne et la musique française, entre mademoiselle Sallé et la Camargo, entre Gluck et Piccini! Avec quelle ardeur la bataille est engagée! avec quelle frénésie la lutte se prolonge! Poëtes glorieux, poëtes sifflés! A cette bataille, où chaque combattant veut vaincre ou périr, se présentent, d'une ardeur égale, toutes ces forces inégales : le génie et l'audace, l'illustration et la honte, les barbares qui font de l'enthousiasme et des barbarismes, et l'élégant joueur de flûte qui souffle ses petits airs dans ses flûtes délicates. La lice est ouverte, et les honnêtes gens, amis de la vérité bien défendue, ont grand' peine à se défendre contre ces gredins, la plume au poing, qui disent : *Nous calomnions, voilà notre héritage !* — Ils y sont tous : l'épicier Gallet, et Collé, son confrère; — Rétif de La Bretonne, habillant la vertu du haillon fangeux des carrefours, et monsieur le comte de Buffon jetant sur de petits sujets, qu'elle décore, sa belle robe aux longs plis solennels. — Je vois d'ici le pauvre abbé Robbé déjeunant dans l'écurie du prince de Soubise, et le trop heureux bâtard de Chaulieu, l'abbé de Voisenon, *un des quarante* (c'est un barbarisme qui n'est fait que pour la bouche de ces messieurs!), prenant, à petites gorgées, son chocolat ambré, sous la courtine de madame Favart! Cherchez! Ouvrez! Poussez du pied les livres de cette bibliothèque où se tient Louison éperdue, et vous trouverez dans ce fonds commun de vanités affamées et de misères inassouvies, les plus vils détritus de la valise du colporteur : les *Contes moraux* dont Laïs ne veut plus; les histoires dévotes dont les dames de la place Maubert se sont soûlées; les pages souillées que le bourreau n'a pas brûlées par économie, et pour ménager le bois de ses bûchers! Damnation! néant! plagiats! enfants sans mère, et qui ne ressemblent même pas aux pères dont ils portent le nom!

Et maintenant qu'ils se sont gaudis dans cette mare au fumier, écoutez-les qui hurlent et se chamaillent dans ce cénacle burlesque où sont représentés les cercles, les clubs, les académies, les sociétés savantes, les tyrans du parterre et les tyrans du café Procope, appelé par corruption le café des beaux esprits. Écoutez les gémissements et les plaintes de ces malheureux que rien n'a pu satisfaire, ni la gloire dans ce qu'elle a de plus exquis et de plus charmant, ni la honte dans ce qu'elle a de plus affreux! Écoutez!... ce sont les bruits divers de ce siècle des épouvantes qui devait emporter tous les vieux siècles, dans son profane linceul! Voltaire ricane, et de son rire triste, il fait trembler la terre et le ciel ; Diderot éclate et tonne ; Rousseau rage ; la Dudeffant jase ; mademoiselle Aïssé fait l'amour, et mademoiselle Aïssé est la plus sage ; Fréron mord ; Gerbier plaide ; Linguet déclame ; Lesage sourit ; d'Alembert enseigne ; Montesquieu juge ; Dorat roucoule ; Thomas chante ; Lachaussée pleure ; Baculard beugle ; monsieur le baron de Grimm fait la cour à cette pédante, sans tetons et sans cœur, qu'on appelle madame d'Épinay; l'autre baron, l'Allemand, le vantard, le plagiaire, le fameux, le baron d'Holbach, cet étranger qui s'amuse à briser les autels du peuple qui lui donne un asile, mendie à ses parasites, un blasphème inédit qu'il puisse signer de son nom, et c'est à qui fournira à ce plagiaire bouffi, un gros blasphème contre un petit écu !

Cependant, le dernier Romain de ces années de tumulte et de deuil, hébété et perdu dans cette bagarre où Corneille eût perdu la raison, Jélyot de Crébillon joue avec ses chiens, monsieur de Moncrif avec ses chats, Crébillon fils avec ses danseuses; une espèce de paysan de haute encolure, un Normand de hasard, Marmontel, le rival du maréchal de Saxe et de Quinault, emprunte sans façon à celui-là ses poëmes, à celui-ci ses maîtresses ; Duclos écoute et se tait; un homme mort depuis longtemps déjà, qui est mort à temps, comme il a fait toutes choses, Fontenelle, un peu à l'écart de ce tumulte, rêve au moyen de s'enfuir, assez loin, pour n'être pas confondu dans ce chaos, et il remonte jusqu'à son oncle, Pierre Corneille, qui lui-même ne relève que de son collaborateur, le cardinal de Richelieu. Ah! poussières! plaintes! hurlements! trahisons! lâchetés! blasphèmes! n'êtes-vous pas le chaos?

Vous n'êtes pas même le chaos, vous en êtes à peine une servile copie! Car vraiment, pour être justes, il ne faudrait pas invoquer ici la fin du monde croulant, au bruit des trompettes du dernier jugement, la fin du monde épuisé, le dernier jour d'ici-bas...., le chaos définitif qui remplace l'ordre établi par la Providence divine, sur la terre et dans les cieux! Non, pour être juste, il ne faudrait pas comparer la nuit affreuse de ce dix-huitième siècle, aux ténèbres innocentes du premier chaos! Ces ténèbres que Dieu lui-même n'avait pas encore divisées d'avec la lumière, elles n'avaient jamais connu, jamais senti ni le génie humain, ce soleil d'ici-bas, ni la volonté divine, ce soleil de là-haut !

Allons, cette fois l'abîme l'emporte, et de nouveau les ténèbres et la lumière se confondent en nuit universelle ; allons, c'en est fait, ma pauvre et belle Louison, vous voilà perdue à jamais, rien que pour avoir respiré ces poussières ! Donc penchez-vous, tout à votre aise, sur ce gouffre béant, et parmi le peuple grouillant des cyniques, des satyriques, des révoltés, des faiseurs de pasquinades et des chanteurs de vaudevilles, rimant et ramant de compagnie, il vous sera facile — et c'est là que je vous attendais, — de distinguer et de reconnaître, au fer chaud qui lui sert de marotte, un certain drôle nommé Pangloss, le maître et le corrupteur d'une espèce d'imbécile, appelé Candide. Ce Pangloss, fils de la nuit et du hasard, est semblable à ce fils de l'empereur Marc-Aurèle que l'impératrice Faustine avait eu d'un gladiateur. Soyons vrais, ce drôle a du sang de Voltaire dans les veines, du sang de Voltaire mêlé au sang des coureuses de la rue qui ont allaité ce poupon sur le pas de leur porte de la rue Fromenteau, quand ces dames étaient dans l'exercice de leurs fonctions. Je hais jusqu'à l'exécration, ce docteur Pangloss, et je n'ai pas la force d'en rire ; il est corrupteur autant qu'il est corrompu ; il représente l'Encyclopédie en bloc, il est lui-même une encyclopédie en os et en viande, et quand je vois Candide, ce jeune homme, cet enfant, tomber entre ces mains souillées, il me semble que j'assiste au drame du petit oiseau, fasciné par le serpent. — Ce que Pangloss a fait de Candide, oserait-on le dire? Eh! Candide, c'est le peuple français confié à des gens qui rient toujours ; à force de rire, l'enfant arrive à dresser de jolis échafauds dans les rues. *Væ ridentibus!* dit l'Écriture : Malheur à ceux qui rient! Et les gens sérieux, donc, étaient-ils sur des roses? On a dit aussi que ce Candide avait épousé Cunégonde, c'est vrai, et qu'il fut trompé..... la belle affaire!

Cunégonde est morte, en regrettant les ruines de Lisbonne, et Candide seul et veuf, poussé par le diable et par son maître Pangloss, se mit à la poursuite d'une sienne cousine, plus jeune que lui de vingt ans, une folle, un bel esprit, une pédante, et presque un bas bleu, une certaine Héloïse, à qui sa virginité pesait autant qu'à Candide son veuvage; Héloïse, le voyant si pressé de la déshonorer et de faire une sottise, ne le laissa pas languir.

Voilà l'histoire *véridique* de Pangloss et de Candide; il n'y a que cela de vrai; tout le reste est apocryphe. Il n'y a pas de Saint-Preux, il n'y a pas de Volmar, il y a Candide et Pangloss contre Héloïse, deuxième du nom. Candide et Pangloss épousent Héloïse, un beau jour, sans notaire et sans prêtre, sinon un certain abbé Raynal qui débita, posé sur un pied, une espèce de messe à son usage, et cette messe fut servie en rechignant, par un petit enfant de chœur boiteux et lascif, qu'on appelait Talleyrand-Périgord. — Si la cérémonie religieuse fut courte, qui unit Candide, Héloïse et Pangloss, en revanche la lune de miel ne fut pas longue entre ces trois heureux mortels ; ils n'eurent pas une heure de bon temps. Candide n'était plus jeune, Héloïse était déjà vieille, et Pangloss était en paralysie. On dit que, traqués par leurs créanciers, couverts de taches, de trous, de malédictions, ils se réfugièrent dans un taudis de la rue Saint-Honoré, et justement dans la maison habitée par ce bon monsieur de Robespierre, un peu plus tard.

Ces mariés ne furent pas heureux, et pourtant ils n'eurent qu'un seul enfant. On disait cependant que monsieur Candide était impuissant, que madame Héloïse était stérile..... Eh ! plût au ciel !..... Un jour d'orage Héloïse fut grosse de Pangloss, et peut-être de Candide ; au bout de cinq mois (les monstres vont vite !) elle se délivra d'un enfantement énorme... le monstre nouveau-né s'appela Candide-Pangloss-Abeilard-Riquetti... Mirabeau !

CHAPITRE XV.

ARCADES AMBO!

Ces ruines, ces débris, ces poussières et ces délires de l'esprit humain, mêlés au désordre des sens, de façon que l'obscénité même servît d'enveloppe à tous les doutes; cet évangile de l'ironie et du blasphème que le dieu Voltaire écrit, de sa main sans pitié, sur les feuillets de l'Évangile éternel — il faut le dire à la louange de Louison — lui firent peur, honte et dégoût.

Elle était trop complétement, des pieds à la tête, une femme charmante, pour être si vite, un philosophe; si elle avait ouvert, au hasard, un ou deux de ces tomes dangereux, elle les avait refermés d'un geste énergique. En véritable fille d'Ève, elle se sentait poussée aux fautes pardonnables de la jeunesse passagère, elle avait une confuse horreur pour certains crimes du bel esprit. — Être aimée; obéir à tant de caprices agréables, faciles, charmants, elle pouvait s'y résoudre, à toute force; mais déchirer son catéchisme, briser son chapelet, marcher sur le crucifix, pour aller à la renommée, à la fortune, non pas, certes; on n'est pas abandonnée à ce point de Dieu et des hommes! On est belle, et l'on est chrétienne, et l'on abandonne à leurs tristes fureurs, ces philosophes de la négation universelle! — Oh! les affreux livres! se disait-elle, et elle prit la fuite dans le salon attenant au salon des livres; la pauvre enfant, elle était aussi tremblante en ce moment, et moins heureuse que la duchesse de

Chaulnes, le beau soir où, par la chatière complaisante, elle donnait au chevalier de Giac les premières arrhes de l'amour.

C'est ainsi que Louison sauva, de cette épreuve où elle devait s'abîmer tout entière, la meilleure partie de son âme. Elle avait à choisir, très-heureusement pour elle, entre les passions amoncelées dans cette enceinte dangereuse, et naturellement elle mit à part les passions à son usage personnel, laissant de côté, comme un bagage inutile, les doutes, les obscénités, les licences, les blasphèmes. Que lui font à cette belle ces géants qui escaladent le ciel, huchés sur l'épaule, celui-là de celui-ci? Elle donnerait tous les traités de philosophie, pour un conte d'amour. De toutes les sciences qui sont renfermées dans *l'Encyclopédie*, et même qui n'y sont pas, Louison n'estimait, et confusément encore, que cette science : l'amour. Elle en avait tous les instincts, elle n'en savait pas les principes; mais quelle école meilleure, et quel lieu plus favorable pour les deviner et les mettre à l'essai, ces grâces, ces parfums, ces larmes, ces sourires, et ces deux vertus théologales des coquettes de profession : patience et prudence, deux mots de grand profit en amour? Certes, le calme, l'ornement, la douce lumière et le silence de ces retraites dangereuses étaient propices à ces rêveries qui pesaient si doucement sur l'âme, sur l'esprit, sur le corps affaissé de cette belle fille, à peine armée d'un bracelet pour tout bouclier, *armilla*, disait Pétrone ; et pendant qu'elle accablait de ses mépris intérieurs ces grands hommes de la destruction universelle, à commencer par Diderot, à finir par le baron d'Holbach, elle respirait cet air galant à pleine poitrine; elle foulait, d'un pied nerveux, ces fleurs desséchées; elle sentait grésiller sous son talon brillant le pli de la rose provocante. Ou bien, à force d'entendre nier les miracles par ces débaptisés, elle faisait des miracles en sa pensée, et suspendue à ces guirlandes fanées, le souffle de son printemps leur rendait l'éclat, la couleur et la vie. Ah! vraiment, si le piége était double, un de ces piéges était bien tendu: Si Louison échappe à Voltaire, elle n'échappera pas à maître Hubert; si l'esprit se défend, la tête se laissera prendre, et c'est tout ce que veut prendre monsieur Hubert; il en savait plus long, le bandit, dans son petit doigt, que monsieur le duc de Richelieu, le chevalier de Fitz-James et monsieur de Lauzun, Lauzun deuxième du nom, ces grands corrupteurs!

Comment d'ailleurs eût-elle échappé à ces lacs? Elle en avait un morceau à la patte; elle tirait sa chaîne avec elle; à chaque pas, elle amenait son nouveau piége. A peine, en effet, sa fuite l'eut-elle conduite en cet arrière petit salon qui était jadis la salle de bal, et comme elle commençait à respirer plus à l'aise, et à secouer les flammèches tombées des hauteurs poudreuses de cette bibliothèque infernale, ô malheur! en portant de côté et d'autre ses yeux blessés de tant de violences, elle découvrit que ces murailles étaient ornées de trois ou quatre tableaux qui représentaient, en vives images, les drames les mieux faits pour proclamer les jeux, les bonheurs, les hasards, les vertus et même l'héroïsme de l'inconstance dans ce qu'elle a de plus sincère, de plus honnête et de plus charmant.

On voyait dans une de ces peintures, Alcibiade sur un vaisseau en pleine mer; dans le lointain apparaissaient les Cyclades brillantes; sur le flot calme chante l'Alcyon pacifique. Tout sourit à la barque légère, et sur la barque tout est fête, plaisir, chansons. Le bel Alcibiade présente en ce moment à son ami Axiochus, Léda, sa maîtresse; et la belle, une main dans la main de l'amant qui la quitte, l'autre main dans celle de l'amant qui la prend, semble pleurer et sourire tout ensemble. « On n'est pas meilleur que cet Alcibiade, et plus content que son ami, » se disait en elle-même la belle Louison.

Sur la toile opposée étaient représentés

Alexandre le Grand et son peintre Apelle, qui seul eut l'honneur avec Phidias de reproduire ce visage divin. Boucher lui-même, ce brillant artiste, qui se fût appelé Rubens, cent ans plus tôt, avait représenté le roi et le sujet, chacun d'eux dans sa beauté et dans sa force. « Ami, disait le prince à l'artiste, ma gloire a besoin de la tienne, et je ne veux pas que tu meures de tes chagrins d'amour. Tu aimes ma maîtresse Campaspe, je te la donne. Prends-la, et maintenant tu n'auras pas d'excuse, si tu dis que les modèles te manquent, pour représenter les beautés de *l'Iliade*, ce grand livre que je ne prête qu'à toi seul, et que je tiens enfermé dans la cassette de Darius. » Ainsi il parle, et vous pensez si le jeune artiste accepte, de toute son âme, cette récompense plus que royale. On ne voit même pas que la belle Campaspe soit trop mécontente de son sort. A ce changement de fortune, elle perd le plus grand roi de la terre, elle gagne un grand artiste. Et pourvu qu'elle soit reine, que lui importe? Illustre et trop rare dévouement des rois, lorsque parfois ils rendent aux amis du prince, les services même que les amis du prince ont rendus si souvent à leur majesté.

Louison n'était pas de notre avis : entre Alexandre et son peintre Apelle, si elle eût été la maîtresse de faire un choix, Louison n'eût pas hésité, elle eût dit au prince : « Gardez-moi, ou si je vous déplais, laissez-moi me donner moi-même. » Elle ignorait encore la toute-puissance du génie, et que Raphaël a traité plus royalement la Fornarina, que Louis XIV, dans toute sa gloire, n'a traité madame de Montespan ! Il y avait aussi, entre les deux fenêtres de cette salle de bal, une Stratonice de Lagrenée ; et soit que Lagrenée eût manqué de passion, soit que le jeune Antiochus en manquât, — « C'est pourtant une chose étrange, pensait Louison avec un certain dépit, que le père se dépouille ainsi pour son fils. » Il est vrai que le père était beau, et superbe. Il avait un faux air de M. le duc de Bellegarde, sous sa couronne d'or entourée de cheveux blancs.

Le quatrième et dernier tableau mériterait un long commentaire, et certes on ne pouvait guère deviner au premier coup d'œil, que cette admirable figure blonde, aux traits fins et délicats, était miss Young, la bien-aimée de lord Bolingbroke. Elle lui était si chère et si précieuse, en effet, que pour conserver intacts le frais émail et le vif animé de cette beauté dont il était si fier, il nourrissait de vipères les faisans de son parc; — le faisan engraissé de ce venin, favorable à l'embonpoint et à l'incarnat de la jeune miss, donnait à son visage une fleur d'éclatante jeunesse, à son âme enjouée un soupçon de malice, qui lui allaient à ravir. Un commis de lord Bolingbroke avait entrevu cette belle langoureuse, et, le pauvre garçon, il en avait perdu le boire, le manger et le travail. Il était pris; il était attiré, comme l'oiseau qui descend de branche en branche dans la gueule du reptile, fasciné par un charme. Ce n'était pas la femme qu'il aimait, c'était la couleuvre.

Il reconnaissait le serpent aux ondulations de sa taille légère, à la grâce engageante de son corps souple et délié sous cette robe de velours à ramage, à ces deux yeux brillants sous ces deux sourcils bien arqués, et qui suivent l'orbe de l'œil, comme la flamme suit la poudre qui brûle. Même les cheveux de cette tête vipérine, souples, déliés, entortillés, repliés l'un sur l'autre, enivrés de parfums et baignés de soleil, étaient semblables à la chevelure agitée de quelque Tisiphone naissante. —O les jolis serpents, cachés sous les fleurs de cette couronne! Il y avait aussi, pour ajouter aux tortures de ce malheureux homme, l'accent strident de cette voix d'argent, mêlée d'airain, qui tenait du sifflement de la vipère, et du roucoulement de la colombe. Le serpent n'a pas sifflé à l'oreille de notre première mère les folies que miss Young, sans le vouloir, chantait au cœur brûlant du premier commis du premier ministre... un si bon, si obéissant et si fidèle confident des volontés et des projets de son maître... A entendre cette voix fébrile, à voir briller ces yeux de serpent, l'âme était changée, l'homme était fasciné; le sage Pythagore était redevenu Euphorbe, Euphorbe amoureux et paresseux, l'un vaut l'autre; à la fin lord Bolingbroke s'aperçut des changements du dépositaire de ses conseils.

— Qu'est-ce? dit-il, à qui en avez-vous? et d'où vient, mon cher, que la politique, votre mère nourrice et la mienne, n'a plus de charmes pour vous?

— Je suis amoureux de votre maîtresse, monseigneur!

— Eh bien! reprit le ministre, prenez-la; je vous donne aussi ma faisanderie, et continuons notre travail.

De ce lord, de ce commis et de cette belle miss, nourrie de vipères, qui devait faire avaler à son mari tant de couleuvres, maître Watteau avait peint un petit tableau de sa fantaisie, tout à fait digne de servir de pendant à l'*Apelle* de Boucher.

Ah! Louison, ma pauvre Louison! voilà, en effet, des images bien dangereuses, des drames pleins de périls, des livres d'un enseignement fatal, et nous voilà bien loin des estampes de la légende dorée, des romans innocents de M. du Vair, de M. d'Urfé, de tous ces maîtres en la gaie science : Guillaume de Saint-Amour, Agrippa, Buchanan, Érasme et M. Le Camus, évêque de Belley, qui, comme on sait, a ramené Astrée du ciel.

Cependant elle avait beau se défendre encore, elle succombait, peu à peu, sous l'atteinte énervante de ces frémissements, plongée en un tel rêve que l'on en devient fou, si l'image s'envole. Entre ces histoires représentées *ad vivum*, elle hésitait... sans hésiter. Elle allait, de l'une à l'autre, donnant raison à tous ces héros de la jeunesse, à la maîtresse quittée, à l'amant nouveau, à l'amant perdu ; elle songeait aussi que le temps n'était plus où le berger Chrysostôme se mourait d'amour pour la belle Marcelle :

« Ce corps que vous regardez avec des yeux
« attendris, fut dépositaire d'une âme en qui
« le ciel avait mis une grande partie de ses
« dons les plus rares. C'est le corps de Chry-
« sostôme qui fut unique pour l'esprit et pour
« la courtoisie, extrême pour la grâce et la
« noblesse, phénix en amitié, généreux et
« magnifique sans calcul, grave sans présomp-
« tion, joyeux sans futilité ni bassesse; finale-
« ment, le premier en tout ce qui s'appelle être
« bon, et sans second en tout ce qui s'appelle
« être malheureux. Il aima et fut haï, il adora
« et fut dédaigné, il voulut adoucir une bête
« féroce, attendrir un marbre, poursuivre le
« vent, se faire entendre du désert; pour tout
« dire, il servit l'ingratitude, et le prix qu'il en
« reçut, ce fut d'être la proie de la mort, au
« milieu du cours de sa première jeunesse... »

Elle se rappelait confusément cette aventure, et songeant à Marcelle, elle se disait que si elle eût été la bergère, à coup sûr le berger

Chrysostôme ne serait pas mort. Dans l'intervalle de ses rêveries, elle voyait, tour à tour, Eugène et Hubert, et toujours Eugène ressemblait à Alexandre, à Alcibiade, à lord Bolingbroke; alors elle fermait les yeux pour échapper à cette vision décourageante. En ce moment, elle était à demi couchée sur un sofa jonquille, brodé d'argent, les yeux clos, son pied droit croisé sur son pied gauche, et sa main droite dans sa main gauche, frissonnante à ce contact. Elle songeait à toutes ces choses entrevues... lorsque, tout à coup... elle poussa un grand cri plein de frayeur. C'était Antiochus, ô ciel ! c'était maître Hubert, qui avait jugé le moment favorable, à l'accomplissement de ses projets. Il attendait, depuis le matin, l'heure du berger, et vêtu de l'habit de son emploi, dans l'élégant costume d'un berger que l'amour mène à sa bergère, il était entré sans faire grand bruit, par la fenêtre entr'ouverte. En ce moment, le drôle se tenait debout sur l'appui même de la croisée; il portait à la main une houlette; il avait mis à son chapeau un ruban neuf; il était vêtu de soie, et beau comme le beau jour, à travers le soleil, qui semblait son compagnon et son complice. En vérité, Noverre lui-même n'aurait pas imaginé un tableau plus frais de l'amour champêtre dans son ballet des *Défenses de l'Amour*.

Elle le regardait sans le reconnaître; à son procédé brusque et enjoué, elle le prit tout d'abord pour Aristée, le dieu des campagnes : *Un dieu habite ici!* s'écrie Homère en son *Odyssée*, et quelle femme n'a pas répété ce grand cri dans son cœur? A peine eut-il obtenu, d'un sourire, la permission de s'approcher, qu'il fut d'un bond aux genoux de la dame, effleurant à peine les pans soyeux de sa robe bien groupée. Ils furent longtemps à se regarder l'un l'autre, et sans mot dire. Ils en étaient encore à la contemplation muette, lorsque Eugène, qui revenait des champs, et qui les cherchait dans tout le château, finit par découvrir ce nid de colombes. Ce jour-là, Eugène était bien fier;

après une chasse haletante, il avait tué un blaireau qu'il apportait en grand triomphe à la belle Louison. — « Hubert! Hubert! disait-il, où est Louison? » et s'arrêtant, interdit, à l'aspect de cette marquise en grands paniers et de ce berger en habit de satin : — « Pardon, dit-il, pardon, madame!.... » Il laissa tomber sa bête aux pieds de la dame, en reconnaissant Hubert et Louison.

Louison, se rejetant alors du côté d'Hubert, et ramenant sa jupe de sa belle main dédaigneuse : — « Fi! dit-elle, voilà une vilaine bête! Prenez garde à ma robe, monsieur! » Hubert riait; Eugène, interdit, le regardait. On ferait, avec ce chapitre-là, une suite au fameux livre des *Trois imposteurs*. Véritablement c'était à ne plus croire à rien, non, pas même aux caprices de l'amour; et jamais plus légitime et plus complète satisfaction n'avait été donnée, que je sache, aux illustres sceptiques dont cette maison était remplie : Épicure, Démocrite, Lucrèce, Averroës. Jérôme Cardan n'a pas rencontré une preuve de cette force en son livre : *De Subtilitate;* Vanini, Cornélius Agrippa, Guillaume Postel, Michel Servais, Paracelse, Jean Bodin, Thomas Hobbes, Guillaume Collins, auraient eu grand besoin d'aller à l'école de cette fille indécise; Adrien Beverland l'eût placée en son jardin des Hespérides; Alexandre Roelle ne l'eût pas oubliée dans son *Histoire de la religion naturelle;* Palingène l'eût introduite, entre les gémeaux, dans son zodiaque de la vie humaine. Elle était faite à l'imitation de ces princesses malabares qui ont tant amusé les sceptiques. O sceptiques! vous voilà bien contents, parce qu'en ce moment la belle Louison hésite entre monsieur Hubert et monsieur Eugène. Avez-vous donc oublié que la belle Hélène à elle seule eut cinq maris : Thésée, Ménélas, Pâris, Déiphobe, Achille. O sceptiques, ce n'est pas un si grand argument que vous pensez, cette petite Louison !

Cependant elle fit bonne contenance — sauf le flagrant délit, les femmes s'en tirent toujours. Hubert fut moins habile, il laissa voir, sur son visage, un grand trouble, et Louison lui en sut mauvais gré, tout de suite. — « Au fait, dit-elle en regardant cet affreux blaireau, voilà un renard qui ne m'a pas l'air d'un abord facile, et vous faites quelques progrès. — On fait ce qu'on peut, reprit Eugène, et si j'ai tué cette bête-là, j'en tuerai d'autres ; je sens déjà que la passion de la chasse me monte au cerveau, et si je l'avais eue comme toi, Hubert, je ne serais pas resté à la maison, pour me déguiser en berger! »

Il était, disant ces mots, très-animé et très-ému. Louison ne l'avait jamais vu plus énergique et plus beau, et elle le suivait des yeux comme il marchait à grands pas dans le salon. Hubert restait debout, à sa place, son chapeau sur le front, sa houlette à la main.

Il y avait dans un coin du salon, un très-joli clavecin d'Hartman, orné de son tambourin et de ses clochettes. Eugène l'ouvrit, et d'une main habile il joua quelques préludes de Clémenti. Il jouait bien, il n'avait jamais dit mot de ce petit talent, et comme c'était encore une rareté, en ce temps-là, un bon musicien négligent et oublieux de sa musique, il arriva que Louison fut s'asseoir tout doucement à côté du clavier obéissant. A son tour ce fut Eugène qui se garda de la robe et des falbalas de Louison, et comme cette robe à grand frou-frou dérangeait quelque peu ses combinaisons harmoniques, il laissa la sonate qu'il avait sous la main, et il se mit à chanter, d'une voix gaie et tendre, une chanson contre les robes à retroussis :

>Sous un saule de la prairie,
>Un jour le jeune Collinet
>Aperçut la jeune Sylvie
>En jupon court, en blanc corset.
>
>Il s'approche et jette sur elle
>Un regard tendre et satisfait,
>En s'écriant : Ah! qu'elle est belle
>En jupon court, en blanc corset!

Louison, attentive, eût bien voulu que la chanson s'arrêtât là, et tirant à elle un fauteuil, elle sembla cacher la robe qui la gênait.

Eugène, impitoyable, reprit le cours de sa chanson :

> Sous une parure brillante
> Vénus n'aurait que l'air coquet;
> Ma Sylvie est si séduisante
> En jupon court, en blanc corset!

Il y avait à ce troisième couplet une ritournelle. Eugène appuya sur la ritournelle, et la chanson devenait un motet à deux voix, lorsque Hubert comprit qu'il perdait le terrain gagné. — « Laissons là, dit-il, ces sornettes, et puisque tu es un si habile joueur, fais-nous danser un menuet. — Vous le voulez bien, madame? dit-il en prenant la main de Louison, il y a si longtemps que nous n'avons dansé!.. » Et sans lui laisser le temps de répondre, il la conduisit au beau milieu du salon, dans l'attitude d'un beau danseur.

Ce pauvre Eugène était vraiment un maladroit. Tout à l'heure encore il était le maître de la position, encore une chanson, et Louison revenait à ses premières amours. Déjà elle avait oublié Hubert le berger, elle ne voyait qu'Eugène le chanteur, elle n'entendait que lui, quand tout à coup le voilà qui se met à jouer ce maudit menuet, à la louange et glorification de son rival.

Or Hubert était un merveilleux danseur; il avait la taille la mieux prise et la jambe la mieux faite. Un bras de fer, un jarret d'acier, et le drôle faisait valoir à merveille ses grandes qualités, acquises et naturelles. Cet habit de berger ajoutait sa grâce, à tant de grâces habiles, et Louison, se voyant mener à cette cadence par ce cavalier accompli, fut tout entière au menuet et à son danseur. Ils dansaient donc cette grande salutation, si propice à faire valoir l'élégance et la beauté de ces couples choisis dont se composait la cour du grand roi, pendant que notre imprudent musicien réglait, et soutenait, et animait de tout son talent, l'*avant-deux* de son rival. O le stupide! il porta la complaisance jusqu'à leur jouer une *allemande*, et même il était si fort occupé de sa musique, qu'il ne les vit pas passer et repasser dans les bras l'un de l'autre, et se sourire et se parler des yeux. — Eugène est un bon musicien, se disait Louison, mais Hubert est un beau cavalier.

La journée fut ainsi employée à ce petit drame des amants rivaux. Chacun paya sa part de ces grâces et de ces folies. Puis, quand l'un et l'autre des deux amis fut fatigué, celui-ci de danser des sarabandes, et celui-là de les chanter, on prit place au milieu du salon, dans trois bergères, et Louison : — « A mon tour, dit-elle, et laissez-moi payer mon écot; voulez-vous un conte, par exemple, un conte qui vaut la peine qu'on l'écoute : il renferme une leçon, un conseil et une consolation; la leçon, c'est qu'il ne faut pas médire de l'amour; le conseil, c'est qu'il ne faut pas trop s'y fier; la consolation, c'est qu'il y a toujours quelque chose à glaner dans ces déserts. » Et du fond de sa bergère elle se mit à roucouler l'histoire d'une sultane qui s'appelait *la Rose et la Can-*

nelle, et qui était la sultane favorite d'un jeune sultan appelé...

— Laissons le nom, dit Hubert, qui fit semblant d'être très-attentif.

— J'aurais voulu savoir le nom du sultan, dit Eugène un peu taquin, et qui s'appliquait à déplaire, comme s'il l'eût fait exprès.

— Nous l'appellerons comme vous voudrez, monsieur Hubert, reprit Louison. » Ainsi, grâce à sa maladresse, il arriva qu'Eugène fut passé sous silence, et que l'histoire entière fut adressée à son rival.

— Eh bien, reprit Louison, le sultan Amurath, jeune homme, avait à sa cour un vieux vizir à longue barbe, qui disait à son maître et seigneur : — Que Votre Hautesse se méfie de l'amour ; on ne fait rien de bon avec l'amour. Et ceci, et cela, contre l'amour, que le sultan en fut impatienté à la fin.

— Le vizir avait raison, dit Eugène.

— Le vizir était une bête, dit Hubert.

— Je suis de votre avis, monsieur Hubert,

reprit Louison en souriant, ce vizir était un sot, pour le moins. « Toujours est-il que la Rose et la Cannelle, la sultane favorite, ennuyée à son tour des ennuis du sultan, son maître :
— Voulez-vous, lui dit-elle, que je réduise ce vieux matou au silence, et de façon à ce qu'il ait de la morale jusqu'au nœud de la gorge ! Le voulez-vous ?

— J'y consens, répondit le sultan, mais aussi vrai que tu es la Rose et la Cannelle, prends garde, ô ma Rose, et sois prudente, ô ma Cannelle, le vieux matou en sait long.

— Laissez-moi faire, répondit la Rose et la Cannelle, en s'inclinant bien gentiment devant le sultan qui tenait son mouchoir à la main, et qui le mit dans sa poche, car c'était l'heure du conseil.

— Bon ! s'écriait Hubert, voilà qui va bien ! Et que fit la Rose et la Cannelle ? Partez, Rose ! revenez Cannelle ! n'est-ce pas ?

— La Rose et la Cannelle, reprit Eugène en toisant Louison, s'habilla comme une merveilleuse des *Mille et une Nuits*, et elle s'en fut à la conquête du vizir.

« Eh bien ! reprit Louison, où est le crime? Elle se fit belle, et quand elle se fut parée de son mieux, elle laissa venir le vieux vizir. Il vint, en effet, en homme malappris, et qui prend mal son temps. Il était de ces maladroits qui n'ont jamais l'air gauche ou bête, et qui arrivent chez une femme, le commandement dans les yeux. Rose et Cannelle n'eut pas l'air de le voir; elle le laissa venir, et, petit à petit, la bête féroce se calma. Quand il se vit tenu en arrêt par ce regard dédaigneux, il commença par saluer Rose et Cannelle, et à lui faire la révérence, comme fait un conseiller à M. le premier président, le jour de la messe rouge. — « Ah! disait-il, prenez pitié de moi, Rose de mon âme, venez-moi en aide, Cannelle de mon cœur! » Notez bien qu'il prenait sa voix la plus douce, et qu'il tenait ses mains jointes, pour dire à la belle, toutes ces jolies choses-là.

Il en dit tant, il en fit tant, que la Rose et Cannelle se mit à le regarder d'un œil plus humain. — « Seigneur, dit-elle enfin, si vous voulez me plaire absolument, vous vous mettrez à quatre pattes. — Bon! comme cela.

« Puis on attachera sur votre dos voûté, la selle en velours du cheval de Sa Hautesse. — Très-bien!

« Et maintenant, seigneur, ouvrez la bouche, et mettez entre vos dents le mors du cheval afin que je vous mène à ma guise. »

Ainsi fut dit, ainsi fut fait; et la belle sultane, sur le dos du vizir, faisant claquer sa langue et son fouet, criait : Hup! hup! hup! et le vizir de faire semblant d'aller au grand galop, en poussant de joyeux hennissements.

Même le vizir allait prendre le galop pour tout de bon, au moment où le sultan parut dans l'arène, et vous pensez s'il fut surpris de trouver son ministre en cet équipage. — « Y pensez-vous? dit-il à Rose et Cannelle, une bride, un mors et des étriers à mon vizir?

« Voilà comment, nous autres femmes, nous menons ces animaux féroces où il nous plait d'aller, disait la sultane en descendant de cheval. »

Et le vizir, se relevant sans honte : « O chef des croyants ! disait-il, avais-je tort de dire à Ta Hautesse : Méfie-toi de la femme ? Tu vois ce qu'elle a fait d'un homme à barbe blanche, vois donc ce qu'elle ferait d'un enfant ! »

Tel fut le récit de Louison ; elle avait, disant cela, le geste vif et le regard plein de feu ; elle défendait à merveille la cause et les droits des femmes : l'injustice ! Ainsi se passa cette journée, à trois heureux, et quand l'heure de la retraite eut sonné, pour tout ce monde : — Allons, dit Hubert, accompagnons notre dame et souveraine aux flambeaux, comme autrefois le soldat Duilius. J'ouvrirai la marche, et toi, Eugène, tu seras le caudataire de notre reine. Pardieu ! il y a des chevaliers de Saint-Louis qui rendent le même honneur à l'archevêque de Paris ! Louison, qui riait, les laissa faire ;

on ouvrit la porte à deux battants, Hubert marchait devant, un flambeau à la main, le visage tourné du côté de Louison, à laquelle il faisait les plus jolies mines! Venait Louison ensuite, et du pas majestueux de Junon elle-même; Eugène suivait, portant cette robe aux larges plis relevés de chaque côté! Ils marchaient dans ce bel ordre, et sans rire; ils firent le tour du gazon, en grand silence et très-solennel. Cette fois encore, Hubert eut l'avantage sur son camarade. Il réglait la marche; il se montrait à son avantage dans la clarté des flambeaux; de temps à autre il s'arrêtait pour voir la belle tout à son aise; il la contemplait d'un air riant, elle le lui rendait bien : sa belle bouche muette et ses beaux yeux éveillés disant tant de choses que ce pauvre Eugène ne pouvait pas voir!

Le vieux faune, qui dormait dans sa niche, fut réveillé en sursaut par cette promenade joyeuse; il pensa que c'était sa fête et qu'on venait le prendre pour le promener dans les blés. On ne pensait guère à toi, mon bon faune. A peine si Louison lui fit la nique, en passant. — Oui-da, se dit-il, voilà une fille qui se moque de nous, et il se mit à chercher dans sa vieille tête quelques-unes des épigrammes d'Euphorion de Chalcide que Tibère aimait tant. Cette fois le vieux faune fut trahi par sa mémoire rebelle; en vain il invoquait, pour répondre à la provocation de cette Parisienne enamourée, les poëtes oubliés, et Vénus, reine du monde, il ne put retrouver dans un coin de son cerveau fêlé, qu'un indigne *pont-neuf*. Eh! la vieillesse! A cet âge si chargé, les dieux eux-mêmes ne savent plus de chansons! Le faune de Pindare était à peine un chansonnier des Porcherons ; l'Athénien était redevenu le poëte des halles. Le mode lydien qui apaise l'âme, au dire de Pythagore, et le mode phrygien qui l'enflamme de colère, au dire d'Empédocle, hélas! n'étaient plus, dans la bouche de ce dieu retombé en enfance, qu'un flon-flon des grands danseurs du Roi.

C'était bien la peine, ô mon vieux marbre! tour à tour Athénien, Romain ou Toscan — d'habiter les temples ornés d'ivoire, et les jardins de Pæstum — d'avoir touché aux fruits de tant de saisons, aux fleurs de tant de couronnes, pour n'être plus qu'un marbre inerte, ébauché à la hâte, verdi par les hivers, et d'être réduit par l'âge, ô triste enfant d'Alcée et de Pindare, à ne plus chanter que les couplets de Gallet et de Collé! Il eût fallu voir, en ce moment, la honte et la douleur du pauvre dieu, affligé de cette rauque poésie, et se dandinant aux vives clartés que projetaient, sur sa tête chenue, la chevelure éclatante de Bérénice, chantée par Callimaque, et le doux flambeau que portait Hubert à l'encontre de Louison.

A ces lueurs favorables, Louison s'arrêta sur le seuil de son logis, et elle prit congé, la coquette et la savante! de son amoureux d'hier, et de son amoureux de demain, à la façon de Calypso elle-même, entre Télémaque et Mentor.

« Il est temps, » disait Calypso, et Louison disait comme elle, d'un petit air narquois, et de mauvais présage pour Mentor, sous la figure d'Eugène, « il est temps que vous alliez goû-
« ter la douceur du sommeil après tant de
« travaux. Vous n'avez rien à craindre ici,
« messire Hubert, tout vous est favorable.
« Abandonnez-vous donc à la joie, goûtez la
« paix et toutes les faveurs des dieux dont
« vous allez être comblé. Demain, quand
« l'Aurore avec ses doigts de rose entr'ou-
« vrira les portes dorées de l'Orient, et que
« les chevaux du soleil, sortant de l'onde
« amère, répandront les flammes du jour
« pour chasser devant eux toutes les étoiles
« du ciel, nous reprendrons l'histoire de vos
« malheurs. Je souhaite qu'un profond som-
« meil abrége, pour vous, cette nuit qui me
« paraîtra si longue. Qu'il me tarde de vous

« revoir, de vous entendre, de vous faire
« redire ce que je sais déjà, et de vous de-
« mander ce que je ne sais pas encore.

« Et vous, messire Eugène, allez avec l'ami
« que les dieux vous ont donné, dans cette
« grotte écartée où tout est préparé pour votre
« repos. Je prie Morphée de répandre ses plus
« doux charmes sur vos paupières appesan-
« ties, de faire rouler une vapeur divine dans
« tous vos membres fatigués, et de vous en-
« voyer des songes légers qui, voltigeant
« autour de vous, flattent vos sens par les
« images les plus riantes, et repoussent loin
« de vous tout ce qui pourrait vous réveiller
« trop promptement. »

Quand elle a ainsi parlé, la Déesse fait un beau salut aux deux compagnons émerveillés.

— J'ai bien l'honneur de vous souhaiter le bonsoir, mademoiselle, disait Eugène, le chapeau à la main.

— Bonne nuit, Louison! disait Hubert.

CHAPITRE XVI.

LA FILLE, L'ÉVÊQUE ET LE BRACONNIER.

C'est une chanson de l'*Anthologie* : « Éveille-
« toi, chasseur, ou la perdrix s'envolera ! »
Chacun la sait, de ceux qui savent tenir un
fusil ou lire dans un livre grec. Que de consolations dans le sommeil du chasseur, que d'espérances à son réveil ! Le soir on perd une
maîtresse, à la bonne heure, on tuera peut-

être un chevreuil, après-demain. Certes, la belle Louison avait été bien dédaigneuse et bien cruelle, hier, pour ce jeune homme, Eugène, au beau front, dont le nom glorieux restera toujours, quoi que vous fassiez, ô la belle des belles! écrit en traits de flammes au premier chapitre de votre histoire ; mais cette disgrâce, qui eût été insupportable à tout autre qu'à un chasseur, perdait beaucoup de sa cruauté s'adressant à un novice, tout animé de ce beau zèle. En si peu de temps de cet exercice excellent, qui fut un si grand préservatif pour le sauvage Hippolyte, Eugène s'était mis à aimer la chasse, hélas! presque autant qu'il avait aimé l'amour. Il aimait cette lutte ardente, et cette lutte habile à travers la plaine et les bois, qui rappelle les ruses de la guerre, et qui demande, ou peu s'en faut, un esprit aussi prompt, un coup d'œil aussi juste, une égale fermeté. A la chasse autant qu'à la guerre, il faut se lever avec le jour et combattre tout le jour, attendre l'ennemi et le prévenir, employer la ruse et la force ; s'il approche, frappez ! s'il attaque, défendez-vous ! Soyez patient et soyez hardi. Eugène avait appris peu à peu ce grand art, et il commençait à en comprendre tout le charme. Ce qui lui avait paru, d'abord, le plus rude et le plus cruel des sacrifices, lui semblait, à présent, le plaisir le plus vif qu'il eût éprouvé de sa vie. Il allait donc — tout dormait encore au château — à travers ces campagnes doucement réveillées, le fusil sur l'épaule, et suivi de son chien qui avait pris pour lui, enfin, une assez grande estime. Le temps était doux comme au sortir de février, les oiseaux chantaient en guise de défi ; la terre était calme et le ciel était paisible. Dans ces chastes plaines, la passion se taisait ; le chagrin d'amour se sentait apaisé. L'automne déjà se faisait sentir, on le reconnaissait à sa couronne de pampres rougissants, à l'entassement des fruits dans les corbeilles. Dans la forêt solitaire, le cerf bramait, appelant sa compagne indocile; au bord des ruisseaux, errants sur la mousse des collines, venaient se désaltérer les troupeaux au sortir de l'étable. Eugène allait ainsi, cherchant sa voie et sa proie, et plus heureux, certes, et plus tôt consolé que Properce le poëte, quand il a perdu l'ingrate Cynthie :

« Ami, disait-il, laisse-moi pleurer cette maîtresse tant aimée. Il n'y a pas, à mes yeux, de haines plus implacables que celles qui naissent de l'amour! Elle m'a quitté pour un autre, elle n'est plus à Properce! On ne dira plus, quand elle passe : *Voilà la maîtresse du poëte!* Hélas! tout change, et surtout l'amour. On est vainqueur, on est vaincu, c'est une roue qui tourne. Combien de chefs fameux et de rois puissants sont tombés! Thèbes a vécu, Troie à peine a laissé sa trace. Ingrate Cynthie! il me faut donc mourir en la fleur de mes années! Quand sa maîtresse lui fut ravie, Achille, insensible à la gloire, cesse de tourner contre les Troyens, ses armes désormais oisives. Rien ne l'émeut, ni les cris des Grecs fuyant en désordre sur le rivage épouvanté, ni la torche d'Hector embrasant leurs vaisseaux, ni le corps gisant de Patrocle déjà défiguré, ni sa chevelure souillée de sang et de poussière. Il ne songe qu'à Briséis, il n'appelle que Briséis ; seulement, quand elle lui est rendue enfin, il crie : Aux armes ! il se précipite dans la mêlée, et il revient ramenant le cadavre d'Hector attelé à son char.

« Eh! quoi, puisque le fils d'une déesse, armé par un ouvrier divin, a succombé sous le faix de ses douleurs, faut-il s'étonner qu'un simple mortel soit vaincu si facilement par l'amour? »

Mais Properce a beau dire, les lamentations du poëte romain ne convenaient guère à un jeune homme contemporain de Voltaire et de monsieur Diderot. Les amoureux les plus délaissés de cette époque galante ne prenaient pas l'amour au sérieux à ce point-là, et l'eau du Léthé était à meilleur prix sous le règne de Louis XV, que sous le règne de l'empereur Auguste. A peine si la mélancolie, qui est l'ombre et l'écho de la douleur, était trouvée en ce temps-là ; les plus amoureux, les plus abandonnés, les mieux trahis par Astrée ou Philis, dans leur plus vif et leur plus profond désespoir, se contentaient de concourir à quelque académie hardie, et qui fût en bonne posture dans quelque province savante, et ces cœurs blessés oubliaient leur douleur à courir la bague des beaux esprits dans cette arène complaisante. En a-t-on vu de ces amoureux transis, qui se consolaient des rigueurs ou des négligences de leurs maîtresses, à solliciter un regard de l'académie de Dijon, un sourire des poëtes de Lyon, une couronne des philosophes de Mâcon, ou tout simplement l'églantine des Jeux Floraux de Toulouse. Ah! dame Isaure, en a-t-elle consolé de ces infortunés qui avaient perdu leur Néère et leur Cynthie! Ou bien, si le mal était plus cuisant que d'habitude, et si la Néère en question était très-belle et la passion violente (le baron de Grimm, mis à la porte par mademoiselle Fel), alors, ma foi! l'amoureux inconsolable s'adressait, tout bêtement, à l'Académie française, la mère et le modèle de toutes les autres, et l'Académie mêlait ses lauriers et ses larmes aux larmes et aux lauriers du poëte qu'elle couronnait de ses mains. Alors, ô triomphe! notre homme s'en revenait glorieux et consolé. L'Académie française, en ce temps-là, c'était le saut de Leucade des amoureux et des amours.

De toutes les académies du monde, Eugène n'avait entendu parler que de cette fameuse académie de Dijon, qui eut l'honneur d'enseigner, la première, qu'il y avait, à tout prendre, une certaine inégalité parmi les hommes, que l'abbé Legris n'était pas l'égal du grand maréchal de Saxe, non plus que mademoiselle Compain la camarade de madame la duchesse de Noailles. On faisait naturellement bon nombre de ces sortes de découvertes dans les académies de province, et les couronnes ne manquaient pas aux gens de génie ou de bonne volonté qui se tiraient, par la tangente, de cette énorme difficulté : l'absurde dans la platitude et le commun dans le trivial.

Tout ce qu'Eugène pouvait savoir encore en poésie, c'était l'abbé de Voisenon célébrant l'absence d'Iris, c'était Dorat roucoulant sa peine à sa Délie, et le marquis de Pezay congédié par Thémire. Et comme ce sentier du bel esprit lui semblait un sentier facile à suivre, il allait par ce chemin-là, quand il ne songeait à rien, roucoulant une petite romance de sa composition dont il avait trouvé l'idée, l'infortuné ! dans le Shakspeare de monsieur Letourneur.

Comme je vous dis tout, je vous dis cette humble chanson que le galant murmurait tout bas, marchant à pas comptés, de crainte d'effrayer et de faire lever le gibier :

Le berger et la bergère,
    Oh! oh!
    Ah! ah!
Lui joyeux, elle légère,
    Ah! ah!
    Oh! oh!

Ils marchaient l'un près de l'autre,
    Oh! oh!
    Ah! ah!
Le drôle est un bon apôtre,
    Ah! ah!
    Oh! oh!

Ils disaient, d'une voix tendre :
    Oh! oh!
    Ah! ah!
Qu'il n'est pas sage d'attendre.
    Ah! ah!
    Oh! oh!

On les perdit dans l'espace ;
    Oh! oh!
    Ah! ah!
Quand la bergère fut lasse,
    Ah! ah!
    Oh! oh!

— Cher Collin, sous ce vieux chêne,
    Oh! oh!
    Ah! ah!
Si nous reprenions haleine,
    Ah! ah!
    Oh! oh!

Ce qu'elle lui dit encore,
    Oh! oh!
    Ah! ah!

Sa mère seule l'ignore.
 Ah! ah!
 Oh! oh!

Mais pourquoi rougir la belle ?
 Oh ! oh!
 Ah! ah!
A jouvenceau, jouvencelle.
 Ah! ah!
 Oh! oh!

— Mais demain? — Demain, qu'importe !
 Oh! oh!
 Ah! ah!
— Mon serment? — Le vent l'emporte!
 Ah! ah!
 Oh! oh!

Du printemps et du bel âge,
 Oh! oh!
 Ah! ah!
Ne pas user, quel dommage !
 Ah! ah!
 Oh! oh!

L'amour, une matinée...
 Oh! oh!
 Ah! ah!
Et trois brins d'herbe fanée...
 Ah! ah!
 Oh! oh!

Une fois lancé (vous savez que les poëtes novices ne s'arrêtent plus), nul ne pouvait dire à quel nombre insensé de ah! ah! de oh! oh!

il eût poussé sa chanson, lorsqu'à la lisière du bois, à l'endroit juste où s'arrête la verdure, comme la frange au bas du jupon, il rencontra..... un loup ? non, mais la grande Denise elle-même ; elle se tenait debout, appuyée à l'écorce d'un hêtre, et d'un regard attristé, elle suivait ce jeune homme et sa chanson.

Elle n'eut pas grand'peine à le reconnaître, elle l'avait vu souvent, par les champs, qui faisait son apprentissage de chasseur, et chaque fois elle avait évité de se rencontrer en son chemin. Pourquoi ? je l'ignore. Il était cependant le plus beau garçon de la contrée... avec Hubert.

En si peu de temps, le rude exercice et le grand air en avaient fait un vrai jeune homme d'une grâce toute virile ; le hâle même, qui est le vrai fard de la santé et de la jeunesse, ajoutait à sa beauté, une beauté nouvelle. Lui, de son côté, il l'avait à peine entrevue à travers sa bouderie et sa colère, et cependant il la reconnut d'un coup d'œil, à sa belle et fière prestance, à peu près comme Talestris, dans *Cassandre*, reconnaît Oronte à sa bonne mine. Hélas! la bouderie et la colère de la grande Denise avaient été aussi funestes à ce pauvre Eugène, que la colère d'Achille a été funeste aux Grecs et aux Troyens. Muses des guerriers, chantez la colère d'Achille! Muses de Sicile, chantez la colère de la belle Denise; elle a été pour le château de Fontenay toute une *Iliade;* elle a remplacé la bienveillance par la Discorde aux yeux pervers. Où était l'abondance, elle a mis la famine. Les quatre récréations (colère fatale!) ont été chassées par les quatre carêmes qui ont absorbé cette Troie, ardente à se détruire. Ah! Denise! ah! Denise! quand vous étiez heureuse et contente, étions-nous gais nous-mêmes, étions-nous heureux et contents! Que de sourires sur nos lèvres, que d'allégresse dans nos cœurs! Louison, en ce temps-là, était toute mienne, et mon ami ne songeait pas à me trahir. Ah! Denise! ah! Denise! pourquoi donc avez-vous emporté, au galop de votre âne, l'innocence de nos amitiés et la fortune de nos amours?

Ainsi parlaient, en leur éloquence un peu timide, les beaux yeux du jeune chasseur. Il y avait tant de reproche et tant de douleur dans ce regard ingénu, que Denise en fut touchée. Elle n'avait pas, non certes, un cœur de rocher enfermé dans ce sein de marbre, et elle n'avait pas attendu cette belle matinée pour faire son *mea culpa!* de cruauté et de vengeance. « Eh! quoi! Denise, se disait-elle, n'as-tu pas honte de faire de cette belle maison, cette maison de la faim dont il est parlé dans les histoires, dans laquelle on voit un père qui finit par manger ses enfants? » Voilà tout ce qu'elle en savait. Elle avait lu, dans un bleuet imprimé à Troyes en Champagne, par les célèbres presses de la veuve Oudot, l'histoire d'Ugolin, et ce drame terrible lui revenait en mémoire, toutes les fois qu'elle songeait à son ami Hubert; or, elle y songeait, pour le moins, vingt-quatre fois par jour, et chaque jour!

Bien souvent, sans s'en apercevoir, elle avait chargé l'âne et ses paniers, et tourné bride du côté de Fontenay; mais l'âne était rétif; il avait perdu l'habitude de ces courses connues, il lui en coûtait pour les reprendre, il se défendait, et Denise changeait d'idée. — A quoi bon venir en aide à ces ingrats? Ont-ils montré un regret, une pitié? M'ont-ils appelée et rappelée, quand je partais en les maudissant? Monsieur Hubert, qui devait courir après moi, a-t-il fait un pas? et cette demoiselle si bien tiffée et attifée a-t-elle dit une parole? Ils ont ri de moi, de ma colère et de mon âne. Ils ont fait pis, ils se sont passés de nous deux, mon pauvre grison, et quand tu n'y veux pas retourner, tu as plus de cœur que ta maîtresse! Ainsi elle s'agitait au milieu de ce cercle de feu, ainsi elle se torturait à plaisir. Son orgueil et sa fierté un peu sauvages se révoltaient à l'idée de rendre un service et un amour qu'on ne lui demandait pas.

Telle elle était; elle était tout d'une pièce,

et comme on dit, c'était à prendre ou à laisser. Mais quand elle vit, si matin, et si près d'elle, après l'avoir évité tant de fois, le jeune monsieur, l'ami d'Hubert, qui venait de quitter tout à l'heure, le château de ses rêves, de ses regrets, de ses vengeances et de ses convoitises, elle se trouva réjouie au fond de l'âme, et elle n'eut pas la force de fuir encore la présence de ce beau garçon qui lui rappelait ces chers souvenirs. Elle-même, comme elle était un peu sur ses terres, un peu chez elle, elle prit la parole et elle parla la première : — Bonjour, Monsieur!... comment va-t-on au château? dit-elle en rougissant un peu.

A cette question imprévue, on peut le dire, Eugène s'arrêta net, aussi étonné que si quelque plagiaire lui eût volé le meilleur couplet de sa chanson. Il rougit, il pâlit; il avait peine à contenir son indignation et sa douleur, qui commençaient à poindre enfin. Denise le regardait, émue et touchée de pitié, sans savoir pourquoi.

Il lui prit la main, et d'une voix qui allait à l'âme, il raconta (savait-il bien ce qu'il disait?) les trahisons de sa maîtresse, la perfidie et la cruauté de son ami. Il dit tout, car il ne voyait pas, l'égoïste ! que chaque parole de son récit était un coup de poignard qu'il donnait à la triste Denise. — « Ils s'aiment, disait-il, il s'aiment à présent; elle ne voit que lui, il ne voit qu'elle ; à peine s'ils me saluent à mon retour. Elle m'a appelé hier : *monsieur Eugène ;* il l'a appelée hier : Louison, tout court. Chaque matin on m'envoie à la chasse, et en voilà pour tout le jour. »

Son récit fut bien plus long que je ne puis le dire ; il raconta mille choses qu'il n'avait fait qu'entrevoir, et qu'il voyait, en ce moment, dans toute leur vérité. Il disait les mots, les accents, les regards, les sous-entendus, les rires. Il avait présente, absolument, la scène d'hier, quand Louison, qui s'était faite si belle, avait son berger à ses pieds. Ah ! le traître ! ah ! l'infidèle ! On savait maintenant

tous leurs piéges; on savait leurs trahisons et
leurs mensonges, à peu près comme, au quatrième livre, Énée, à force de raconter la prise
de Troie, a fini par se rappeler même le nom
du voisin Ucalégon. O mon Dieu! la reine de
Carthage était moins attentive au récit du
pieux Énée, et moins touchée que Denise elle-
même à la narration du naïf Eugène. A toute
autre femme que Denise, le récit des infortunes
d'Eugène eût paru peut-être un peu long :

Que me sert de savoir qu'Olympe est infidèle?

mais Denise était bonne, et *sensible*, (un
mot que je n'ai pas encore employé, dans tout
ce livre, où la couleur locale est poussée à
l'excès), elle était *sensible*, je le répète, et
qui plus est, elle était de moitié, et pour une
bonne moitié dans ce drame champêtre. Elle
aussi, elle savait compatir aux maux qu'elle
avait soufferts.... et qu'elle souffrait encore.
Elle laissa parler le pastoureau, tant qu'il voulut parler, sans l'interrompre de ses gémisse-

ments et de ses plaintes. Allons, courage, Eugène, et confiez-lui vos amours; allons, voici un cœur, tout grand ouvert pour recevoir vos peines et vos soupirs. En effet, on le regardait d'un œil si triste et si doux ; on l'écoutait en silence, on le plaignait tout bas ; on soupirait au récit de ces grands malheurs, et chaque regret soulevait cette jeune et forte poitrine où se cachait un si tendre cœur, et même, ô sympathie ! elle oublia, la belle Denise! d'ôter sa main de cette main qui serrait la sienne et — que chante encore la chanson?..... *La pitié n'est pas de l'amour !*

Le monde pourrait crouler, que ces jouvenceaux qui perdent leur temps, l'un et l'autre, à se prendre en pitié, ne songeraient guère à s'inquiéter de la fin du monde. Et vraiment, depuis quelques instants déjà, si la jouvencelle et le jouvenceau eussent été moins remplis de leurs propres malheurs, et moins occupés à essuyer ces larmes amères, ils auraient pu entendre, dans le lointain, comme un bruit sourd de chevaux qui arrivent au galop, de chiens qui jappent, de gibier qui fuit. Évidemment, la vaste forêt s'agitait sous une passion encore invisible, et quelque chose de violent allait surgir du fond de ces solitudes. En effet, monseigneur Alexandre-Amédée-Louis de Langeron-Thémines était en chasse, depuis le matin, et, monté sur un grand cheval anglais, il lançait, en ce moment, le plus beau cerf de la forêt, à la suite de vingt chiens courants.

Il faut vous dire, en courant aussi, qui était ce monsieur de Thémines. Il était le propre frère de l'évêque de Blois, et son nom dit assez un sang illustre, une maison noble, un rang considérable à la cour de nos rois. Il avait été soldat avant d'entrer dans les ordres ; enfant, il avait vu agir monsieur de Luxembourg à la bataille de Fleurus, et tant qu'il eut les armes à la main, on l'avait cité parmi les plus vaillants de l'armée, et au premier rang des vertsgalants de Versailles. Il avait vu naître, et grandir, et tomber autour de lui, tant de renommées et tant de gloires si diverses, qu'il avait fini pas se dégoûter tout d'un coup, même de la gloire et même de l'amour, et tel était le respect que l'on portait à son caractère, que dans ce siècle de sceptiques, personne n'avait osé sourire lorsque cette noble main, qui touchait au bâton des maréchaux de France, se contenta du bâton pastoral. Certes, il pouvait aspirer aux plus hautes dignités de l'Église, comme il eût pu arriver aux plus grandes charges de l'armée, mais c'était un esprit revenu de l'ambition, un cœur revenu des orages ; il était vieux et fier, et sa vieillesse ressemblait à ces hivers à la tiède haleine, où sous la neige, on voit les fleurs. On peut dire hardiment que les vertus de cet homme balançaient ses vices, et au delà. Pour tout dire, il était marquis des pieds à la tête, prêtre seulement par la charité. Il était évêque chez les infidèles, confesseur du roi à Versailles, chanoine à Notre-Dame de Paris, docteur en Sorbonne, prieur commendataire de Notre-Dame de Gournay-sur-Marne, comte de Champagne et de Brie, abbé assez irrégulier de la Sainte-Chapelle du Vivier. Même en ce moment il habitait le Vivier, où il venait, à l'automne de chaque année, chercher la campagne, le beau temps, la chasse, l'amusement et la santé. En ce beau lieu de sa prédilection, il entretenait le bon ordre, la propreté et la magnificence dans laquelle il se complaisait. Ajoutez une violence sans égale, un orgueil à l'infini, une ténacité incroyable à soutenir et à défendre ses droits féodaux; s'il avait raison, il était inflexible; s'il avait tort, il était sans pitié; il avait ajouté, aux armes parlantes de sa maison, une mitre et une épée, avec cette divise : *Stabo inter arma!* Toutefois, même dans cet excès de prospérité, d'honneur et de toute-puissance, il faut lui tenir compte des ennuis secrets et des tristesses cachées dans l'âme de ces vieux gentishommes; ils sentaient confusément que cette toute-puissance de tant de siècles échappait à leurs mains débiles, et que cette terre conquise dont ils avaient été les maîtres absolus, chancelante sous l'ivresse universelle, ne reconnaissait déjà plus, pour ses maîtres légitimes, les hommes qui l'avaient défendue, sauvée, arrosée et fructifiée de leur sang.

Il allait, disons-nous, à bride abattue ; la tête couverte d'un chapeau brodé d'or ; il portait un habit gris d'épine, à boutonnières d'or, et par-dessus l'habit, un manteau bleu ; il avait le poignard au côté et le fouet à la main ; il n'était pas seul, un sien ami l'accompagnait, un frère d'armes, monsieur le duc de Bellegarde, que nous avons déjà rencontré au château de Chenevierres, poussé d'un si violent penchant pour Louison.

Un grand espace séparait encore les chasseurs de la proie agile, et le cerf, aux pieds légers, gagnait du terrain, évidemment, lorsque messire Eugène, avisant cette grande bête encornée, au milieu de la plaine franchie, prit son fusil, et en présence même de la pâle Denise, qui voulait, mais en vain, arrêter l'imprudent, il frappa le cerf à l'épaule, et la bête s'en vint tomber, aux pieds même de la belle fille, à bon droit épouvantée. — Ah! disait-elle, qu'avez-vous fait là, monsieur! Fuyez vite et fuyez vite, ou vous êtes un homme perdu! Eugène, étonné et glorieux tout ensemble, ne comprenait pas que Denise prît si froidement sa victoire..... un si beau cerf!

De leur côté, quand l'évêque et l'officier général, son camarade, qui accouraient avec l'ardeur de leur passion favorite, entendirent soudain ce coup de fusil retentir dans la plaine indignée, ils se jetèrent, l'un à l'autre, un coup d'œil furieux. Quel était donc le téméraire qui osait aller sur leurs brisées? Quel était donc ce braconnier, si hardi que de tuer un cerf dix cors à leur nez et à leur barbe, en dépit du baillif et du baron? A moins que ce ne soit le roi en personne, s'écriait monsieur le duc de Bellegarde! — Ce n'est pas le roi, reprenait l'évêque, un roi de France tue et n'assassine pas son gibier. Et l'éperon au flanc de leurs chevaux, ils franchirent haie et fossé ; ils arrivèrent droit sur le cerf qui râlait encore, l'écume à la lèvre, une larme dans les yeux.

D'abord ils ne virent que ce meurtre étendu là, et ils s'attendaient si peu à s'emparer du meurtrier, qu'ils commencèrent à interroger Eugène et Denise : — Avez-vous vu les braconniers ? où sont-ils ? combien sont-ils ? Penché sur son cheval, M. de Langeron-Thémines semblait dévorer l'espace d'un regard furieux ; il interrogeait le moindre buisson.

Ces deux hommes, si calmes tout à l'heure, étaient possédés en ce moment d'une démence furieuse. On leur eût fait le dernier des outrages, ils ne se seraient pas abandonnés à plus de violence. Eugène en eut peur ; sa pâleur le dénonça, non moins que son fusil, qu'il tenait encore, tout fumant, à la main.

— Ah ! le voilà ! s'écria, le premier, monsieur de Langeron-Thémines, et peu s'en faut qu'il n'eût poussé son cheval sur cet enfant.

Monsieur de Bellegarde, à ce cri de fureur, tira son épée à demi, puis il la rejeta dans le fourreau. La grande Denise épiait ces deux hommes, et se plaçant devant Eugène, elle lui servit de rempart. — Des gentilshommes, disait-elle, des officiers-généraux contre un enfant! Elle les regardait, les bras croisés, la tête haute, et semblable à Minerve. Aussi bien, en moins d'instants que je ne mets à le dire, ces deux hommes rentrèrent en eux-mêmes, et l'on ne vit plus, au lieu et place de ces furieux, que deux cavaliers à l'air noble et sévère, plus semblables à d'honnêtes gens qui défendent leurs priviléges, qu'à deux chasseurs désappointés qui, pour une pièce de gibier, vont mettre tout à feu et à sang.

— Par mes éperons! s'écria l'abbé après un long silence, voilà, j'imagine, un drôle bien malappris, qui ne sait pas qu'il y a, par le monde un Langeron-Thémines, abbé et seigneur du Vivier, en Brie, accompagné d'un duc et pair, lieutenant général et capitaine des chasses du parc de Versailles. A la bonne heure, et puisque ce petit monsieur ne se contente pas de chasser les oies du frère Philippe, et de donner de l'esprit aux filles, en passant, eh bien! il apprendra à connaître et à sentir notre justice prévôtale. En prison, mon drôle, en prison! Nous avons de bons cachots au Vivier, et une fois sur la paille, en attendant la commodité de la chaîne de Brest, tu apprendras à réfléchir sur le *tien* et le *mien*, qui n'est pas ton fort, et à te faire une opinion sur les inconvénients des droits féodaux.

A ces mots, les gens de Monseigneur se précipitaient sur Eugène avec l'ardeur de la meute à la curée, lorsque l'évêque arrêta, d'un geste, l'empressement de ces messieurs.

— Tout beau, dit-il, j'entends donner à ce garçon une garde moins zélée et moins dure que la vôtre, Messieurs; et si je ne me trompe, voici une demoiselle qui me rendra bon compte de mon prisonnier. Çà, messire, il faut, ne vous déplaise, rendre vos armes, épée et fusil, à madame que voici. Et vous, ma chère, apportez-moi les armes de monsieur, et conduisez vous-même, et vous seule, mon prisonnier à ma bastille. Vous en répondez sur votre belle tête, ma belle enfant. Il dit ces derniers mots avec un sourire d'assez bon augure; et après avoir contemplé une minute ou deux d'un regard attentif et qui passait soudain de l'étonnement à la tendresse, ce jeune imprudent qui n'avait pas baissé les yeux, il poursuivit son chemin en ôtant son chapeau, pour saluer Denise, étonnée à son tour, du courage qu'elle avait montré! Ainsi fit le duc de Belle-garde, plus occupé de la beauté de cette fille que du crime de ce garçon. A l'exemple des maîtres, chacun salua en passant. — « Monsieur mon neveu, disait le roi Louis XV au duc d'Orléans, qui avait oublié de saluer une petite bourgeoise, il n'y a que les fils et petits-fils de France qui aient le droit d'être impolis avec les dames. »

Et Denise et le prisonnier, restés seuls,

s'acheminèrent, bien tristement et bien honteux, l'un et l'autre, du côté de ces vieilles tours féodales qui se montraient, menaçantes, dans le lointain. Plus d'une fois, le capitaine et l'évêque retournèrent la tête pour revoir cette fille et ce garçon. Monsieur de Thémines était tout pensif; monsieur de Bellegarde tout joyeux de sa quête, chantonnait entre ses dents cette petite chanson qu'il avait apprise aux mousquetaires noirs :

> Nul ne doit aller au bois
> Sans sa compagnette.....

Et enfin toute cette illustre compagnie, hommes, meute et chevaux, reprit sa course haletante du côté du Vivier.

CHAPITRE XVII.

L'APOCALYPSE DU VIVIER.

Certes, pour l'homme oisif qui profite de l'été de la Brie, et qui marche au hasard dans ces bois, dans ces plaines, entre Chaumes et Tournan, la haute Borne et Renouilleux, c'est une grande admiration de se trouver tout à coup en présence d'un chef-d'œuvre, oublié par le moyen âge héroïque et chrétien dans cette terre plantureuse, et plus féconde en riches moissons qu'en monuments rares et précieux : la Sainte-Chapelle du Vivier en Brie.

Le voyageur, à l'aspect sévère et calme de ces tours chancelantes, de ces donjons restés debout, de ces fragments précieux, sauvés naguère par la fortune et les loisirs d'un membre illustre du barreau de Paris [1], se demande à quelle histoire imprévue il a été conduit par sa bonne étoile? Perdu dans ces domaines silencieux, charmé par le bruit consolant des moissons fécondes, enivré à la douce odeur qui monte des jardins, des vergers, des prairies : réséda, pêche et sainfoin, et sous ses yeux, sur sa tête immobile, ces ogives fières et brisées, où se joue, en mille images bleu d'azur, la douce lumière d'un beau jour...

— Où suis-je? dit-il, à qui ces murailles? Quelle fée ou quel enchanteur m'a transporté dans ces régions de la vieille monarchie, et par quel miracle, au milieu de ces plaines

---

1. L'éloquent et à jamais regrettable M. Parquin, le propriétaire et le sauveur des belles ruines du Vivier.

splendides où la blonde Cérès agite ses épis dorés, ai-je vu surgir ces antiques murailles dont l'ombre, élancée et légère, se balance au milieu de ces lacs enchantés? Cependant on fait un pas, on en fait mille, on veut voir de ses yeux, on veut toucher de ses mains, ces demeures antiques des rois de France et des princes de l'Église, et bientôt vous arrivez au seuil hospitalier de ces demeures féodales.....

Rien n'est plus vrai, ami voyageur, qui venez de franchir, — par les saulées, la rivière d'Hières et le ruisseau de Bréjean, — vous êtes dans les ruines de ce fameux château du Vivier, *Vivarium in Briâ*, dont les chroniques sont remplies; murailles souveraines où l'Église et la guerre, la royauté et l'amour, ont laissé des traces encore évidentes, en dépit du mois de mai. Mai revient chaque année apporter à ces pierres stériles et consolées leur manteau printanier de lierre, de fleurs grimpantes et de verdure çà et là ramassés dans les recoins de ce vallon paisible qui s'en va, du nord au sud, à travers ces pentes fleuries. Eh! ni le printemps qui décore ces murailles, ni l'hiver qui les dépouille, et tout ce que l'année apporte et remporte à son déclin, à son aurore, et même le temps qui ravage toutes choses, et la révolution française, plus violente que les siècles, et la race humaine, acharnée à détruire avec rage ce qu'elle a adoré avec crainte, n'ont pu venir à bout de ces vestiges du monde féodal.

De ces hauteurs, la royauté et la croyance descendent et remontent, sans cesse et sans fin, pareilles aux aigles et aux vautours, qui, les ailes étendues, se précipitent du haut de ces créneaux sur le vallon paisible où fut leur forteresse et leur église. — O siècles, restés si jeunes, dans ce monde que l'orage a frappé! O vallons éclatants de lumière! — Même, quand la nuit tombe du ciel radieux, on voit encore ces clartés divines se prolongeant au sommet de ces tours que la foudre a noircies. Qui que vous soyez, foulez avec respect ces traces effacées de tant de princes Valois et Bourbons! Ils ont foulé ce sol agreste, les uns et les autres, les fous et les habiles, les amoureux et les chrétiens, Charles V, qui était la sagesse même et la même gloire, et Charles VI abîmé dans sa misère... On voit encore les vestiges des garde-fous, élevés sur le bord de ces étangs où le roi infortuné suivait, d'un regard éteint comme son esprit, l'ombre vacillante du soleil à son déclin !

Ainsi le château du Vivier fut longtemps une force, une gloire, et quand enfin la royauté française eut rempli, tout à son aise, ces nobles murailles de ses grandeurs et de ses misères, elle laissa à l'Église qui les prit à son tour, ces fossés, ces tourelles, ce palais, ces domaines ; les hommes d'armes, le mousquet sur l'épaule, furent remplacés par les moines, la bêche à la main ; vint ensuite l'aumône après la violence ; après le blasphème la prière, et l'on vit même ces tours superbes abaissées par la charité. La *tour quadragulaire* appelait, sous ses voûtes, les vieillards et les infirmes ! Où se dressait le donjon, s'éleva la chapelle, œuvre excellente ! A cette heure encore on retrouve, à travers le gazon clair semé, les vestiges éloquents de ce lieu de prière et de recueillement. Hélas! ce qui reste ici, c'est la mort qui l'a oublié! Sous les dalles sonores, entre la marguerite des prairies et l'anémone des montagnes, apparaissent encore au regard attentif tant de noms éteints sous leurs armoiries mutilées; la voûte sublime a disparu, elle est remplacée par la voûte même des cieux, diaprée de toutes les constellations bienveillantes qui se laissent approcher des mortels. On entrait jadis, en ce lieu béni, par un arc de triomphe resté debout; de chaque côté de la muraille respectée, éclate et brille, encadrée dans la pariétaire vagabonde, l'ogive magistrale des hautes fenêtres; aux sommets vides, se voit encore, assise en l'air diaphane, la tribune royale où le roi se tenait à genoux.

La chapelle du Vivier avait été fondée par la piété du roi terrible Louis, onzième du nom, et dédiée à la sainte Vierge.

Elle est tombée; — elle n'a plus d'abri que

l'ombre des hêtres, cette fière chapelle qui avait, pour l'abriter et pour la défendre, la *tour du Sud*, — elle porte encore l'écusson de Jeanne de Navarre ; — la *tour du Nord*, bâtie par Philippe le Bel; la *tour de l'Est*, où revenait l'âme errante de Louis le Hutin.—Ils ont passé par ces murs, ils se sont courbés à cet autel ces princes de nos chroniques, semblables à des poëmes de pierres : Philippe le Long, Philippe de Valois et Jean son fils. Isabeau de Bavière a dormi dans ces chambres croulantes; sur ces remparts dévastés, Nesle et Coucy, Jean sans Peur et Dunois ont déployé leurs étendards. Par cette porte a passé le connétable de Clisson ; dans la cour d'honneur a été reçu Bertrand Duguesclin. Ici la trace romaine se rencontre à côté de la trace féodale..... Un jour, sous le cercueil d'un abbé on trouva... une coupe; elle était posée sur la main d'Hygée elle-même ; on lisait au fond de cette coupe des festins, un conseil que donne Horace aux enfants d'Épicure : Hâte-toi de vivre, *Carpe Diem,* et sur l'onyx brillante : *Lætitia Augusti,* à savoir : « Ceci est la joie de l'empereur ! » Le jour de cette trouvaille heureuse, le roi de France but dans cette coupe éteinte : à la santé de sa joie, Agnès Sorel !

Même dans son abandon, au moment où s'achève notre idylle indolente, la maison du Vivier était restée une riche et puissante maison, et qui avait conservé des restes précieux de son antique fortune. Le parc et la forêt d'Armainvilliers étaient de sa mouvance ; elle possédait, dans le Vexin français, la seigneurie du Tertre, confisquée sur un sujet rebelle, Jean de Rouvray ; ajoutez les redevances de Chaumes, les faisances de Tournan et de Renouilleux, la baronnie de la Grange, les maisons et terres de Villegenard, et tant d'autres biens : bois et prairies, terres et villages, fours et moulins, droits de champar (*pars campi*), cens et rentes, domaines et justices, seigneuries et métairies, étangs et fontaines. C'était une fortune et une force cette abbaye.

Ses archives étaient pleines de titres authentiques, de la main des rois et des pontifes ; ses chambres regorgeaient de vaisselle d'argent et de vaisselle d'étain, plus brillant que l'argent ; ses caveaux étaient pleins de vieilles bouteilles ; ses celliers de vendanges ; de fourrage ses greniers; de monnaies et de médailles son trésor ; — sa chapelle se pouvait comparer, pour l'ornement, et pour la majesté des saintes reliques, à la sainte Chapelle de Paris, fille de saint Louis.

Dans le trésor de ces princes d'une église cachée dans les bois, les fidèles venaient adorer un morceau de la vraie croix, enchâssé dans l'or et le cristal. Aux jours solennels, quand la chapelle haute et la chapelle basse resplendissaient de l'éclat des cierges, dans leurs chandeliers de vermeil, quand l'encens s'exhalait jusqu'au ciel, de tous les encensoirs, quand l'orgue, touché par une main savante, remplissait l'écho de ses mélodies, quand la chapelle de la Vierge, chargée d'épis et de pampres verts, des promesses exaucées et des espérances certaines, était entourée des quatorze chanoines du Vivier, dans leur grand habit de soie aux broderies étincelantes, qui les faisait prendre pour autant d'évêques, arrivés de Saint-Pierre de Rome, il était facile alors de se rendre compte de cette puissance évanouie.

Ces quatorze chanoines vous représentaient autant de seigneurs, assistés de leurs vicaires et de leurs clercs. Chaque homme qui venait s'agenouiller, à cette place, était un vassal du Vivier; au-dessus de tout ce monde prosterné à l'autel, arrivait aussi, la mitre en tête, la crosse à la main, le Saint-Esprit sur la poitrine, et au doigt l'anneau du pêcheur, l'abbé commendataire, le bras ecclésiastique et le bras séculier tout ensemble, absolu comme prêtre, absolu comme seigneur, roi de ces domaines et de ces quatorze tours qui semblaient s'incliner sur son passage. — Cet abbé, disons mieux, cet évêque, au niveau des plus grands seigneurs et terriens ecclésiastiques, marchait à l'autel comme il eût marché à la bataille, la tête haute et d'un pied superbe, précédé, comme le roi lui-même, d'un capitaine des gardes, porteur du bâton noir et blanc. Ainsi s'avançait, aux jours de fête, à travers ses peuples prosternés à ses pieds, monseigneur de Langeron-Thémines, le dernier abbé, le dernier roi de ces tourelles, de ces trésors, de ces justices, de ces grandeurs.

Il aimait le Vivier autant que le cardinal d'Est cette abbaye de Châlis où le poëte écrivit les plus beaux chants de sa *Jerusalem delivrée*.

« Le palais du soleil était porté sur des colonnes d'or, » s'écrie le Tasse en son enthousiasme pour l'abbaye de Châlis. A son tour, monsieur de Thémines répétait souvent, avec saint Ambroise : *Domine, dilexi decorem domus tuœ*. « Seigneur, j'aime par-dessus toutes choses la grandeur et la beauté de ta maison ! » Ainsi il y venait chaque année, attiré par le soleil, le plaisir, le beau temps, la santé de l'esprit, l'harmonie de l'âme, la santé du corps, les faciles sommeils, le souffle des vents, les sources d'eau vive, et ce beau lac profond où il glissait, sur une barque à deux rameurs. Il ne venait pas seul en ce lieu de sa prédilection ; il amenait avec lui, du sein même de Versailles, envieux et jaloux de sa fortune, la vie et la fête, le bruit et le mouvement, compagnons assidus d'un grand seigneur riche, oisif, bienveillant, et revenu des grandes vanités.

Il passait six semaines, chaque année, à cette ombre propice, entouré d'amis et de respects, recevant les dames, les poëtes et les chanteurs ; très-occupé des plaisirs de la chasse bruyante et du plaisir silencieux de la pêche ; il tenait un fusil en vrai soldat, une ligne en vrai docteur de Sorbonne ; et comme les jours de sa jeunesse étaient pour ce galant homme autant de souvenirs, rien n'avait empêché qu'il ne plaçât, au chevet de son lit, l'image de saint Augustin, entre mademoiselle de Lucenay et le grand prieur de Vendôme, qui avait été son premier général :

— En voilà trois, disait-il en les désignant, qui peuvent se vanter de m'avoir fait passer de mauvaises nuits! Avant d'entrer dans les ordres, il avait voulu être un théologien avec la même ardeur qu'il avait été un vaillant capitaine, et la *grâce* ne l'avait guère moins inquiété que le testament du roi d'Espagne. C'est monsieur de Langeron-Thémines qui, dans les jours de la semaine sainte, se déguisait en capitaine de dragons pour aller à confesse, comme si l'habit militaire lui eût fait rencontrer un confesseur plus indulgent et une absolution plus facile. C'est lui aussi qui avait remarqué le premier, et la remarque avait fait du bruit dans l'Église, que l'esprit des divers ordres religieux se reconnaissait facilement à l'*Introït* de la messe, célébrée en l'honneur de leur patron. — Quant à moi, disait-il, je ne sors pas de l'*Introït* de nos frères les Cordeliers, le jour de Saint-François : « Les uns et les autres, réjouissons-nous dans le Seigneur! *Gaudeamus omnes in Domino !* » Il aimait la saine gaîté, le bel esprit et le bon vin ; il était grand aumônier, et sa main était ouverte à qui l'implorait ; il avait l'habitude de parler simplement et d'aller droit au fait ; c'était un de ses gestes familiers, de porter la main à l'endroit du baudrier pour le remettre en état, et il ne pouvait guère s'habituer à ne pas retrouver l'écharpe et l'épée du lieutenant général sur l'habit violet du prélat.

Mais, pardieu ! monseigneur de Langeron-Thémines, abbé commendataire du Vivier en Brie, était de bien méchante humeur le jour où il rencontra notre braconnier en son chemin. Il revint à son logis sans mot dire, au galop de son cheval, et, jetant la bride à son écuyer, non sans lui avoir donné ses ordres à voix basse, il prit le chemin des étangs. Il marchait la tête pensive et d'un pas sérieux. Qui l'eût vu en ses contemplations intérieures, l'eût pris de loin pour un prêtre du sang d'Aaron et de l'ancienne ordination, qui médite la loi où il est dit : *que le blasphémateur sera lapidé hors du camp.* Il monta ainsi jusqu'au dernier de ces trois étangs qui se déversent l'un dans l'autre, et sur le banc de pierre où cette eau silencieuse vient aboutir, il finit par s'asseoir. Son front était chargé de nuages ; son regard attristé semblait contempler ce lac, ces collines, ces tourelles, tout cet ensemble de grâce et de force, sous le soleil couchant, comme s'il eût vu toutes ces choses, dont il était le maître absolu, pour la dernière fois.

Heureusement il n'était pas seul, et grâce à son compagnon, qui l'avait suivi jusque-là, ses idées funèbres eurent bientôt pris un autre cours. Ce compagnon, cet ami de monsieur de Langeron-Thémines, nous l'avons déjà rencontré sur la terrasse de Chenevierres, c'était monsieur le duc de Bellegarde en personne. L'abbé et lui représentaient, dans le siècle et l'Église, deux amis qui ne s'étaient jamais quittés. Ils avaient fait ensemble leurs premières armes à la guerre, à la cour, en amour ! Ils avaient vécu des mêmes passions; la même ambition généreuse les avait poussés tous les deux ; ils avaient occupé les mêmes charges, ils s'étaient trouvés aux mêmes batailles, ils avaient rêvé, plus d'une fois, et présenté à la même femme, leurs vœux et leurs louanges ; ils professaient les mêmes croyances au fond de l'âme; ils portaient les mêmes ordres sur leurs poitrines, et dans cette ardente rivalité de chaque jour, ils n'avaient jamais trouvé un défaut dans l'amitié qui les unissait. Ah ! c'étaient là deux braves, deux honnêtes cœurs, l'un disant à l'autre : Seigneur, donnez-moi, vous-même, ce que vous me commandez, et commandez-moi ce qui vous plaît !

Le changement soudain qui s'était opéré dans la vie et dans la fortune de monsieur de Langeron-Thémines, sa retraite dans l'Église, et le casque du brillant capitaine remplacé par la mitre abbatiale, ne troublaient en rien l'amitié réciproque de ces deux hommes; — seulement le duc de Bellegarde était resté jeune, pendant que le nouvel abbé du Vivier, prenant au sérieux ses fonctions nouvelles, avait tué, comme on dit, *le vieil homme*, c'est-à-dire : le vieil homme est mort, adieu la jeunesse ! Adieu l'esprit, adieu la grâce et le sarcasme; adieu à la grande ville qui commande à tous les rois de la terre; adieu Babylone, ô coupe impie ! où s'abreuvent d'abominations tant de peuples qui se sont perdus pour avoir bu de ton vin ! Quant à monsieur de Bellegarde, il était loin de trouver que pour lui la coupe fût épuisée; il en recueillait avec délices les dernières gouttes, et même de la lie odorante et suave encore, il se fût enivré au besoin.

D'ordinaire, il était plein de bons mots, de bonne humeur et de rencontres heureuses, parlant légèrement plus la chose était grave; en ce moment pourtant, il vit son ami si triste et si malheureux, qu'il oublia de rire en lui prenant la main, assis à ses côtés.

— Qu'avez-vous, lui dit-il, monseigneur ? Nous étions de si bonne humeur ce matin : l'air était si doux, notre cheval était si vif, Armainvilliers ne nous avait jamais paru plus touffue et mieux peuplée. A qui en avez-vous, monseigneur, mon ami, que tout d'un coup vous soyez devenu si sombre, et de quel droit mon aigle vigoureux n'est-il plus qu'un hibou? Voyons, parlez, expliquons-nous. Dites-moi d'où vient le mal. Et moi aussi, je suis Jean, votre frère, et disposé à partager toutes vos tribulations : *Ego Johannes, frater vester, particeps in tribulatione.*

— *Et regno*, ajouta monsieur de Langeron avec un sourire. » Telle est, en effet, la toute-puissance de la bonne humeur, qu'elle se communique à toutes choses, et même à la tristesse de l'homme gai.

— Bon, ça! reprit monsieur de Bellegarde, on sourit, on sera désarmé bien vite. Que diable! j'ai beau chercher ce qui vous fait triste, je ne trouve rien, sinon ce jeune gars qui tue un cerf à double tête et à notre double barbe. En foi de quoi j'aurais vraiment, moi aussi, de quoi m'attrister; cependant, s'il faut être franc, mon compère, je ne donnerais pas la rencontre de ce drôle, pour tous les cerfs de la forêt.

— Duc de Bellegarde, reprit monsieur de Thémines, connaîtriez-vous ce jeune homme, par hasard?

— Si je le connais, mon maître!... Il y a six semaines que je le cherche et que je l'appelle à cris et à cors. Si je le connais! Il a emporté avec lui mon repos, mon sommeil, mon espérance, ma santé, ma maîtresse, ma jeunesse et mes amours, et malheur à toi, petit déserteur, insigne menteur, gredin révolté, qui pousses, par ton exemple, les peuples à la révolte, rebelle à la parole de Dieu... *O filii mendaces! o filii desertores!...* Et monsieur de Bellegarde acheva sa citation.

— Où l'avez-vous donc rencontré? demanda l'abbé, déjà très calme et très-attentif.

— Je l'ai rencontré... sur la grande route d'un certain château, tout battant neuf que s'est bâti, sur le coteau qui mène à Ormesson, le petit Chenevierres. Mais vous ne connaissez pas ça, marquis, et le maître et le château vous représentent deux champignons qui n'étaient pas poussés de votre temps. J'étais là en assez piètre société, j'en conviens, mais on s'y amuse. On y fait ce qu'on veut; on y mène qui l'on veut; on est mieux que chez soi! J'y avais conduit la vieille Zoé Marchais pour faire ma cour au valet de chambre de Sa Majesté, lorsqu'à l'heure du dîner, ah! marquis, si vous saviez, du haut de cette terrasse! si vous saviez la rare beauté qui s'est offerte à nos yeux éblouis, et quelle reine, assise sur son trône de paille fraîche, nous avons proclamée! O la merveille! une fille de dix-sept... dix-huit ans, tout au plus; habillée en perfection d'une robe de rien, une belle jupe à ramages, et coiffée!... une taille, un visage, des pieds, des mains, une vraie princesse de Tarente! Aux côtes de cette belle, grande, superbe, dominante et dominatrice créature, se tenait, le croirez-vous? ce même jeune homme, ce même braconnier de tantôt, l'alpha et l'oméga de cette fille, et ce jeune bandit avait l'air de nous narguer et de nous dire : Je suis le premier et je serai le dernier ! — vous le savez, on ne doute de rien à cet âge. — Ils allaient donc, sans nous voir, et aussi fiers et aussi contents l'un de l'autre que s'ils eussent porté une cuirasse de feu et d'hyacinthe, lorsqu'un accident survenu à monsieur leur cheval les a jetés net, à notre portée, et chacun a pu dire à cette fille, avec le prophète Isaïe : « Oh ! la laide ! on voit ta honte, on la sait, et que tu vas te plonger dans les délices ! « En effet, elle se mit à rougir, à pâlir, à soupirer, et moi j'eus pitié de la brebis égarée, et je lui proposai de la ramener à mon bercail. Même, sans fatuité, monseigneur, elle fût venue à moi, si ce jeune bandit, que Dieu confonde avec ses cheveux bouclés ! ne lui eût pas jeté un sort.

Le bonhomme Isaïe a raison : « Voilà ta brebis, elle se laisse traîner au meurtre sans ouvrir la bouche. » Hélas! j'avais beau prier et supplier, et montrer à cette égarée la lumière qui vient de Versailles, à peine si elle m'adressa du bout des doigts, un baiser qui s'est perdu dans le nuage, et je n'ai plus revu ni l'amoureux, ni l'amoureuse; ils ont disparu au détour du chemin, — se promettant tout bas, à mon dam et préjudice, toutes sortes de discrétions. Depuis six semaines mon service m'a retenu à Versailles, j'ai patienté ; ne fallait-il pas donner à ce grand feu le temps de s'éteindre? Enfin me voici libre, et depuis déjà trois jours je cherche monsieur, pour avoir des nouvelles de madame; et voilà pourquoi il faudrait nous réjouir plutôt que de nous attrister, monseigneur, puisque je vais faire justice de deux scélérats qui ont conclu, malgré moi, un pacte charmant et coupable. Sans permission aucune, et malgré toutes les lois divines et humaines, ils ont formé une alliance agréable, mais défendue, et ils se sont moqués de moi, par-dessus le marché.

— Ah! Bellegarde, si tu voulais ne pas te moquer de moi, de ma mitre et de mon bâton épiscopal, je te dirais une chose étrange, incroyable, et qui m'arrive en ce moment. Mais tu es si moqueur!

— *Væ ridentibus!* Malheur à ceux qui rient! Monseigneur, je ne le vois que trop à présent, puisque vous m'ôtez votre confiance. Parlez cependant, je serai discret; et bien qu'il soit écrit: *Maudit l'homme qui a foi en l'homme!* je vous écoute en toute componction.

— Oh, mon cher Bellegarde! il est écrit aussi: Seigneur! délivrez mon âme des lèvres injustes et de la langue trompeuse.

— Et je ne pense pas, sérieusement, que monsieur de Langeron m'applique, en effet, ces paroles sinistres, répliqua monsieur de Bellegarde, d'un ton bref, qui demandait une réponse prompte.

— A Dieu ne plaise, ami! reprit l'abbé, que je veuille payer si mal une amitié éprouvée et fidèle. Mais vous avez dû voir, à la profonde tristesse qui s'est emparée de moi, que tout à l'heure je suis tombé dans un grand doute. Il y a vingt ans que j'ai commis une lâcheté, si grande, que je ne l'ai avouée, ô mon Dieu! qu'au vieux jésuite aveugle où je vais à confesse, et voici que tout à l'heure, à la lueur de ce coup de fusil, à côté de ce cerf royal assassiné par cet enfant, mon ancienne faute m'est apparue, et je tremble de ce qui va m'arriver. Vos jugements sont de grands abîmes, ô Seigneur!

Il s'inclina, il se recueillit, et relevant la tête : — A coup sûr, dit-il, ce bel enfant que vous avez vu tout à l'heure, et qui a refusé de nous rendre les armes, prêt à m'étendre, raide mort, si je portais la main sur lui, ce jeune homme, à coup sûr, est mon fils.

— Votre fils, marquis, votre fils! Vous êtes père, et vous êtes entré dans les ordres! Vous portez un des grands noms de France, et vous n'avez pas légitimé votre bâtard! Eh! qui donc voulez-vous qui se sauve, si un homme comme vous n'est pas sauvé ?

— Monsieur de Bellegarde est cruel, reprit l'abbé du Vivier, en étouffant un soupir, il est sans pitié, il ne voit pas mon repentir, ma joie et mes inquiétudes. Il m'abandonne à mon désespoir, il me laisse dans mes plaies..... Adieu, monsieur, brisons là.

— Vous avez raison, je suis cruel, reprit monsieur de Bellegarde, et je vous prie de me pardonner mon audace. On ne juge pas si vite un homme tel que vous. Je vous aime et vous honore, Langeron, car vous avez été un vrai gentilhomme, un bon soldat, et vous êtes un bon prêtre. Ainsi donnez-moi la main, et causons comme deux amis..... Vous êtes sûr que ce jeune homme est votre fils ?

— J'en suis sûr ! Il a le front, il a les yeux, il a le visage de sa mère ; il est sa vivante image, et c'est elle qui m'est apparue, ô ciel ! pour m'indiquer cet enfant de nos amours ! J'ai vu sa main, sa belle main, sur la tête de son fils ! Ah ! chère âme que j'ai blessée ! Ah ! pauvre cœur que j'ai brisé ! Ah ! malheureux que je suis !..... et maintenant que je retrouve cette image vivante de mes tendresses passées, quel enfant allez-vous me rendre, ô mon Dieu ?

— Seigneur, qui me la rends, me la rends-tu chrétienne ?

s'écria monsieur de Bellegarde, emporté par sa rage de citations ; mais il n'eut pas plus tôt récité ce vers de *Zaïre*, il vit pâlir et chanceler monsieur de Langeron dans un transport inexprimable de colère et de douleur.

Quand cette colère et cette douleur furent un peu calmées, — « Duc de Bellegarde, s'écria monsieur de Langeron, duc de Bellegarde, au nom du ciel, taisez-vous, et jamais devant moi, jamais ne faites allusion au scélérat qui a creusé l'abîme dans lequel nous serons engloutis. — Sans le vouloir vous venez de raviver ma blessure, et vous ne voyez donc pas que je saigne de toutes parts ! Ah ! ce Voltaire !..... » et il cria ce mot : *Voltaire!* de façon à réveiller, d'écho en écho, tous les silences de ces demeures. La tour du Nord en trembla, la chapelle du Vivier en fut ébranlée, le morceau de la vraie croix s'échappa de sa châsse de cristal, les chauves-souris et les vautours, qui volaient au-dessus de ces hauteurs, cherchant leurs nids et leurs trous pour la nuit prochaine, s'arrêtèrent épouvantés. A ce signal du néant, à ce grand cri : *Voltaire !* prononcé comme une formule de malédiction, le ciel se voila d'un nuage, l'onde immobile se prit à s'agiter et à mugir; les forces vives de la terre s'avouèrent vaincues, les vertus des cieux se sentirent ébranlées, et le règne des ténèbres fut fait... *et factum est regnum tenebrarum !*

—Tu vois, mon ami, reprit M. de Langeron, après un long silence, tu vois si je dis vrai; ce nom funeste a déconcerté le soleil qui se couchait tranquillement dans l'occident, à la fin de sa journée! Ainsi ne parlons pas, ne parlons jamais de cet homme qui est le père de toutes nos abominations et de toutes nos ruines. Il est le Galiléen à son tour ; il a vaincu : *vicisti Galilœe !*..... Et maintenant l'heure approche qui va précipiter Babylone dans le puits de l'abîme. Avant peu, bientôt, demain peut-être, croyez-moi, duc, toute la terre sera dans les larmes et dans le repentir. Larmes tardives, repentir inutile ; imprudence de la sagesse humaine, folie et vanité de l'esprit ! Tant la vengeance de Dieu est prompte, contre un peuple infidèle. Malheur à nous ! le monde touche à sa fin, le vieux monde, notre domaine, et notre royaume, et nous aurons beau faire, et Dieu lui-même se mettrait à l'œuvre avec toutes les forces de sa volonté, inévitablement nous sommes perdus, inévitablement, entendez-vous ? C'est la faute de notre négligence : l'erreur aura son cours et demeurera autorisée, ce sera le salaire de nos crimes. Ce reste de lumière s'éteindra, la tête de cet empire sera coupée ; l'univers entier sera renversé dans une seule ville.

Entendez-vous, entendez-vous, d'ici, le bruit avant-coureur des Alaric, des Attila, des Genseric, de tous ces fléaux de Dieu que l'on croyait morts, et qui n'étaient qu'endormis? Ils viendront, ils arrivent, sous une autre forme, plus sanglante et plus terrible : les Vandales, les Goths, les Lombards, les Bourguignons, les Francs, les Huns ; Alains et Suèves, Cade et Sarmate, Gépide et Saxon — tous les Barbares qui ont mis déjà une première fois, l'empire romain en lambeaux, et qui en ont dévoré les chairs! Ils viendront, et quand enfin le monde éperdu voudra savoir pourquoi ces orages, ces courroux et ces tempêtes du ciel contre la terre accablée....? Elle a blasphémé mon nom, elle a déchiré mon Évangile, elle a outragé mon Saint-Esprit, elle a couvert mon Fils de ses outrages; elle s'est abandonnée à ces génies sortis de l'abîme, elle a défié la confusion de ma face, elle a demandé *si quelque chose de bon pouvait venir de Nazareth?* elle s'est retirée de moi son Dieu, et voilà pourquoi je la maudis, répondra le Seigneur!

Il se leva, il fit quelques pas sur cette rive

où les oiseaux du ciel prenaient congé de ce beau jour, et quand l'air du soir eut rafraîchi ce noble front chargé de nuages, monsieur de Langeron, voyant l'étonnement de son ami, reprit sa place à ses côtés, et d'une voix où toutes les émotions tendres se faisaient jour à travers tant de colères :

— Oui, mon cher Bellegarde, ainsi va le monde. Ainsi parlera le Seigneur. Malheur à cette cité semblable à cette bête de l'Apocalypse qui porte une courtisane à son front! Malheur à cet univers, destitué de la bonté et de la protection divines. On a vu, de nos jours, ce qui ne s'est pas vu même sous les païens. Sous le règne d'Adrien, on élevait des temples à Jésus-Christ; Tibère lui-même approuvait les honneurs divins rendus au fils de Dieu, et restait ébloui aux splendeurs de sa doctrine; aujourd'hui, quiconque a respecté l'Évangile, est un homme déshonoré. Les plus honnêtes gens se cachent à cette heure, pour croire en Dieu, et c'est à qui se prosterne insolemment devant les idoles nouvelles. Quoi de plus simple? Elles sont recherchées, elles sont rares, elles sont défendues, elles décorent les sentiers inconnus, elles donnent, à qui les encense, un grand air de science, de capacité, d'intelligence et de bon goût, et la première entre ces idoles boursouflées, le maître de ces faux dieux, dont le mensonge nous prévient, nous accompagne et nous poursuit, cet apôtre infernal du doute et du vice, qui ne serait pas scandalisé quand tous les autres seraient scandalisés de lui, c'est ce même fléau, c'est ce même Voltaire, à propos de qui il est écrit, comme de l'antechrist : — *Que celui qui tient, tienne encore jusqu'à ce qu'il soit détruit!* — O misère! et quand je m'agitais tout à l'heure, frappé dans mes plaies par la main invisible, et quand je blasphémais le nom de ce mécréant, comme s'il eût été prononcé par les sept tonnerres, c'est que mon esprit, ému en soi-même, voyait apparaître, dans ces nuages remplis de feux et de ténèbres, des malheurs qui me sont personnels, et dont cet homme est la cause, et tous les bouleversements qu'il a opérés dans mon esprit.

Ici M. de Bellegarde, à son tour, prit la parole, et d'une voix calme et fière : — Allons, dit-il, vous parlez comme saint Paul à Patmos, mon cher marquis; mais il me semble que vous vous chagrinez à plaisir. A quoi bon, en effet, charger un seul homme de toutes les iniquités qui nous oppriment, de tous les doutes qui nous accablent? Pour ma part, et moi aussi je suis en doute; écoutez-moi, et croyez-moi, si vous pouvez : Il n'y a pas six semaines, j'exerçais ma charge au château, quand pour passer du *salon de la Reine*, à la chapelle, le roi, dans un moment d'extrême bienveillance, s'appuya sur mon épaule, son bras à mon cou, et sa tête penchée sur mon visage à le toucher! En ce moment chacun, me voyant si près du roi! admirait ma faveur et ma fortune... Eh bien! il me semblait que je traînais en ce moment, non pas un roi de France à l'autel, mais un cadavre au sépulcre! — Il me semblait —

la chose étrange! qu'une odeur nauséabonde d'aromates et de corruptions s'exhalait de cet homme, dont le souffle naguère fut un souffle divin. Bien plus, j'étais mal à l'aise, et j'étais honteux! Je sentais mon cœur sur mes lèvres, et j'avais hâte de me débarrasser de ce fardeau! Que dites-vous de cela, marquis?

— Ce que tu as ressenti pour ton roi, je le ressens pour mon Dieu, reprit M. de Langeron, et dans les plus grandes fêtes de l'Église, quand je dis la messe à ces canailles chrétiennes qui m'entourent, au moment solennel de l'élévation, à l'instant du grand mystère, où je me demande à moi-même, à moi chrétien et gentilhomme, évêque sans tache et soldat honoré, si je ne suis pas le vil jouet d'un grossier mensonge, et si vraiment le Fils de Dieu va descendre, en ce calice de sa divinité suprême, et me fournir... ces armes inutiles pour combattre l'incrédulité des philosophes? Est-ce un doute cela, et le peux-tu comparer à tes doutes misérables? Vois-tu, cependant, si l'Évangile était, comme ils le disent, une attrape et un mensonge, à quel degré je suis tombé de lâcheté et d'infamie? Ainsi, moi-même, aux pieds de ces autels sacrés, qui sont ma seule force et mon unique rempart, qui sont ma vie et ma gloire, ma liberté, ma fortune, ma grandeur, moi-même, et tenant, dans ces mains tremblantes, le Dieu de mon salut éternel, j'hésite, et je doute; je tremble, et je me demande comment les saints ont pu faire pour rester dans le vrai chemin et ne choper jamais? Et tu demandes : pourquoi? Comment? D'où cela vient?— C'est Voltaire! te dis-je, et sa séquelle, et toute cette race active d'esprits pervers qui sont la cause abominable que tu ne crois plus à ton roi...que je ne crois plus à mon Dieu!

— Au fond, je suis de votre avis, monseigneur, ceci est le crime de celui de tous qui a le plus de science et le plus d'esprit; mais, convenez-en, il y a bien un peu, j'imagine, en tout ceci, de la faute de ce siècle, habile à toutes les œuvres d'iniquités. Ce siècle est né sceptique ; il a vu, de trop près, toutes les choses humaines et divines qu'il a pesées dans ce qu'il appelle sa sagesse. Eh ! qu'y faire? sinon se protéger et se défendre, et se dire à chaque instant : l'heure avance, il faut nous sauver!

C'est le moment, enfin, de montrer que nous sommes des gens de cœur, que nous saurons porter la tête haute à ces menaces du monde croulant, et protéger par tous les moyens qui appartiennent à des hommes, faits pour commander aux autres hommes, cet édifice énorme et peu solide, dont les ruines, au besoin, nous seraient un magnifique tombeau ! C'en est donc fait, je suis prêt à tirer l'épée, et puisque aussi bien le commencement du salut, c'est la reconnaissance de ses fautes, appelons à notre aide toutes les forces qui nous restent, et défendons-nous comme on nous attaque, par l'écriture, par l'ironie, par le mépris, par la logique, par l'ouïe et la déclamation, élevant chaire contre chaire, autel contre autel.

— Vous parlez comme un enfant, duc de Bellegarde, et, je vous prie, où trouverez-vous dans vos belles défenses, un moyen d'empêcher quelque philosophe éveillé d'entrer dans votre citadelle, comme un rat dans un fromage de Hollande? Où trouverez-vous ces forces, ces glaives, cette armée à opposer à l'armée des philosophes dont le nom est : *Légion?* La belle affaire! on opposera l'abbé Trablet à M. d'Alembert; l'évêque de Mirepoix à M. Diderot; l'abbé Figon à l'abbé Raynal. — C'est cela! Nous combattrons pour le moins à armes égales; le *Journal chrétien* de l'abbé Johannet tiendra tête à l'*Esprit des Lois;* la sacristie au café Procope; le sermon à la comédie; les caveaux de Saint-Denis à l'Académie; l'abbesse de Chelles à Sophie Arnoult. Au salon de madame de Tencin on opposera le père Berthier et les journalistes de Trévoux, pendant que l'*Année littéraire* et Fréron écraseront, sous l'ironie et le mépris de leur plume éloquente, l'Encyclopédie et son Vatican.

Mais quelle chose étrange, ami Bellegarde, que vous soyez tombé en ce quiétisme aveugle, et qu'un homme de votre mérite, de votre courage, de votre bon sens, ne voie pas que dans cette lassitude générale du christianisme, la religion souffre de toutes parts; que tout est perdu, perdu sans ressources, et que cet esprit de dénigrement et de doute universel nous déborde à la façon d'un fleuve qui a brisé toutes ses digues! Il en est d'une si grande religion que la nôtre, comme de ces États, qui sont eux-mêmes semblables à ces grandes machines, très-difficiles à conduire et qui se brisent, si l'on n'en respecte les moindres ressorts. Encore une fois, c'en est fait de notre vieux monde; elle est anéantie, à tout jamais, cette société fondée par le courage et la volonté de nos pères; nous sommes dévorés aujourd'hui par ces écrivains, ces chansonniers, ces dramaturges, ces langues de feu de la plèbe française, comme autrefois nous avons été dépouillés de l'exercice et de l'administration de la justice, par les scribes, nos valets, qui se tenaient agenouillés au pied de notre tribunal. Seigneur! pourquoi dormez-vous? Seigneur! réveillez-vous! Seigneur! qu'avez-vous fait quand vous avez suscité contre des gentilshommes, qui n'ont que leur épée, ces poëtes, ces historiens, ces philosophes, ces mécréants, ces négateurs?

Et maintenant, duc de Bellegarde, voulez-vous savoir ma misère, ma lâcheté, mon parricide et la malédiction qui pèse sur moi?

Vous savez?... non, vous ne saurez jamais quelle était, il y a vingt ans, la belle personne que j'aimais. Mon cœur saigne à son souvenir, et pas un jour ne se passe que je ne songe à mes trahisons envers elle. Elle s'appelait mademoiselle de Boismoutier, son père était un méchant avocat en Languedoc, et elle était venue à Paris pour solliciter un procès qu'elle avait de la succession de sa mère..... Enfin elle fut à moi, j'étais jeune encore, en grande faveur, et tout-puissant. Elle fut à moi sans conditions, sinon sans remords et sans larmes; que je l'aimais! et que j'en étais aimé! Ajoutez à sa beauté, son esprit; à son esprit, son orgueil! Elle perdit sa cause au parlement de Paris, et elle voulut vivre de ce qui lui restait de cette dot tronquée. Elle se parait de rien, elle vivait de si peu!

Vous et moi nous sommes liés, de la plus étroite amitié et vous pourrez attester que dans les années dont je parle, je fus un modèle de retenue et de conduite. On ne me voyait plus nulle part, on ne me voyait même pas chez ma maîtresse. Comme j'étais tout pour elle, elle était tout pour moi. Ma reconnaissance et ma tendresse n'avaient rien de ces reconnaissances passagères dont se contente si vite le cœur humain. Tout ce qu'elle faisait était au gré de mon âme, tout ce qu'elle disait était au gré de mon esprit. Si bien que ce fut à peine si de temps à autre j'entendis parler des turpitudes de la ville et des scandales de la cour.

Un jour, un beau jour de printemps, les oiseaux commençaient à chanter dans le jardin d'une vieille maison du faubourg Saint-Jacques, véritable nid de jansénistes où j'avais caché mes amours, je vis accourir à moi ma chère maîtresse; elle était radieuse, et dans ses yeux se lisait un bonheur immense. — « Allons, dit-elle, devinez! » Ainsi j'appris qu'elle était mère, et pour que rien ne manquât à son triomphe : — « Si c'est un fils, lui dis-je, écoutez bien, ma chère Victoire, je donne à mon fils, le nom de mes pères, et je donne à sa mère le nom de mon fils! Et c'est pour le coup, reprit-elle, les mains levées au ciel, et les yeux brillants comme des étoiles, car elle était une fille du midi resplendissant, que je m'appellerai Olympe et Victoire. Ah! mon cher maître, soyez béni pour vos bonnes paroles. Ce que je n'aurais jamais osé demander pour moi-même, qui me suis donnée à vous librement, je l'accepte avec reconnaissance pour mon fils!... Mais quel gage me donnez-vous, monseigneur?

Elle était si heureuse en ce moment, si superbe, et si complétement déjà la marquise de Langeron-Thémines, alliée à tous les duchés-pairies de la France, à toutes les grandesses de l'Espagne, que pour lui donner un gage, en effet, de ma parole, je dégraffai mon épée; elle la prit, elle la baisa à la poignée, et..... se jetant à mon cou, dans mes bras, sur mon cœur, avec ces larmes divines d'une femme heureuse, elle se prit à pleurer.

Moi aussi j'étais bien heureux en ce moment; et qui m'eût dit que je manquerais à cette parole, ainsi donnée, en plein consentement d'enthousiasme et d'amour, celui-là eût été le malvenu. Cependant le printemps se passa dans ces joies; et l'été; et quand l'automne eut commencé à mûrir les pêches de notre jardin, peu de jours nous séparaient de cette grande espérance. En vain, sur quelques paroles que j'avais tentées à propos de ce mariage qui était une grande mésalliance, ma famille et mes amis s'étaient récriés que c'était impossible; en vain ils avaient fait appel à ce qu'ils appelaient ma dignité et ma gloire, j'étais tout entier à ce fils que j'attendais. Il vint au monde enfin, et le premier regard de sa mère invoquait déjà la foi jurée. — Ah! disait-elle en le baisant, te voilà donc, mon jeune seigneur, te voilà donc, toi qui dois me sauver! Salut à toi, et sois mon maître, enfant qui donnes la vie et l'honneur à ta mère! Ah! chère créature du bon Dieu, Eugène, le *bien-né*, le bien-venu! tu seras désormais toute ma prière au Dieu qui est là-haut, toute mon offrande à ton père qui est ici-bas; ah! bonjour! mon marquis, mon prince, mon dauphin, mon roi! » Elle parlait ainsi, et je me rappelle chacune de ses paroles, et ce grand œil, d'un feu bleu, qui faisait rougir cette joue où régnait encore l'heureuse souffrance et la douce pâleur des légitimes enfantements.

Ici, M. de Langeron fit une pause ; on eût dit qu'il avait honte et peur d'aller plus loin.

— Et par quel accident, par quel malheur

et quel caprice de l'aveugle déesse de la Fortune, avez-vous manqué à de pareils engagements, mon ami? Rien que pour vous entendre ainsi parler, j'irais épouser, de ce pas, cette dame, et même sous la courtine de Philipsbourg.

— Duc de Bellegarde, reprit M. de Langeron, laissez-moi parler, sinon la force me manque, et il me faudra renoncer à la consolation que je trouve à raconter ces misères. Il y a ici je ne sais quelle confusion dans mon esprit, une nuit, un nuage, un doute. J'ai tant souffert depuis ces jours de ténèbres! Je me rappelle seulement que, pour la première fois, dans ces journées d'isolement et de silence, auprès de la femme que j'aimais, et voyant toutes choses sous le vrai jour, je pus me rendre compte enfin des ruines et des pertes de la société à laquelle j'appartenais, et, je l'avoue, la découverte de l'abîme où nous marchions, me causa une grande épouvante. On ne voit pas ces nuages dans le soleil de Versailles; on ne voit pas ces précipices sous le gazon de l'*Allée verte*, au bruit de ces mille jets d'eau, des bains d'Apollon au bassin de Latone; il faut plonger au milieu de ces misères, pour les comprendre; la garde même qui veille aux barrières de Versailles n'en sait rien ; elle est suisse, elle n'entend que les douleurs et le patois de sa nation.

Oui, mais quand je vis d'assez près, pour les bien voir, ces menaces d'une ruine inévitable, et quand j'entendis ces murmures d'un peuple révolté qui montaient et montaient toujours, j'entrai en grand souci de l'alliance que j'allais m'imposer, et je me demandais, insensé que j'étais! si je n'allais pas commettre, à mon tour, une trahison contre la noblesse française, attaquée et menacée de toutes parts? Qu'allais-je faire, et quel exemple allais-je donner du relâchement universel? Enfin, n'aurais-je pas l'air, me mariant ainsi, avec une fille sans nom, de courir, moi aussi, après cette fausse et lâche popularité, si chère à tant de gens de ma caste, qui se laissent prendre à cette glu dont j'avais honte, comme d'une lâche, indigne et mauvaise action?

Ainsi je vivais en mille incertitudes; j'étais comme saint Augustin, mon maître, je m'enivrais à plaisir du spectacle de mes propres misères; décidé aujourd'hui à tenir ma promesse, hésitant le lendemain; également à plaindre en songeant à quelle charmante créature il me fallait renoncer, et aux louanges abominables qu'il me faudrait affronter, si ce mariage avait lieu. En tout ceci je ne craignais pas les reproches de ma famille, en revanche je redoutais, de toutes mes forces, l'admiration de nos maîtres en philosophie, et que messieurs les cyniques n'en vinssent à se figurer que j'épousais ma maîtresse, parce que Jean-Jacques avait épousé cette ignoble servante à qui il voulait donner pour rivale, la comtesse d'Houdetot. C'était affreux à songer que j'allais mériter l'estime de M. Diderot et de mademoiselle Voland, la louange de M. d'Alembert et de mademoiselle de Lespinasse, l'admiration de la femme à Préville et de son amant, M. Duclos. Oh! misère! Oh fausse honte! Oh malheureux que j'étais de ne pas savoir quelle distance séparait ma chère maîtresse de ces drôlesses! Insensé! tu n'as pas osé sacrifier ta triste vanité au sourire de cette bouche divine, au regard de ces yeux charmants, au bonheur de ce beau visage animé de toutes les grâces et de tous les contentements de l'amour!

Cependant mon enfant, mon petit dauphin avait six mois, et sa risée innocente me disait déjà que j'étais son père. La mère était calme et confiante en ma parole; elle attendait, sans me la rappeler; seulement de temps à autre, aux jours de grande revue, et quand je faisais mine de vouloir reprendre mon épée : — A d'autres! disait-elle, monsieur le marquis; laissez-moi le gage de monsieur notre fils.

Enfin! enfin! sa douceur, son contentement, sa bonté, sa modestie, et sa jeunesse, et ce bel enfant qu'elle m'avait donné, comme on fait l'aumône à un pauvre, l'emportèrent sur tous ces petits doutes qui s'étaient fait jour dans mon esprit. — Ma chère âme, lui dis-je un jour, il est temps, je le vois, de dégager ma parole et mon épée, et vous m'avez fait un assez long crédit, vous et monsieur votre fils ; aussi tenez-vous prête, et faites-vous belle ; nous irons dans huit jours, nous agenouiller aux pieds de l'archevêque afin qu'il bénisse, la mère, le père et l'enfant.

Donc tout allait bien, encore un effort et j'étais sauvé ; mais j'avais compté sans ce génie infernal, sans Voltaire, et tu vas comprendre si j'ai le droit de le maudire au fond de mon cœur !

Tout était prêt pour notre mariage ; les témoins avertis, les bans publiés, et, dans vingt-quatre heures, nous marchions à l'autel, lorsque ma chère maîtresse, qui ne pouvait pas contenir son impatience et sa joie, imagina de me conduire à la Comédie — hélas ! — un soir où l'affiche annonçait une pièce nouvelle intitulée : *Nanine*. Elle le voulait, j'obéis. Nous entrâmes sans nous cacher, sans nous montrer, dans ma petite loge. On avait joué déjà le premier acte, et je fus quelque temps à comprendre de quoi il s'agissait. Bientôt cependant je vis que c'était une leçon, en règle, que donnait le poëte à tous les gentilshommes de l'Europe, sur la chimère des conditions, et qu'il s'agissait de démontrer qu'un noble, en tout bien et tout honneur, peut épouser parfaitement une servante. Ceci commença à me déplaire, et d'autant plus que le parterre applaudissait avec rage, et que dans le va-et-vient de cette foule en tumulte, il était facile de lire je ne sais quel triomphe insolent du manant contre le seigneur; du pauvre contre le riche; du grand nombre, contre le petit nombre. Ajoutez que la pièce est écrite en vers de dix pieds, et je ne sais pas si vous êtes comme moi, Bellegarde, mais j'exècre et je hais le vers de dix pieds; il me produit l'effet d'un vieux fruit desséché dans sa coque; le bruit est le même, et la bouche à moitié remplie de ces cailloux, siffle et jase plus qu'elle ne parle et ne déclame :

> Courons! volons! Mais quoi? que vais-je faire?

Il y a de quoi devenir fou à entendre ce rhythme incomplet, brisé, essoufflé, morfondu! Cela me donnait des maux de tête, et des nausées, et des rages de dents quand j'entendais ce niais vicomte de Saint-Alban qui parlait ainsi à la demoiselle de ses pensées :

> Belle Nanine, est-ce vous que je vois?
> Quoi! vous voulez vous dérober à moi?
> Ah! répondez, expliquez-vous, dé grâce!

et plus il allait, et plus augmentait mon malaise. Bientôt il me sembla, ô misère! que tous les yeux étaient fixés sur ma maîtresse et sur moi, et que chacun de ces regards était une pointe acérée, de dix pouces, qui m'entrait dans la chair et me traversait le cœur. Je rougissais, je pâlissais, j'étais honteux! Bien plus, le croirez-vous? il me semblait que ma belle

Victoire, en ce moment, s'appelait Nanine, et
que par toutes sortes de petites ficelles habiles
elle me conduisait, lié et garotté de ses mains,
aux autels de Notre-Dame de Paris, au milieu
des applaudissements d'en bas et des huées
d'en haut. Enfin ! enfin ! il faut tout dire, j'ai
été le plus lâche et le plus cruel de tous les
hommes. Je regardais comme on eût regardé
un malfaiteur, un faussaire, un voleur de
grand chemin, cette pauvre femme abaissée à
mon regard, et qui déjà ne reconnaissait plus
cet homme qui l'avait tant aimée. En vain,
elle me disait de temps à autre : Allons-nous-
en, je me sens mal et je m'ennuie; il y avait
pour moi une certaine vengeance, à entendre
ces crécelles, à voir ces vers luisants qui s'agi-
taient dans leur cosse fêlée :

>
Va la conduire à ce couvent voisin
>Où la baronne allait dès ce matin;
>Mon dessein est qu'on la mette sur l'heure
>Dans cette utile et décente demeure.....

Oh ! j'en ai mal encore à tous les nerfs, à
toutes mes fibres, de la pointe des pieds à la

pointe des cheveux ; et cependant j'écoutai jusqu'à la fin, ce paradoxe rimé ; je m'abreuvai de ce vin frelaté ; je me mis à califourchon, et de toutes mes forces sur cette poésie écourtée à la façon d'un cheval anglais, et comme je me sentais attaqué douloureusement dans ma conscience, dans ma volonté, dans mon devoir, je me disais à chaque vers : « Ce n'est pas moi, certes, qui voudrais épouser cette Nanine ; elle m'ennuie, elle me fatigue, elle me blesse, » et tout ce qu'elle me faisait éprouver, je le rendais en petits coups d'épingle, à la pauvre femme qui était entrée avec moi, dans ce taudis.

> Ce qui vous reste... en ces moments si doux...
> C'est... à leurs yeux, d'embrasser votre époux.

Et si vous saviez les hurlements, l'enthousiasme et les cris du parterre au moment du mariage entre le comte et sa Nanine, *non il n'est rien que Nanine n'honore!* et si vous aviez vu ces mouchoirs et ces âmes s'agiter dans un mouvement convulsif! Et quand le comédien est venu jeter à la foule, ivre de joie, le nom de l'auteur, qui ricanait dans son coin, à la façon du sauvage; graves motifs pour se faire à soi-même, le serment de désobéir à cet enseignement de comédie. Eh quoi! pour amuser M. Arouet de Voltaire, le fils d'un garde-notes, moi, un Thémines, j'irais, publiquement, en vrai comte d'Alban, donner la couronne des marquises et le tabouret des duchesses à une fille sortie de la caste même de ces bourgeois révoltés!... Telles étaient mes horribles pensées... et quand enfin je me trouvai dans le vestibule de ce théâtre, où tant de gens de mes amis et de ma caste attendaient leur carrosse, en causant de la pièce nouvelle, il me sembla que mes ancêtres me menaçaient du doigt et que l'univers croulait sous mes pieds. O ma pauvre Olympe-Victoire! En quel état d'humiliation et de honte je l'avais réduite! A peine si sa main tremblante osait effleurer mon bras irrité; à peine si d'un pied timide, elle osait marcher dans mon ombre!

Elle savait, au premier vers de ces tirades insolentes, tous les mouvements de mon cœur ! Elle savait, à deux rimes près, que sa vie était brisée et que son fils n'était plus qu'un enfant de la honte et des ténèbres ! Elle était arrivée, en ce lieu de paradoxe et de déshonneur, la femme heureuse et triomphante entre toutes... elle en sortait perdue à jamais et déshonorée, et fille-mère d'un bâtard ! Mais qu'elle fut grande en ce moment et vraiment digne des hommages et des respects du genre humain ! Elle appela à son aide cet orgueil, qui était une de ses vertus ! Elle ne versa pas une larme, elle ne poussa pas un soupir. A la porte de sa maison elle me fit un grand salut, comme elle eût fait au premier venu qui l'eût reconduite chez elle..... et depuis ce jour funeste, je ne l'ai plus revue ! Elle partit le lendemain, et sans m'attendre ; elle partit emportant mon épée et mon fils..... elle disparut si complétement de ce monde, avec tant de persévérance résignée, que jamais je n'ai pu savoir ce qu'elle était devenue; il est vrai que je m'exilai moi-même à Berlin, espérant consoler mes douleurs à la cour guerrière de ce grand roi de Prusse, qui était alors le plus grand roi du monde. O misère! à Berlin même, entre ces sabres, ces baïonnettes, et ces vieilles bandes prussiennes, pareilles à des remparts, je retrouvai *Nanine*, et le théâtre de Voltaire, et Voltaire lui-même, qui s'amusait à tirer des vers alexandrins de la tête du grand Frédéric!

Au bout d'un an, quand je revins à Paris, toute trace d'Olympe-Victoire était perdue; alors comme je n'avais plus d'épée et plus de fils, plus de femme et plus d'espoir, je me fis prêtre, et je fis mal; à quoi peut servir un prêtre, aujourd'hui?

Maintenant, puisque mon fils est retrouvé, faisons-le venir, et voyons enfin quelle est cette épave de mon grand naufrage, ô mon Dieu!

CHAPITRE XVIII.

QUI FIT CELA? DEUX BEAUX YEUX SEULEMENT.

— Encore une fois, marquis, reprit le duc de Bellegarde, vous êtes bien sûr que ce jeune homme est votre fils ?

— Comme je suis sûr que le grand écuyer du roi Louis XIV était votre père, répondit M. de Langeron, — il n'y a pas un doute en tout ceci ; cependant mon enfant va venir, j'ai donné l'ordre qu'aussitôt arrivé, on le fît monter dans ma barque, et qu'il fût conduit, ici même, afin que je puisse l'interroger tout à l'aise, et savoir enfin ce que sa mère est devenue, et ce qu'elle aura fait, l'infortunée! de cet enfant trahi par son père. Ah! mon ami, à quelle distance me voici de ma jeunesse, qui me faisait, à moi-même, tant de bruit et de promesses! On est jeune, on ne relève que de Dieu et de son épée, on ne trouve rien d'impossible, tout cède, tout fléchit, on marche en pleine obéissance, en pleins respects; on brûlerait le monde au moindre obstacle..... et me voilà tremblant comme un enfant, à l'approche d'un enfant.

— Donc, mettez-vous sur vos gardes, monseigneur, car il me semble, autant que j'y puis voir de si loin, que voici l'ennemi qui s'avance, fier comme Jules César à *la tête de ses Commentaires*. Si pourtant vous avez peur de vous trahir, laissez-moi interroger ce jeune homme; en peu de mots, vous saurez bien vite ce qu'il a dans l'esprit et dans le cœur.

On voyait déjà, dans le lointain, se dessiner

la barque légère qui portait Eugène et sa fortune. La barque s'avançait doucement à travers ces îlots chargés de verdure; elle semblait poussée en ce moment par un souffle invisible, et la calme lueur du soleil couchant, ajoutant ses clartés ineffables à ces ondes grises, leur donnait la transparence d'un miroir. On vit bientôt se dessiner, d'une façon moins confuse, les passagers du frêle esquif : un rameur se tenait à la proue, agitant d'une rame silencieuse le flot obéissant. Assise sur le banc du maître, arrivait Denise elle-même, belle et fleurie, jeune et saine, et silencieuse en l'attente de quelque grand événement. Debout devant elle, les mains jointes et les yeux baissés, se tenait Eugène le captif; certes, il était plus occupé de sa belle gardienne que des dangers qui l'attendaient. — « Ah! disait M. de Langeron à M. de Bellegarde, voyez donc glisser, sur l'eau paisible, cette douce image de mes amours d'autrefois. » En effet, dans ce clair miroir de l'onde pénétrée, se montrait, en un vif reflet, l'image adoucie et charmante de cette tête à peine virile : Est-ce une jeune fille? Est-ce un jeune homme ?..... Horace, le poëte, a dit cela en deux mots : *Discrimen obscurum!* Véritablement, ainsi vue, à travers le flot profond, par des yeux pleins de larmes, cette tête bouclée et pensive avait une ressemblance parfaite avec ces belles têtes que savait si bien représenter Greuse, le peintre, habile à réunir, sur tant de beaux visages, dans une indécision charmante, la grâce des nymphes bocagères et la jeunesse des dieux Sylvains!

La barque toucha bientôt ce rivage attentif; Eugène, d'un bond, mit pied à terre, et son premier soin fut de tendre la main à la belle Denise, armée, on peut le dire, jusqu'aux dents, de cette grande épée rendue en ses mains. En ce moment, il avait un air de prince vaincu; ni humble, ni superbe, et capable de fléchir les cœurs les moins sensibles à la compassion. Son pas était ferme, et sa démarche était modeste. Il s'avouait à lui-même qu'il était en faute, et pourtant il était bien décidé à ne pas implorer son pardon. Il s'arrêta, à trois ou quatre pas de ces deux hommes qui semblaient l'étudier avec l'attention que les juges, experts en toutes sortes de crimes, n'accordent guère qu'aux grands coupables; il resta debout et il attendit.

Après un silence, et quand il eut compris que son ami était trop ému pour parler le premier, ce fut l'officier général qui porta la parole, non pas sans avoir adressé un petit sourire à la grave Denise, qui se tenait debout, l'épée en terre, un peu en arrière de son captif.

— Il me semble, monsieur, dit M. de Bellegarde à Eugène, et d'une voix pleine de courtoisie, que ce n'est pas la première fois que nous nous rencontrons. Vous étiez porté dans un vrai char de triomphe, et vous alliez, comme si la terre ne pouvait pas vous manquer. Qui nous eût dit que vous deviendriez, si tôt, un criminel de la pire espèce... un braconnier?

— Je croyais chasser sur les terres de M. de Tresigny, répondit Eugène, et je ne pense pas que des gentilshommes voulussent traiter, trop rigoureusement, un jeune homme qui aura tué par mégarde, un méchant cerf.

— C'est bien vite dit, monsieur le jeune homme, un méchant cerf! Il n'y a que le roi, et nous autres avec lui, qui ayons le droit de nous attaquer à la bête royale. Encore si vous étiez gentilhomme, on pourrait trouver quelque folle excuse à ce forfait.

— Qu'à cela ne tienne, et laissez-moi libre, je suis gentilhomme, Messieurs.

— Et comment s'appelait votre père? s'écria M. de Langeron, incapable de se contenir plus longtemps.

— Je ne sais pas le nom de mon père, reprit le jeune homme en relevant la tête; ma mère m'a défendu de chercher jamais à le savoir.

— Et votre mère..... au moins nous direz-vous son nom? reprit M. de Langeron, qui dévorait Eugène du regard.

— Permettez-moi, monseigneur, de ne pas dire le nom de ma mère ; il faut la laisser en repos dans la tombe où elle est descendue, il y eut six ans, à Notre-Dame d'août.

— Pauvre enfant ! murmura l'évêque, pauvre mère et pauvre enfant !

— Oui, monseigneur, pauvre mère et pauvre enfant ! Elle a emporté, en mourant, tout mon courage ; elle est morte, et maintenant qu'elle n'est plus là pour me défendre, je cherche en vain une force, une défense, un appui. Pauvre mère et pauvre enfant !

Peu s'en fallut que M. de Langeron n'ouvrît les bras pour presser le jeune homme sur son cœur ; un regard de M. de Bellegarde le contint, et celui-ci reprenant la parole sur un ton moins plaintif :

— Allons, jeune homme, pourquoi si tôt désespérer de la Providence, et n'êtes-vous pas honteux, au premier danger, d'appeler votre mère à votre aide? Avons-nous donc l'air si terrible, et pensez-vous, en effet, puisque vous êtes bien gentilhomme, qu'on ne vous rendra pas cette épée d'un si bel aspect..... l'épée de votre père, j'imagine?

— L'épée *de ma mère*, monsieur : « Elle est bien à moi, me disait-elle, et je l'ai payée assez cher. » Puis elle baisait la croix de l'épée, et puis elle pleurait.

— Et si nous vous la rendons, jeune homme, qu'en ferez-vous? Est-ce donc votre intention d'en faire un bâton à porter les nippes de vos maîtresses, ou une gaule à gauler les pommes dans les champs?

— Monsieur, si vous me la rendez, j'en veux faire un digne usage ; j'irai demander du service à quelque officier du roi, et je serai soldat... votre soldat, si vous voulez.

— C'est bien dit, jeune homme, et maintenant mettez-vous à genoux aux pieds de monseigneur, n'hésitez pas, et priez-le, au nom de votre mère que nous avons connue et qui est une sainte là-haut, après avoir été une femme forte ici-bas, Olympe-Victoire! (est-ce vrai?)

de vous armer chevalier, afin que, Dieu aidant les gens qui vous aiment, vous deveniez un homme brave et vaillant; à genoux donc !

Eugène se mit à genoux, et M. de Langeron, se levant de son banc de pierre : Au nom de la très-sainte Trinité, dit-il, au nom du roi, moi, marquis de Langeron-Thémines, évêque et prêtre de notre sainte mère l'Église, je te reconnais comme un des nôtres, et je te fais chevalier, mon gentilhomme, en mon âme et conscience, et sur la garantie expresse de mon honneur.

A ces mots, d'une main tremblante, il tirait du fourreau cette épée que lui rapportait son fils; en retrouvant cette lame brillante et pure comme il l'avait laissée, il se prit à sourire de joie et d'orgueil. De cette épée, il donna trois coups au jeune homme, en témoignage de sa chevalerie, et comme Eugène, dans ce tourbillon de fièvre et d'orgueil, hésitait :

— Jetez-vous dans ses bras, s'écria M. de Bellegarde, c'est votre droit, chevalier.

Et le jeune homme et le vieillard se confondirent dans le même embrassement.

— Maintenant que nous nous entendons si parfaitement, nous vous donnons main-levée de votre prisonnier, ma belle Denise, reprit le duc de Bellegarde, et la barque va vous ramener à bon port.

Eugène, qui tenait la main de l'abbé, retira sa main, et comme eût fait Amadis lui-même, il ramena la jeune fille à la barque, en lui disant qu'il serait toujours son captif. Et Denise, à demi gaie, à demi triste : — Oh! disait-elle, et vous voilà chevalier! Quel grand crève-cœur pour la Parisienne de Fontenay.

Quand ils eurent perdu la barque de vue..... Il faut rentrer à la maison, reprit l'abbé ; j'espère que monsieur le chevalier sera des nôtres, et qu'il nous fera l'honneur de passer la nuit sous notre humble toit?

— J'espère aussi qu'avant huit jours, reprit M. de Bellegarde, M. le chevalier nous fera l'honneur d'accepter une sous-lieutenance dans les dragons de la reine, en attendant mieux ?

Ils revinrent par le plus long, Bellegarde ravi, au fond de l'âme, d'avoir escamoté son jeune rival ; M. de Thémines, ivre de son enfant retrouvé ; Eugène admirant, sans le comprendre, ce coup de foudre d'un bonheur inespéré... Chemin faisant, M. de Bellegarde adressait au jeune homme toutes sortes de questions saugrenues qui faisaient sourire monseigneur. — Chevalier, disait-il, voyons si vous êtes un grand philosophe : Qu'est-ce que *la loi naturelle ?* — Que signifie le mot *nature ?* — Prouvez-moi que la loi naturelle est avant tout *primitive, immédiate, universelle, invariable, évidente* et seule *suffisante.* — Qu'est-ce que *le bien ?* — Qu'est-ce que *le mal ? — Et doit-on considérer la pudeur comme une vertu ?*

Telles étaient les questions du duc de Bellegarde, et comme Eugène, interdit, ne se hâtait pas de répondre : — Oh! disait le duc, sur ma parole, voilà, monseigneur, le chevalier le plus ignorant de ce siècle de lumières, et vous verrez qu'il en est resté, tout bêtement, au catéchisme de sa mère ! Mais, chose déplorable, il n'a jamais entendu parler de l'*Interprétation de la nature*, qui commence par ces mots : *Jeune homme, prends et lis !* Il ne sait pas un mot de *la Matière vivante* et des *Molécules organiques !* Il n'a pas contemplé, dans leur sagesse, les illustres sages qui *foulent l'univers à leurs pieds !* Il ignore encore que la société porte *nécessairement les hommes à s'entre-haïr*, — que les hommes en société *sont ennemis par devoir, et fourbes par intérêt !* Demandez-lui, je vous prie, *les confins de l'homme et de l'animal ?* Il reste muet ! Demontrez-lui que moins *l'homme croit en Dieu, et plus il est forcé d'être honnête homme ;* qu'il n'y a *en soi ni vice, ni vertu, ni juste, ni injuste, ni bien ni mal moral,* il va vous appeler en duel. Et comme on va se moquer de toi, chez Messieurs les dragons, mon pauvre enfant, quand on verra que tu ne sais pas un mot de la préface du *Fils naturel,* où il est démontré que « quiconque *est capable d'aimer est vertueux !*

— Que pour être heureux, il faut étouffer le remords, et qu'à tout prendre, la vertu c'est le plaisir ! »

Ainsi riait M. de Bellegarde, et M. de Thémines se prenait à rire en l'écoutant. Ils savaient à merveille, l'un et l'autre, le jargon philosophique, et ils se moquaient agréablement des *torches* du fanatisme, des *fers* de la superstition, du *jet fortuit* des atomes, des *profondeurs* de la nature, et de la *sublimité* de la raison ! Ils riaient : « de cette terre livrée au chaos; du préjugé, étendant sa végétation vorace, et rongeant le corps politique, » et rien ne les amusait plus que de se démontrer, l'un à l'autre : « que les facultés de l'âme, et même la conscience, ne sont que des dépendances du corps. » Dans leurs moments de belle humeur, ils se mettaient à lire en se gaussant tous les beaux livres qui étaient la joie et l'enseignement de leurs comtemporains, à savoir : le *Code de la nature*, le *Livre des mœurs*, l'*Histoire naturelle de l'âme*, le *Petit-Maître philoso-*

phe, la *Lettre sur les aveugles*, et la préface du *Fils naturel*.

Le lendemain de ce grand jour que j'aurais dû raconter en style d'*alleluia*, était un dimanche, et monseigneur voulut dire lui-même la messe à ses paroissiens et à ses vassaux. La Sainte-Chapelle du Vivier respirait un air de fête, et l'orgue chantait ses plus beaux cantiques, pendant que le clergé nombreux s'empressait autour de son abbé-évêque, et que l'évêque, en ce grand transport de reconnaissance et d'enthousiasme, retrouvait, ô bonheur! la croyance et la foi qu'il avait perdues. Il avait retrouvé son Dieu en retrouvant son enfant, et quand il se retournait pour bénir l'assemblée, inclinée à sa parole, il adressait sa bénédiction à cet enfant, à ce jeune homme qui semblait devenu l'intermédiaire absolu entre le prêtre et le ciel. Eugène avait revêtu l'habit des chevaliers de Saint-Hubert, chargé de ses broderies d'or, l'épée en sautoir, et sur la poitrine le collier de l'ordre que lui avait remis monsieur de Bellegarde, comme l'avait institué et détaillé, de sa main, Gérard V, duc de Clèves et de Gueldre. Il écouta cette messe avec toute la piété des âmes reconnaissantes, non pas toutefois sans regarder, de temps à autre, la belle Denise. Elle avait mis ses habits de fête, et d'une main libérale elle distribuait le pain bénit aux fidèles; faut-il demander si M. de Bellegarde en eut sa part?

La messe dite : Accordez-moi, monseigneur, disait Eugène, la permission d'annoncer à mes hôtes de Fontenay, cette rare fortune que m'ont faite vos bontés. On doit être inquiet au château, et comme les mauvaises nouvelles vont plus vite que les heureuses, ils me croient aux galères, pour le moins.

— Va, mon fils, dit l'abbé, je te donne toute cette journée; mais demain rappelle-toi que tu m'appartiens, et que je te donne au roi mon maître. On aura demain une grande chasse, monsieur le chevalier, et l'on vous montrera, s'il vous plaît, le coup du roi, le coup plongeant, le coup au jugé; fête plénière! Huit jours après je vous mène à Versailles, je fais vos preuves, vous montez dans les carrosses, et il n'y aura pas de ma faute, si vous ne faites pas un grand chemin.

Déjà tout était prêt, au Vivier, pour le retour du chevalier Eugène de Jadis, au château de Fontenay-Trésigny. Il était parti, comme un braconnier, il revenait dans l'attirail du grand veneur, précédé de ses trompes, suivi de sa meute, à cheval, et contemplant, d'un regard satisfait, le cerf abattu de sa main, que portaient sur les épaules douze piqueurs en grande livrée. Il marchait ainsi dans sa gloire, et chacun de le saluer sur sa route, autant et plus que s'il eût été monsieur le Dauphin. Peu de gens l'avaient vu par ces campagnes, et personne ne l'eût reconnu dans ce grand attirail de vénerie; il n'était déjà plus le même homme; il sentait bouillonner dans ses veines, le sang ardent qui fait les chasseurs et les héros; il était beau

comme Bacchus, à la conquête de l'Inde : « Je
« suis Bacchus; Jupiter est mon père; Sémélé,
« fille de Cadmus, m'a donné le jour; j'ai
« quitté les riches vallons de la Lydie et les
« champs phrygiens, et je conduis, en ces
« lieux, les danses sacrées. Quelle fête, de
« régner dans ces campagnes chères aux
« dieux! Le vin, le lait, et le nectar des
« abeilles vagabondes, arrosent la terre; une
« vapeur pareille à l'encens de Syrie, embaume
« les airs. »

Le bruit de ce cortége empressé arrivait aux oreilles de Louison, à l'instant même où le château se remplissait de cette nouvelle : Eugène est pris! Eugène, le braconnier, vient d'être jeté dans les oubliettes du Vivier! Vous jugez de la terreur; vous pensez si Louison, si maître Hubert furent accablés de ce désastre. — Oh! le pauvre enfant, disait-elle, c'est nous qui l'avons tué! — C'est moi qui le livre au tyran du Vivier, reprenait Hubert. Et la belle fille, les larmes dans les yeux, et le jeune homme, le

feu au regard, n'osaient plus se regarder l'un l'autre ; il y avait, entre eux, ce grand crime !
— Allons, dit Hubert, il ne s'agit pas de pleurer, il s'agit de sauver mon ami. — Et je vais avec vous, reprit Louison, et l'abbé du Vivier verra si j'ai peur! Aussitôt elle mettait sa mante rose, et ils partaient, en effet, pour le Vivier ; déjà même ils avaient pris l'avenue qui y conduit, quand éclatèrent à leurs oreilles étonnées, ces sons bruyants, ces cris joyeux, et bientôt, dans ce pêle-mêle de chevaux et de chasseurs, ils virent ce jeune homme à cheval qui vous appelait par vos noms amis : toi Hubert, et vous Louison !

Qui donc peut-être ce cavalier de belle apparence ? Il a l'habit, le collier, l'éperon d'or des chevaliers ! Il porte élégamment à son cou, une cravate en dentelle, une steinkerque, qui est le présent de quelque dame. Est-il assez beau, assez galant, assez animé, assez heureux ! — Oh ! sainte Vierge, s'écria Louison, la première, est-ce toi, Eugène ? est-ce toi, ma vie ? Ah ! que nous te pleurons! Ah! que te voilà beau comme le fils d'un roi! Et elle se jetait dans les bras d'Eugène, oubliant, tout à fait, et tout d'un coup, l'ingrate et l'infidèle! sa trahison passée, sa trahison présente, et ses trahisons à venir!

Eugène, indulgent comme les gens heureux, se laissa faire; il n'était même pas fâché que les gens de sa suite pussent raconter au Vivier que cette créature éloquente était venue à lui en de si grands transports. Mais Louison, la sensitive! elle comprit, d'un coup d'œil, la vanité de ce jeune homme, et reculant de trois pas : — Ah! dit-elle, pardon, monsieur! Puis se tournant vers Hubert : — Donnez-moi votre bras, Hubert!

Hubert hésitait.... au détour du petit bois de Fontenay il venait de reconnaître certaine robe à retroussis, certain regard vif et joyeux... sa Denise enfin! — Et si Denise allait me revenir? se disait-il, déjà consolé de Louison.

Pauvre Louison! Elle comprit du même coup ce que regardait Hubert dans le lointain, et, délaissée à ce point de tous deux, elle serait morte de pure honte, sans l'aide et l'assistance de ce vaillant et amoureux duc de Bellegarde qui en savait plus long, à lui seul, que ces quatre enfants. Il savait que les jeunes gens ne connaissent jamais tout leur bonheur ; il savait que la jeunesse est inconstante et volage ; il savait enfin, que le moment d'une brouillerie entre l'amant et sa maîtresse est le meilleur moment pour attaquer une ingénue, et qu'un peu de respect, semé à propos, fait germer de grandes moissons dans les domaines de l'amour.

Donc Louison, seule ou peu s'en faut, dans cette mêlée, cherchait déjà un moyen d'en sortir avec honneur, lorsqu'un gentilhomme de la maison du duc de Bellegarde, au milieu de ce cortége, arrêté là, mit un genou en terre, devant Louison elle-même, et lui offrit, sur un plat de vermeil, le pied droit du cerf massacré par notre braconnier d'hier :

— Madame, disait le gentilhomme, monsieur le duc de Bellegarde vous envoie, avec ses meilleures obéissances, le montoir d'un cerf dix cors jeunement, afin que vous sachiez que vous êtes la reine de sa chasse et de son cœur. Monsieur de Bellegarde m'a aussi donné l'ordre de vous présenter cette lettre cachetée à ses armes; il attend l'honneur de vos commandements.

Ce beau discours, si rempli de courtoisie, et prononcé par ce gentilhomme agenouillé, releva Louison à ses propres yeux ; elle toucha le pied du cerf gravement, et tirant de sa poche, sa bourse en chamois, toute sa fortune, elle la donna aux valets de limiers qui la saluèrent au milieu des fanfares.

— C'en est fait, se dit-elle, et moi aussi j'ai brûlé mes vaisseaux.

Ainsi, elle reprit, et tout d'un coup, le premier rang, reléguant, au second plan de ce triomphe, Eugène le triomphateur, et elle rentra chez elle, sans honorer, d'un regard, Eugène, Hubert, Denise elle-même. Denise était déjà partie; Hubert l'avait vue, et saluée; elle n'en demandait pas davantage, pour ce jour-là.

La lettre de M. de Bellegarde était un chef-d'œuvre d'habileté et d'espérance. « Au nom du ciel ! madame, il ne faut pas rester plus longtemps au fond de ce vieux château, en compagnie de ces petits jeunes gens qui ne sont bons qu'à nuire à votre gloire. Le premier est enseigne dans mon régiment, et il me faudra dix ans pour en faire un homme. Le second est un rustre, qu'il faut laisser à la grande Denise. Écoutez-moi ! Demain, au point du jour, sur la colline de Fontenay, ma berline ira vous attendre, et l'on vous conduira, madame, où vous voudrez aller ; à Paris, à Versailles, chez votre père, chez vous ! » Ajoutez à cette lettre les grâces, les politesses, le respect d'un courtisan accompli, et vous comprendrez que Louison, seule en son coin, l'ait épelée avec une certaine émotion.

Tout le château fut silencieux durant cette suprême journée. On s'évitait, on se fuyait. Eugène, ébloui de ses destinées nouvelles, ne songeait guère aux trahisons de sa maîtresse (l'indulgence est si facile à qui n'aime plus!); il ne rêvait qu'à la gloire des armes et aux bruyantes splendeurs de la maison du Roi. A peine si quelque chaînon était entier, des belles chaînes que naguère il avait portées. Hubert, abandonnant Louison à ses rêves, Eugène à ses pensées, revenait lentement à ses premières amours, si gaies, si heureuses, si contentes, quand il appartenait à Denise! En cette âme rustique s'était levé le souvenir de cette passion villageoise, acceptée de tous, limpide comme l'eau des fontaines, et claire comme le soleil.

Le matin vint enfin, et Louison, debout avec cette aurore dernière, hésitait à se sauver de ce palais des enchantements, des folies, des paradoxes, des heureux serments, des faux serments! L'instant d'après, elle se demandait, à elle-même, ce qu'elle allait devenir, délaissée entre ces deux amours, et si des yeux comme les siens étaient faits, après tout, pour pleurer de pareilles disgrâces? Elle tenait à la main la lettre du duc de Bellegarde, qu'elle venait de relire à son réveil, et d'un regard distrait, elle parcourait la vaste étendue de ces campagnes à peine éveillées. Elle revoyait l'avenue où elle avait passé, la première fois, à minuit pour arriver au château, à la lueur des astres favorables; le jardin où s'était rencontrée la grande Denise, et la cour qui fut le théâtre de ses vengeances. — Là-bas, voici les saules et la fontaine! — Au-dessus de la plate-bande ornée d'œillets blanchissants, le vent du matin agitait l'escarpolette inutile; à travers les petits carreaux de la vitre enjouée, elle revoyait les précipices et les abîmes de ces salons ambrés où le vice était monté à sa tête, où le paradoxe était entré dans son cœur; elle entendait les dernières rumeurs de ces blasphèmes, le dernier refrain de ces chansons. — Hélas! se disait-elle, où vais-je, où suis-je? Et me voilà partie, ô malheur! avant que soit refroidi, le lit où j'ai couché!

Elle en était là de ses extases, lorsque, dans la cour du château, elle aperçut Hubert qui s'en venait, à pas de loup, pour s'emparer du fusil que lui-même il avait imposé à ce pauvre Eugène, en lui disant : Va-t'en à la chasse à ton tour! Oui, mais au même instant, Eugène arrivait pour reprendre cette arme heureuse; il l'avait acceptée en pleurant, elle devait le perdre, elle avait fait sa fortune!

— Où vas-tu donc si matin, Hubert?

— Pardieu! je vais à la chasse; il y a bien assez longtemps que je me repose. Mais où diable as-tu mis mon fusil?

— Ton fusil! Hubert, Eh! n'est-ce pas toi qui m'as forcé de le prendre, ce fusil, dont j'ai fait ma chose; n'est-ce pas toi qui m'as chassé de cet asile où j'étais si heureux, de ma Louison que j'aimais tant, pour me faire courir tous ces hasards? Ton fusil! il est à moi, je l'ai payé de mes amours, de ma maîtresse, de mes dangers, et maintenant que la chasse libre des gentilshommes m'est ouverte, et que la forêt s'incline sous mes pas, tu veux que je m'en aille, désarmé comme un manant, au rendez-vous de tant de seigneurs! Allons! fais-moi place aujourd'hui, je te rendrai ton fusil demain. Et cependant, mon cher hôte, qui as trahi toutes les lois hospitalières, avant de nous séparer pour si longtemps, donnons-nous la main, franchement et sans détour. Tu m'as enlevé ma maîtresse, elle t'a aimé plus que moi, rends-la heureuse, et quand vous entendrez parler de quelque bataille, informez-vous de votre ami Eugène de Jadis, on vous dira qu'il s'est bien conduit, ou qu'il est mort.

Hubert fut touché des adieux et des reproches de son ami; il prit la main qui lui était tendue, et ils se parlèrent tout bas, de la façon la plus amicale! Or, il était impossible de les entendre, de la fenêtre où se tenait Louison, mais elle savait à l'avance le dénoûment de cette idylle entre Ménalque, Amyntas et Néère! En même temps, au sommet de la colline où s'abrite le château de Fontenay, se montrait, dans une ombre discrète, une grande berline dorée à l'antique, attelée des quatre chevaux blancs d'Apollon ; deux coureurs se tenaient à chaque portière ; deux heiduques étaient debout derrière la voiture, le plumet du cocher flottait au vent.

Louison, à cet instant, prit son parti. — Les ingrats ! dit-elle en descendant, pour la dernière fois, l'escalier dérobé qui l'avait conduite à la petite maison, que disons-nous ? à cette caverne de tous les vices. Elle savait où d'habitude Eugène cachait son fusil ; elle s'empara discrètement de l'arme en litige, et se glissant derrière la charmille, elle franchit le fossé, sur cette même planche qu'elle avait sentie fléchir sous ses pieds, la nuit de son arrivée, au moment où elle allait jurer à ce pauvre Eugène, un amour éternel ! Comme d'habitude, les portes du château étaient fermées, et l'on ne pouvait la suivre que par cette issue ! Arrivée à l'autre bord, Louison jeta la planche dans le fossé même, et, le fusil sur l'épaule, elle se mit à franchir la colline. Il était à peine six heures du matin; le soleil calme et fier enveloppait, de ses rayons les plus doux, cette belle et charmante créature qui s'en allait, d'un front serein, affronter les dangers du monde et les hasards de la jeunesse. La route, sombre, au côté chargé de pommiers, se détachait, lumineuse, dans son cadre de chaume et de verdure, et semblait quitter la terre à regret. Arrivée à ces sommets dangereux où l'attendaient, en si grand équipage, la toute-puissance et la fortune, Louison voulut contempler une dernière fois l'asile de ses premiers jours d'intelligence et de passion, et elle vit, la superbe! à ses pieds, de si loin, semblables à deux enfants qui ont brisé leur jouet et qui pleurent, Eugène et son ami Hubert qui lui tendaient les bras, et qui l'appelaient de toutes leurs forces : — « Reviens, disaient-ils, reviens, ô Louison! et pardonne à des ingrats. » Elle sourit; elle releva la tête; elle se sentit vengée; elle mit son fusil en joue, et: feu! et: feu! encore, et l'on ne vit, d'en bas, qu'un peu de fumée, image fidèle de tous les amours.

Puis tout disparut dans ce soleil *qui flamboie;* on perdit de vue et la belle fille, et l'équipage, et même la poussière envolée, et les deux amis, restés seuls:

— O mes amours! disait Eugène,
— O mon fusil! disait Hubert.

FIN DU TOME DEUXIÈME ET DERNIER.

TABLE DES MATIÈRES

Chapitre premier. — L'impromptu de campagne......... Pag. 1
Chapitre II. — Les dehors trompeurs................... 23
Chapitre III. — La veillée de Vénus................... 45
Chapitre IV. — Les menus plaisirs de Louison........... 62
Chapitre V. — Les tentations de saint Hubert........... 90
Chapitre VI. — Les dissipateurs....................... 108
Chapitre VII. — L'enseignement mutuel................ 135
Chapitre VIII. — Petit à petit l'oiseau fait son nid....... 154
Chapitre IX. — Les hasards de l'escarpolette............ 176
Chapitre X. — Le roi s'ennuie......................... 208
Chapitre XI. — Le commencement de la fin du monde.... 231
Chapitre XII. — Le conseil d'État..................... 253
Chapitre XIII. — La carte galante..................... 273
Chapitre XIV. — L'abîme appelle l'abîme............... 292
Chapitre XV. — *Arcades ambo*........................ 322
Chapitre XVI. — La fille, l'évêque et le braconnier...... 354
Chapitre XVII. — L'apocalypse du Vivier............... 382
Chapitre XVIII.— Qui fit cela? deux beaux yeux seulement. 436

FIN DE LA TABLE DES MATIÈRES.

Chez les mêmes Éditeurs
BIBLIOTHÈQUE CONTEMPORAINE
Format in-18 anglais.

1re Série à 2 francs le volume.

		vol.
ALEX. DUMAS.	Le Vicomte de Bragelonne	6
—	Mém. d'un Médecin (Balsamo)	5
—	Les Quarante-cinq	5
—	Le Comte de Monte-Cristo	6
—	Le Capitaine Paul	1
—	Le Chev. d'Harmental	2
—	Les trois Mousquetaires	2
—	Vingt ans après	3
—	La Reine Margot	2
—	La Dame de Montsoreau	3
—	Jacques Ortis	1
—	Le Chev. de Maison-Rouge	1
—	Georges	1
—	Fernande	1
—	Pauline et Pascal Bruno	1
—	Souvenirs d'Antony	1
—	Sylvandire	1
—	Le Maître d'Armes	1
—	Une fille du Régent	1
—	La Guerre des Femmes	2
—	Isabel de Bavière	2
—	Amaury	1
—	Cécile	1
—	Les Frères Corses	1
—	Impressions de Voyage :	
—	— Suisse	3
—	— Le Corricolo	2
—	— Midi de la France	2
—	Collier de la Reine (s. presse)	3
E. de GIRARDIN.	Études politiques. (Nouvelle édition)	1
—	Questions administratives et financières	1
—	Le Pour et le Contre	1
—	Bons Sens, bonne Foi	1
—	Le Droit au travail au Luxembourg et à l'Assemblée Nationale, avec une introduction	2
PAUL FÉVAL.	Le Fils du Diable	4
—	Les Mystères de Londres	3
—	Les Amours de Paris	2
LOUIS REYBAUD.	Jérôme Paturot à la recherche de la meilleure des Républiques	3
—	Athanase Robichon	2
JULES SANDEAU.	Catherine	1
—	Nouvelles	1
—	Un Roman (sous presse)	2

		vol.
ALPHONSE KARR.	Un Roman	2
—	Récits sur la Plage (s. pr.)	2
JULES JANIN.	Un Roman nouv. (s. pr.)	2
EUGÈNE SUE.	Les Sept Péchés Capitaux :	
—	l'Orgueil	2
—	l'Envie, la Colère	2
—	la Luxure, la Paresse	1
—	la Gourmandise, l'Avarice	1
EM. SOUVESTRE.	Un philosophe sous les toits	1
—	Confessions d'un ouvrier	1
—	Derniers Paysans (s. pr.)	2
FRÉD. SOULIÉ.	Le Veau d'Or (sous presse)	4
F. LAMENNAIS.	De la Société première	1
L.-P. d'ORLÉANS.	Mon Journal, Événements ex-r. de France. de 1815	2
L. VITET.	Les États d'Orléans. — Scènes historiques	1
BAD.-LARIBIÈRE.	Histoire de l'Assemblée Nationale constituante	2
EUGÈNE SCRIBE.	Un Roman (sous presse)	1
ÉMILE THOMAS.	Hist. des Atel. nationaux	1
ERNEST ALBY.	Histoire des prisonniers français en Afrique	2
ALBERT AUBERT.	Les illusions de jeunesse	1

2e Série à 3 francs le volume.

		vol.
LAMARTINE.	Trois mois au Pouvoir	1
GEORGE SAND.	La petite Fadette	1
PONSARD.	Théâtre complet	1
LOUIS REYBAUD.	Jérôme Paturot à la recherche d'une position sociale (sous presse)	1
—	Romans (sous presse)	1
OCT. FEUILLET.	Scènes et Proverbes	1
—	Bellah (sous presse)	1
D'HAUSSONVILLE.	Histoire de la politique extérieure du gouvernement français, 1830-1848, avec notes, documents, pièces justificatives, entièrement inédits	2
CUVILLIER-FLEURY.	Portraits politiques et révolutionnaires	1
HENRY MURGER.	Scènes de la Bohême	1
—	Scènes de la Vie de jeunesse	1
—	Le Pays latin (sous presse)	1
CHAMPFLEURY.	Contes	1
—	Les Excentriques (sous pr.)	1
HENRI BLAZE.	Écrivains et Poètes de l'Allemagne	1

PARIS. — IMPRIMÉ PAR J. CLAYE ET Cⁱᵉ, RUE SAINT-BENOÎT, 7.

www.ingramcontent.com/pod-product-compliance
Lightning Source LLC
Chambersburg PA
CBHW050247230426
43664CB00012B/1861